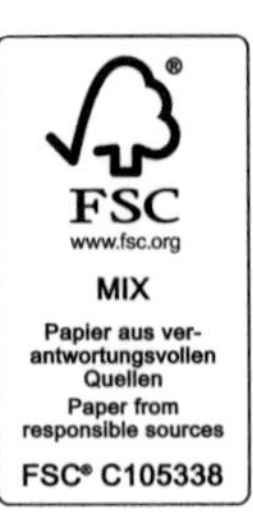

Originalausgabe 2015

Herausgeber: Rüdiger Bloemeke
Lektorat: Jutta Bloemeke

Umschlagfoto: Kat Ballou (www.kat-ballou.de)

Voodoo Verlag St. Dionys
www.voodoo-verlag.com

Hergestellt von Libri Books On Demand

ISBN 978-3-00-049687-5

Mark Bloemeke

Songs For Everyone

John Fogerty und Creedence Clearwater Revival – das musikalische Werk

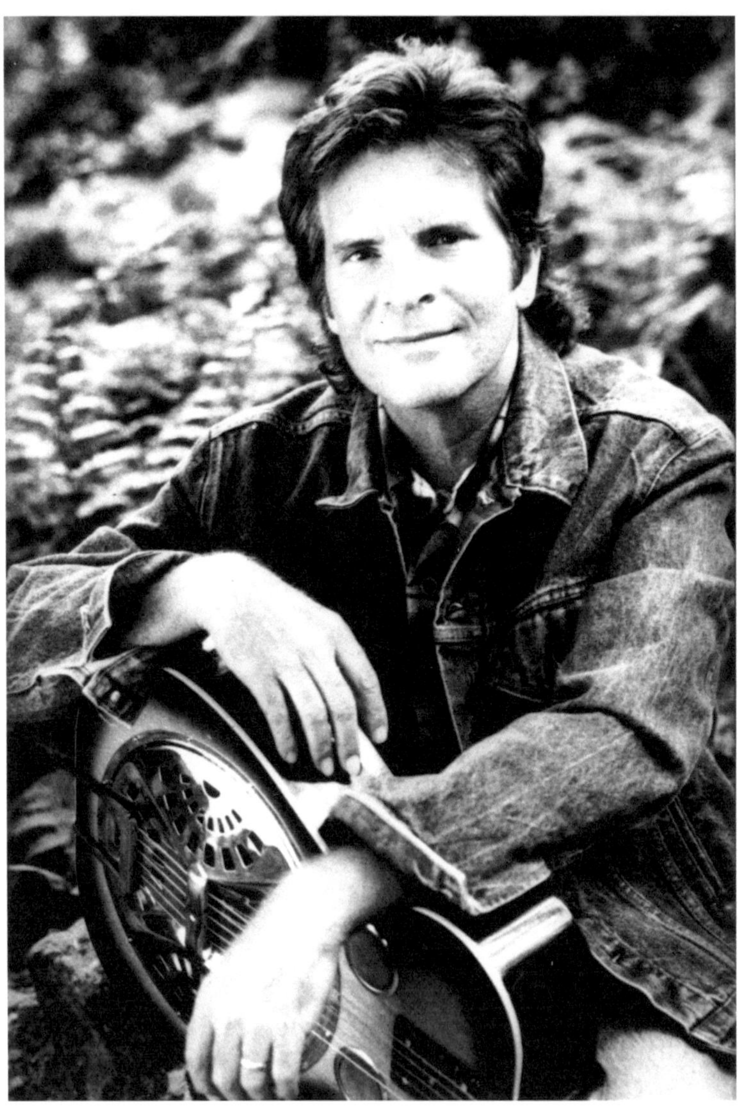

Foto: WEA

Inhalt

Vorwort

Gibt es etwas über John Fogerty zu sagen, das in „John Fogerty und das Drama Creedence Clearwater Revival" nicht schon gestanden hätte? Als das Buch Ende 1999 in der ersten Auflage erschien, war die Quellensituation in Deutschland noch so mager, dass die Veröffentlichung ohne vorhergehende Recherche-Reisen in den USA überhaupt nicht möglich gewesen wäre. Mittlerweile sind sogar die entlegensten Verlautbarungen durch die täglich wachsende Informationsfülle im Internet zugänglich. Hinzu kommt, dass auch John Fogerty immer mitteilsamer geworden ist, was die Entstehung seiner Songs angeht.

Eine kritische Würdigung seines gesamten Werkes – von 1967 bis heute – war in dem ersten Buch auch nicht möglich, da es sich um eine biographische Erzählung handelte, nicht um eine Analyse. Jetzt also ein neues Buch über John Fogerty. Der Titel „Songs For Everyone" ist dabei Programm. Es handelt von den Songs, die er aufgenommen hat, die er geschrieben hat, die er selbst arrangiert und produziert hat. Und es geht um die Hintergründe, Vorbilder und Zusammenhänge. Album für Album erfährt der Leser alles, was über seine Kreationen zu wissen wichtig ist. Biographische Anmerkungen und Bandgeschichte sind auf das Notwendigste reduziert.

John Fogerty ist jetzt über 50 Jahre Musiker, wird am 28. Mai dieses Jahres 70 Jahre alt – es ist daher nicht falsch, von einem Gesamtwerk zu sprechen, das unter dem Motto „Wrote A Song For Everyone" steht: „Wrote a song for ev'ry one, wrote a song for truth"!

Einleitung

Im Jahr 2001 wurde John Fogerty von „Guitar Legends“ gefragt, was einen großartigen Rock ’n’ Roll-Song ausmache. Seine Antwort war überraschend einfach: „Eine großartige Rock ’n’ Roll-Platte hat vier Elemente: Erstens und vor allem hat sie einen großartigen Titel. Nummer 2. Sie hat einen großartigen Sound. Nummer 3. Sie sollte einen großartigen Song haben. Und Nummer 4. Die beste Art von Rock ’n’ Roll-Platten hat ein großartiges Guitar-Lick.“ Das ist sicherlich alles richtig, aber leicht gesagt. Denn einen großartigen Song muss man erst einmal komponiert und geschrieben haben. Und wie bei so vielen Statements von ihm hört man auch hier wieder sein typisches Understatement heraus. Deshalb kann man bei Fogerty auch lange suchen, ehe man Aussagen findet, die über Sätze wie „Ich habe versucht, geradlinige Rock-Songs zu schreiben, die irgendwie amerikanisch waren“ („Musician“,1985) hinausgehen. Da klingt das Eingeständnis gegenüber dem „Guardian“ (2013), er sei in seiner Anfangszeit am besten gewesen, wie nie wieder in seinem ganzen Leben, fast schon nach Prahlerei: „Ich hatte zufällig eine Art transzendentale Meditation entdeckt.“

Ertragreicher ist es, bei anderen nach Bewertungen seiner Kunst zu forschen. Schon in den Anfängen von Creedence Clearwater Revival entdeckte Ellen Willis die Singularität Johns in seiner Zeit: „Fogertys Hingabe zu der Formel des Rock ’n’ Roll – Energie, strukturiert durch die ursprünglichen kommerziellen Zwänge – war in einer gelockerten, freieren Umgebung ebenso eine vom Temperament bestimmte, ästhetische Entscheidung, wie die anderer Musiker, die genau gegen diese Auffassung Sturm liefen.“ Aus deren Sicht war er rückwärts gewandt, nicht modern, nicht „progressiv“. Fogerty schöpfte vielmehr aus dem Brunnen amerikanischer Musikgeschichte, aus Folk, Blues und Country. Aber er ging nicht so weit zurück wie Pete Seeger oder Bob Dylan, die für ihre Platten authentische Überlieferungen aus den Appalachian Mountains aufgriffen. Seine historischen Vorlagen stammten vielmehr aus den Studios der 50er-Jahre-Labels – vornehmlich von Sun Records in Memphis. Was die Smith-Anthology für Dylan war, waren die Rock- und Blues-Leute der Südstaaten für Fogerty. Wie ernst ihm das war, zeigen auch seine Reisen zu den musikalischen Wurzeln – nach Tennessee, Mississippi und Louisiana.

Der Oberste Gerichtshof in Washington bestätigte ihm anlässlich der Zaentz-Prozesse, dass er als Solo-Künstler diesen Stil, „der das Country- und Blues-Feeling der Südstaaten ausdrückt", weiterentwickelte. Von Stillstand oder nur Nostalgie kann daher keine Rede sein. Dennoch lässt sich nicht leugnen, dass seine künstlerische Konzeption für die ausgehenden 60er Jahre Seltenheitswert hatte. Durch seine Sozialisierung in der Rock 'n' Roll-Zeit geriet er als Erwachsener aus der Single-Ära in die anbrechende LP-Ära. Das erforderte einen kreativen Spagat, wenn er mit seiner Band nicht obsolet wirken wollte. Mit den Worten von Ellen Willis: „Sie (CCR) waren mit der knappen, straffen Hit-Single-Ästhetik vertraut, die die meisten ernsthaften Rock-Musiker verschmähten..." Insofern symbolisieren die Creedence-Jahre auch das Ende einer Epoche, die Zukunft lag für eine große Zeitspanne in Konzeptalben und Zeitgeist-Opera. In seiner Musik ließ sich John Fogerty kaum von solchen gesellschaftlichen Umbrüchen beeinflussen, in seinen Themen liest man sie jedoch nicht nur zwischen den Zeilen. Das beeindruckte auch den deutschen Kritiker Franz Schöler, der 1970 in der „Zeit" schrieb: „Fogertys Texte... bringen Alltagserfahrung und sozialen Kommentar auf die kürzeste Formel, um der Phantasie Spielraum zu geben." Unter den vielen Musikern seiner Zeit – mit den gleichen gesellschaftlichen Erfahrungen – stach seine Rolle als moralische Autorität hervor.

Die Kunst des Autors Fogerty bestand darin, Empfindungen zu verbalisieren, die das Lebensgefühl und die Werte der Zielgruppe abbildeten. Das gelang ihm intuitiv, oder wie er selbst die Entstehung von Proud Mary beschrieb: „It vibrated inside of me." Derartige Aussagen könnten zu der Vermutung führen, Kreativität und Genialität kämen spontan „aus dem Bauch" heraus. Gerade das Beispiel Fogertys zeigt, dass mehr dazu gehört: angesammeltes Wissen und intensive Arbeit. Amerikanische Songwriter waren ihm, dank seiner Mutter, schon früh ein Begriff. Sie gab ihm im Kindergartenalter eine Platte von Stephen Foster, nahm ihn später mit zu Konzerten von Pete Seeger und anderen aus der Folkszene. Namen wie Hoagy

Carmichael und Irving Berlin bedeuteten ihm bereits etwas, als Altersgenossen kaum mehr kannten als die Baseball-Cracks ihrer Zeit. So beschäftigte er sich mit „der Ära, die jetzt the Great American Songbook genannt wird". Und er hörte Musik mit anderen Ohren: In Hank Williams erkannte er einen der Rock 'n' Roll-Vorväter. Jimmie Rodgers, Buck Owens und Merle Haggard beeinflussten ihn ebenso wie Elvis Presley, Carl Perkins, Roy Orbison, Ricky Nelson oder Leadbelly und andere Bluessänger. Ihre Musik, ihre Texte, ihre Instrumentierung – das alles ist in sein Werk eingeflossen. Schon früh lässt sich erkennen, was ihn die nächsten Jahrzehnte beschäftigen sollte: die Definition amerikanischer Musik zwischen Country und Rock. Dass er sich nicht nur auf seine Vorbilder berief, sondern auch darauf aufbaute, schmälert sein Verdienst nicht. Jeder Literaturstudent im ersten Semester weiß, wie sehr sich William Shakespeare aus Mittelalter- und Renaissance-Quellen bediente.

Zur Inspiration kam Fogertys Arbeitsethos hinzu, das Manager Jake Rohrer so beschreibt: „Songwriting war eine sehr einsame Anstrengung für ihn, und er arbeitete sehr hart daran." Das hieß aufzubleiben, wenn Frau und Baby im Bett lagen und an die leere Wand zu starren. „Ich war damals mehr ein Buchautor als ein Songwriter, weil ich ja keine Geräusche machen durfte." Ausgangspunkt waren immer Songtitel, die er über die Jahre in einem kleinen Notizbuch aufgeschrieben hatte. Sie gingen ihm so lange durch den Kopf, bis sich eine Geschichte ergab. So arbeitete er daran von abends acht bis morgens um vier. Und die Ergebnisse waren hart erkämpft: Auf zehn Lieder kam ein guter Song. Um so etwas wie Looking Out My Back Door zu schaffen, musste er viele andere als „Trash" wegwerfen. Fogerty 1998 zur „Chicago Tribune": „Das schwierigste, was man als Songwriter lernen muss, ist die Einsicht, dass der Song, an dem du zehn Stunden gearbeitet hast, nicht gut ist und dass du ihn wegwerfen musst." Und dabei gelang ihm von Porterville bis Have You Ever Seen The Rain eine ununterbrochene Reihe von genialen Liedern, „die zur besten Rock-Lyrik der letzten Jahre gehören, obwohl sie nicht im eigentlichen Sinn lyrisch sind" (Franz Schöler 1971 in „twen").

Was ihn so einzigartig in seiner Generation macht, ist die Interpretation seiner eigenen Schöpfungen. Bill McEuen, der Produzent der Nitty Gritty Dirt Band, hat dafür die treffenden Worte gefunden: „Ich liebe Hank Williams, er ist meine Hauptinspiration... seine entschiedene Haltung in seinen Songs. Es gibt nur eine Art, einen Song zu singen, und er weiß genau wie. Für mich gibt es das im Rock ’n’ Roll nur bei John Fogerty. Er trifft das Gefühl eines Songs in so perfekter Weise, dass man sagen kann: Das ist die einzige Möglichkeit. Es wird nie jemanden geben, der es besser kann als Hank Williams und John Fogerty.“ Weder Ike and Tina Turner noch Elvis Presley kamen bei der Interpretation seiner Lieder an ihn heran. Seine Interpretationen prägten sich ein, seine Songs wurden aber nie zu Ohrwürmern. Seine unverkennbare Gitarre, seine einmalige Stimme nahmen jeden sofort gefangen, der ein Gespür für Rock ’n’ Roll hatte. Auf sein Gitarrenspiel wird in diesem Buch ausführlich eingegangen, daher hier nur ein paar Zitate, die seinen Gesang beschreiben sollen:

„Ein Sänger wie ein Hurricane“ (Kurt Loder am 31. 8. 1985 im „Rolling Stone“).
„Ein schwarzer Gesangsstil“ und „Aus seiner Kehle kommt knurrende Bitterkeit mit einer Ergriffenheit, die aus Generationen von irischer Arbeiterklasse und vierhundert Jahren afro-amerikanischer Rhythmen herrührt“ über Fortunate Son (Bill Wyman, am 16. 7. 1997 im „San Francisco Weekly“).
„John Fogertys inständiges finsteres Klagen“ (Peter Handke in „Versuch über die Jukebox“ 1990).
„Es gibt nur wenige Stimmen, die so zeitlos und erkennbar sind wie die Fogertys“ (Ryan Matteson, Riverside Theater, 17. 1. 2009).
„Fogertys Stimme hat eine wilde Kraft und eine Schärfe, die durch die schlimmsten atmosphärischen Störungen im billigsten Autoradio dringen“ (Alex Dubro am 21. 1. 1970 im „Rolling Stone“).

Das alles kann nicht darüber hinwegtäuschen, dass John in den 70er Jahren seine besten Zeiten hinter sich hatte. Ihm selbst blieb das auch nicht verborgen. Oft genug hat er beschrieben, wie die Schalter seiner Kreativität einer nach dem anderen ausgeschaltet wurden. Der „Guardian“ fasste das 2013 so zusammen: „Er merkte, dass die Songs ihm nicht mehr zuflossen wie Wasser aus dem Hahn. Er hatte nie gewusst, woher sie kamen, und als sie nicht mehr kamen, wusste er nicht, wohin sie verschwunden waren.“ So etwas passierte allerdings nicht nur ihm. Es ist ein bekanntes Phänomen, dass es für Kreativität ein Zeitfenster gibt, das sich schwerlich wieder öffnen lässt, wenn es einmal geschlossen ist. John Fogerty aber litt unendlich darunter, zog sich zurück, verdammte sich selber, Gott und die Welt. Auf Doug Clifford wirkte er zeitweilig wie „Brian Wilson ohne die Drogen". Seine Droge war die Arbeit. Also erhöhte er die Kraftanstrengung und ging theoretisch an, was ihm zuvor intuitiv gelungen war.

Die Ergebnisse konnten sich sehen lassen, besonders auf dem „Shep"-Album, auf „Centerfield" und auf „Blue Moon Swamp". Sie enthalten einige Songs, die mit den Creedence-Zeiten mithalten können. Bei vielen seiner späteren Veröffentlichungen muss man dagegen sagen: gut gemeint, aber nicht gut. Es blieb an ihm haften, was Dave Marsh 1985 in „Fortunate Son" geschrieben hatte: „John Fogerty scheint jetzt der große verlorene Rock and Roller zu sein." Die Anerkennung, die in diesem Urteil steckt, war für ihn vergiftet, weil sie sich auf die Vergangenheit bezog. Marsh hatte nie an Lob gespart: „John Fogerty ist der vollkommene amerikanische Künstler." – „John Fogertys Genie." – „Fogerty war echt seiner Zeit voraus." Worauf es für den dermaßen Geehrten ankam, war aber nicht nur das musikalische Comeback – gleichzeitig wollte er auch die Deutungshoheit über seine Rolle wiedererlangen. Seit „Centerfield" ist er nicht müde geworden, sich zu Wort zu melden, seine Inspirationen zu erläutern. Das hat dazu geführt, dass er sich oft widersprach oder unterschiedliche Wertungen abgab. Vor allem kam es ihm darauf an, sein Vermächtnis zu reklamieren, wie er anlässlich der Grammy-Verleihung 1998 betonte: „Jetzt, da ich im Rampenlicht stehe, werde ich die falsche Vorstellung ausräumen, meine alten Songs seien Creedence-Songs. Sie sind John-Fogerty-Songs." In diesem Buch werden möglichst aktuelle Stellungnahmen von ihm wiedergegeben. So bekommt der Künstler die Möglichkeit, sich selbst zu erklären. Interpretationen seines Werkes sind aber unabhängig von seinen Absichten relevant. Die wichtigsten Deutungen und wesentlichen Kritiken über sein Gesamtschaffen stehen deshalb hier neben seinen eigenen Aussagen.

Rüdiger Bloemeke, April 2015

Die Anfänge

El Cerrito, der Ort aus dem die Band Creedence Clearwater Revival stammte, liegt nicht am Mississippi oder inmitten der Sümpfe von Louisiana; es ist ein kleiner kalifornischer Mittelstandsvorort von Berkeley in der San Francisco Bay Area. Alles, was aus der Feder John Fogertys floss, waren also Bilder seiner regen Phantasie – unterfüttert von Filmen, Literatur und vor allem der Musik von Carl Perkins, Elvis Presley, Fats Domino, einigen Bluesbarden und Folksängern wie Pete Seeger. Es war die Traumwelt, in die sich der junge John flüchtete, nachdem sein Vater 1954 die Familie verlassen hatte. Und es waren zum Teil Erinnerungen an die frühe unbeschwerte Kindheit. Und auch seine Band Creedence Clearwater Revival entstand aus dieser Traumwelt: „Johnny Corvette and the Corvettes" hieß sie noch in der Vorstellung des kleinen John, und er war natürlich Johnny Corvette. Aber es kam anders. Zunächst war er weder der Bandleader, noch wurden seine Namensideen verwirklicht. Am Anfang standen The Blue Velvets, dann gab sein älterer Bruder den Taufpaten für Tommy Fogerty And The Blue Velvets (später The Visions) ab und letztlich verpasste ihnen die Plattenfirma Fantasy die Bezeichnung The Golliwogs.

Für die Anfänge stellte das kleine Label ein günstiges Sprungbrett dar. Aber schon bald wurde Fantasy von der Entwicklung überrollt: Die vier ehemaligen Schulfreunde John, Tom, Doug und Stu mauserten sich zur erfolgreichsten US-Formation des Jahres 1969 und schafften es schließlich, die bedeutendste amerikanische Rock-Band aller Zeiten zu werden. Hier geht es aber nicht um die wechselhafte Geschichte und die Spannungen zwischen John Fogerty, Tom Fogerty, Doug Clifford und Stu Cook, die zum Ende von CCR führten. Im Vordergrund steht die Kunst, ja das Genie des Songwriters, Arrangeurs, Sängers, Gitarristen und Multiinstrumentalisten John Fogerty, sein Gespür für Melodien und Hits, für einfache und zugleich prägnante Texte, die reichlich Raum für zeitgeistige Deutungen lassen und doch auch immer bodenständig sind. „Creedence"-Songs haben Pop-Geschichte geschrieben. Sie sind nicht nur von unzähligen Musikern gecovert worden, sie wurden auch Stoff für tiefgründige Interpretationen und gingen als Zitate in den amerikanischen Wortschatz ein. All das, zusammen mit der Rezeption in den Medien und Aussagen der Beteiligten, ist Gegenstand dieses Buches. Es reicht von der ersten Creedence-Clearwater-Revival-LP bis zur jüngsten John-Fogerty-CD, vom ersten großen Hit, Suzie Q, und Johns erster großen Komposition, Proud Mary, bis zum letzten Top-10-Erfolg von Creedence, Sweet Hitch-Hiker. John Fogertys Solokarriere von Rockin' All Over The World bis zum ersten Grammy-Erfolg „Blue Moon Swamp" wird ausführlich gewürdigt. Den Abschluss bildet sein Rückblick auf die eigene Karriere: „Wrote A Song For Everyone". Seine Songs haben jetzt bereits in sechs Jahrzehnten Bestand. Weshalb das so ist, wird hier Album für Album erklärt.

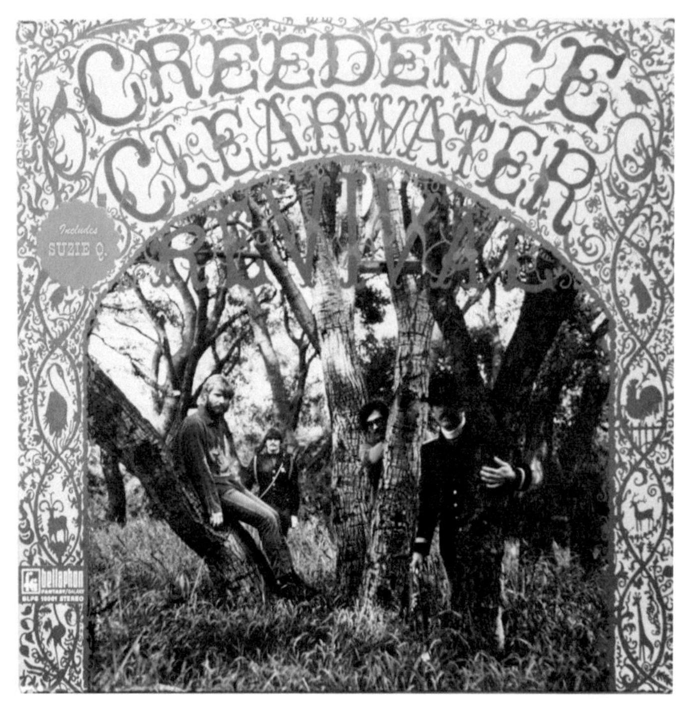
CREEDENCE
CLEARWATER
REVIVAL
Includes
SUZIE Q.

Creedence Clearwater Revival (same)

Aufgenommen in Coast Recorders, San Francisco, Oktober 1967 und Januar, Februar 1968

1. I Put A Spell On You – (Screamin' Jay Hawkins) 4:25

2. The Working Man (John Fogerty) – 3:02

3. Suzie Q (Hawkins-Lewis-Broadwater) – 8:30

4. Ninety-Nine And A Half (Cropper-Pickett-Floyd) – 3:35

5. Get Down Woman (John Fogerty) – 3:04

6. Porterville (John Fogerty) – 2:19

7. Gloomy (John Fogerty) – 3:46

8. Walk On The Water (Tom Fogerty/ John Fogerty) – 4:36

Der Übergang von den Golliwogs zu Creedence Clearwater Revival bedeutete einen Neubeginn und zugleich die Manifestierung der neuen Machtverhältnisse in der Band. John war jetzt der Motor, das musikalische Kraftwerk der Band. Mit 22 Jahren verwirklichte er seine Vision von „Johnny Corvette and the Corvettes". Er übernahm nicht nur den Gesang und die Geschäfte von seinem Bruder Tom. Er übernahm als Arrangeur und Produzent auch die volle Verantwortung für seine Band. Obwohl Fantasy-Boss Saul Zaentz auf dem Cover der ersten LP als Produzent genannt wird, war es John Fogertys alleiniges Werk. Zwar besaß er keine wirkliche Erfahrung, aber er hatte präzise Vorstellungen und ein klares Ziel vor Augen. Schon auf der ersten CCR-Veröffentlichung wird erkennbar, wo seine Wurzeln lagen: Wenn John nicht eigene Stücke produzierte, wählte er Klassiker der weißen und schwarzen Rock 'n' Roll-Geschichte aus. So wollte er mit der Cover-Version des Dale-Hawkins-Hits Suzie Q beim hippsten Radiosender von San Francisco, KMPX, landen. Auf der CD-Box anlässlich des 40. Jubiläums von Creedence wurde eine frühe Cover-Version von Bo Diddleys Before You Accuse Me veröffentlicht, die es damals nicht auf die erste LP schaffte. Im Studio hatte Fogerty sich bemüht, im Arrangement den 12-Takt-Blues so zu verändern, dass er mehr dem damaligen psychedelischen Zeitgeist entsprach. Auch was den Gesang betrifft, hat es sich ausgezahlt, dass er mit einer offiziellen Veröffentlichung, d. h. einer Neuaufnahme, noch zwei Jahre bis zu „Cosmo's Factory" gewartet hat. Denn erst dann war er reif genug, dem Titel musikalisch ohne unnötige Kapriolen gerecht zu werden.

Jede Woche spielte die Band in einem kleinen Club in Berkeley und jede Woche schickte John Fogerty einen Veranstaltungshinweis an Ralph J. Gleason beim „San Francisco Chronicle". Gleason galt für Musiker als Medien-Guru und arbeitete auch mit Fantasy Records zusammen. Seine Liner Notes für die Platte „Creedence Clearwater Revival" erwähnten die Band zur Verwunderung Fogertys nur am Rande und ordneten sie irgendwo in der San-Francisco-Musikszene bei Grateful Dead und Jefferson Airplane ein. Also in eine Ecke, in die Creedence Clearwater Revival, wenn überhaupt, dann nur vom Namen her passten. Die LP ist am 28. Mai 1968, also John Fogertys 23. Geburtstag, erschienen. Die großen Hitplatten des ersten Halbjahres 1968 waren die „Magical Mystery Tour" von den Beatles, das Soundtrackalbum „The Graduate" von Simon And Garfunkel, deren Platte „Bookends" und die seichten „Blooming Hits" des Franzosen Paul Mauriat und seines Orchesters. In dieses kraftlose Geschehen platzte jetzt Creedence! Ein Jahr nach dem „Summer of Love" war die Zeit reif für eine Rock-Explosion. Das wurde auch im Herkunftsland der Beatles erkannt. Mit der üblichen Zeitverzögerung besprach der britische „New Musical Express" die LP fast ein Jahr später und würdigte den Leader John Fogerty als „Blues-Shouter". Der Autor bezeichnete die Band als „Top-Class-Musiker, die es lieben, Soundmuster zu entwerfen, während sie spielen".

1. I Put A Spell On You (Billboard Platz 58)

Es war ursprünglich eine nicht unkomplizierte Jazznummer des virtuosen Sängers und Pianisten Screamin' Jay Hawkins aus dem Jahr 1955. Hawkins hatte mit der zweiten Aufnahme seines Songs selber 1956 einen großen Erfolg, doch der Titel wurde von amerikanischen Sendern boykottiert. John Fogertys neues Arrangement des Songs im psychedelischen Gewand der späten sechziger Jahre war in seiner Akkord-Struktur viel reduzierter als das Original, und Fogertys Gesang klang wesentlich harmonischer. Das ganze Lied besteht nur aus einer einzigen sich wiederholenden Strophe, in der die Geliebte mit einem Spell (einem Bann) belegt wird, denn sie soll die Dinge lassen, die sie tut, sich rumzutreiben, ihre Spielereien. Und um der Forderung Nachdruck zu verleihen, heißt es noch, „I ain't lying": Ich lüge nicht. Das Stück lebt von seinem Schlagzeug-Intro, der Stakkato-Rhythmusgitarre und dem Walking-Bass, der finster im Hintergrund für Tanzbarkeit aber auch das Voodoo-Gefühl sorgt. Über allem schwebt dann Fogerty zunächst mit seiner Stimme und schließlich mit einem sturmartigen Gitarrensolo, das immer wieder aufflammt und sich abschwächt, aufflammt und sich abschwächt. Das große Finale spiegelt verkürzt den Auftakt wider. I Put A Spell On You war der zweite Single-Hit von Creedence. Auf der Rückseite fand sich Walk On The Water, das bei den Golliwogs noch Walking On The Water geheißen hatte.

2. The Working Man

Hier beschäftigte sich John zum ersten Mal in einem Text mit dem Leben des einfachen Mannes, mit dem Thema also, das fortan immer wieder stilprägend für seine Poesie sein sollte. 1969 erzählte er: „Ich habe die Inspiration für den Song The Working Man von all den Jobs, die wir jemals außerhalb der Band hatten. Zwei von uns haben bei einer Tankstelle gearbeitet, was sicher dem Song inhaltlich am nahesten kommt. Doug war Hausmeister, und wir sind auch Laster gefahren. Da ist ein wenig Humor im Song, aber er ist zugleich traurig. Du gibst dein ganzes Geld am Wochenende aus, und am Montag geht es alles von vorne los." Harte Arbeit, schwierige Familienverhältnisse und vor allem keine Extravaganzen – John Fogertys Welt hatte nichts mit dem Glamour der Prominentenszene zu tun. „I don't mess around with magic child! What I got is mine!" – sollte wohl heißen, dass auch er sich die Früchte seiner Arbeit wirklich verdiente.

Damit setzte er sich auch gleichzeitig von Kollegen ab, die wie Stevie Winwood oder Jimi Hendrix als Genies oder Eric Clapton gar als Gott bezeichnet wurden und sich natürlich auch in dieser Rolle gefielen.

3. Suzie Q (Billboard Platz 11)

Suzie Q kann heute als Creedence Clearwater Revivals Eintrittskarte in den Olymp der großen Rockstars gesehen werden. Elf Jahre nach dem Original des Rockabilly-Stars Dale Hawkins katapultierte Johns Version den Song auf Platz 11 der Charts. Schon Hawkins' Aufnahme von 1957 schaffte es in die R 'n' B-Charts und sogar die Billboard Hot 100 (Platz 27). James Burton, später Gitarrist von Ricky Nelson und Elvis Presley, hatte das Rockabilly-Solo des Originals gespielt. Er gehörte schon damals zu Johns großen Vorbildern. „James Burton hatte einen riesigen Einfluss auf mich", erzählte John 2013 dem Magazin "American Songwriter". „Das geht zurück bis in meine Kindheit, als ich mir die Single Suzie-Q kaufte. Damals ahnte ich natürlich noch nicht, dass das James Burton war, der die Gitarre spielte. Als er in Ricky Nelsons Band eintrat und jede Woche im Radio zu hören war, wusste ich, wer er war. Ich hatte schon in gewisser Weise eine Neigung zu Country-Musik – das war sowieso der Fall –, aber James' Art, auf Ricks Platten und bei anderen zu spielen, beeinflusste mein Gitarrenspiel endgültig." Vor Creedence' Version gab es eine Reihe anderer Suzie-Q-Covers, unter anderem von den Rolling Stones, die aber allesamt nicht die gleiche Wirkung wie Johns Arrangement erreichten. Es war seine mehr als achtminütige Version, mit psychedelischem Gesangspart und exzessivem Gitarrensolo in der Mitte des Songs, die den Grundstein für den großen Erfolg der Band legen sollte. Ihm gelang ein vollkommen durchdachtes Meisterstück: Suzie Q war zwar für die LP gedacht, aber er konzipierte die Aufnahme gleichzeitig als Single – Part 1 und Part 2, Vorder- und Rückseite einer 45er. Dafür gab es berühmte Vorbilder: What'd I Say von Ray Charles, Shout von den Isley Brothers und Chris Kenners I Like It Like That. „Deshalb passiert alles Interessante zu Beginn, der Gesangspart ist bewusst nur am Anfang platziert. Ich stellte mir das Lied als Zweiteiler vor, den man bei der Single für die A- und B-Seite splitten könnte", so zitiert Craig Werner Fogerty 1998.

Im „Rolling Stone" vom Februar 1993 erklärte Fogerty dazu: „Diese kleine Underground-Radiostation KMPX (der erste progressive-Rock-Sender in den USA), spielte jede Menge schräges Zeug. Ich sagte den anderen Jungs, dass es der schnellste Weg sei, im Radio gespielt zu werden und so mehr Öffentlichkeit zu gewinnen, wenn wir ein Arrangement von Suzie Q aufnähmen, das bei diesem Sender gespielt werden würde." Immer wieder bekundete Fogerty in Interviews, dass ihm der mittlere, dem Zeitgeschmack angepasste, Gesangspart („klingt wie aus einer Telefonzelle") heute nicht mehr gefällt.

Wie er sich bei der Entstehung von Suzie Q zum eigenständigen Produzenten entwickelte, erzählte John 2012 bei Facebook: „Zu dieser Zeit gab es eine Menge Songs – von den Dead, Airplane – bei denen es für viele, viele Minuten sehr langweilig wurde. Wenn ich eine 15-minütige Jam haben will, bevorzuge ich es, wenn die Leute auch wirklich spielen können, wenn ihr wisst, was ich meine. Da die Jungs in Creedence aber keine Weltklassemusiker waren, habe ich Songs so arrangiert, dass sie Drive hatten. Als ich an dem Punkt angekommen war zu erkennen, wie weit der Arrangeur der Band den Musikern in der Band voraus war, begann alles plötzlich Form anzunehmen. Drei Monate bevor wir Suzie Q aufnahmen, klangen wir wie die durchschnittliche Bar-Band am unteren Ende der Fahnenstange – was auch wirklich das war, was wir waren. Ich ergriff einfach die Führung, und das war es, was unsere bunte kleine Band zu etwas formte, was in sehr kurzer Zeit sehr gut klang. Wir waren keine begnadeten Weltklasse Virtuosen, unsere Stärke lag in dem Groove, den wir gemeinsam erzeugen konnten."

Die Single bedeutete laut John auch den Durchbruch für die Plattenfirma Fantasy: „Suzie Q war sehr ungewöhnlich, sozusagen aufreibend für die Zeit. Und so hat Saul (Zaentz) in seiner Weisheit gesagt: ‚Vielleicht sollte ich Euch Jungs ein Album aufnehmen lassen.' Also nahmen wir ein paar der Cover-Songs wie (den Wilson-Pickett-Hit) Ninety-Nine And A Half und (Screamin' Jay Hawkins') I Put A Spell On You auf. Jetzt hob ich also als Arrangeur und Produzent ab. Es ist unvorstellbar, dass ein 23-Jähriger jetzt der Produzent dessen war, was bald die größte Band der Welt sein sollte. Ich musste die Sache schaukeln, denn bei Fantasy hatte keiner auch nur die geringste Ahnung. Als Suzie Q zum Hit wurde, gab es ohnehin nur zwei Leute bei dem Label, und ich war seit kurzem einer von ihnen. Ich war in den Jahren ’65 und ’66 in der Firma für den Versand zuständig, auch von Creedence Clearwater Revivals I Put A Spell On You/Walking On The Water-Single.“

4. Ninety-Nine And A Half.

Das Eins-zu-Eins-Remake des Wilson-Pickett-Hits von 1966 ist zugleich John Fogertys Verneigung vor seinen großen musikalischen Helden von Booker T. & The MGs, die Pickett begleitet hatten. Bei jeder Gelegenheit hatte er sie als die „beste Rock ’n’ Roll-Band aller Zeiten“ bezeichnet. Bei CCR fehlen allerdings die Bläsersätze von Picketts Aufnahme, und die Basslinie ist im Vergleich zu der im Original von Donald „Duck“ Dunn nicht so pointiert. John nimmt sich ganz zeitgemäß ein bisschen Platz für ein Gitarrensolo. Nur gesanglich kann er hier bereits zeigen, dass er mit seinem Vorbild Wilson Pickett gut mithalten kann.

5. Get Down Woman

Ein schlichter Blues, der aber durch den jazzigen Walking-Bass und das schwebende Schlagzeug erheblich gewinnt. Hier kündigt das Gitarrenfeeling an, was dann in Bootleg und Penthouse Pauper folgt, indem John Fogerty dem schleppenden Rhythmus eine treibende Sologitarre gegenüberstellt und so ein Spannungsfeld aufbaut. Es ist einer der wenigen Songs, aus seiner Feder, der eine angespannte Mann-Frau-Beziehung voller sexueller Konnotation (siehe Titel) behandelt. „Get Down Woman ist nur mein Beitrag zu diesem alten Swing-Shuffle-Ding. Die Worte sind zweitrangig und stehen hinter dem Musikalischen zurück. Ich hatte nur dieses kleine Gitarrenriff und habe den ganzen Song drumherum gebaut. Ich mag Swing-Jazz nicht besonders, aber ich mag den Sound im Blues. Ich mag auch gute Bläsersätze und den Walking-Bass auf diesem Rhythmus. Aber wir spielen nicht viele Songs in diesem Stil, weil die Leute nicht mehr zu diesem Rhythmus tanzen. Früher war er üblich in den Rhythm-And-Blues-Charts. Er ist nicht laut und aufregend genug für unsere Zeit“, so Fogerty 1969.

6. Porterville.

Mit dem Themenkreis Angst, Sippenhaft und Flucht brach John in eine neue Dimension seines Songwritings auf. Der Song erschien noch einmal 1976 in ungewöhnlicher Kombination auf einer Fantasy-Single mit der A-Seite I Heard It Through The Grapevine. Vor allem aber ist Porterville der wirkliche Anfang von Creedence Clearwater Revival. Um nicht von der Armee zum Miltärdienst gezogen zu werden – mit Vietnam waren die USA seit Jahren im Kriegszustand – hatten sich John Fogerty und Doug Clifford freiwillig zur Reserve gemeldet. Das Martyrium des sinnlosen Dienstes nutzte Fogerty und schrieb seinem eigenen Bekunden nach seinen ersten ernst zu nehmenden Song und auch den ersten Song für Creedence Clearwater Revival nach The Golliwogs. Im August 2012 äußerte er sich dazu bei Facebook: „Anfang 1967 kam ich zur Army, und wir mussten den ganzen Tag auf einem asphaltierten Exerzierplatz marschieren, der etwa eine Quadratmeile groß war. Und während all dieses Marschierens drehte ich langsam durch, und in meinem Kopf entstanden lauter kleine Geschichten. Sie alle schienen ein bisschen mit Sümpfen zu tun zu haben wie in den Südstaaten, mit Wäldern und Schlangen – etwa die Trickfilmfigur ‚Br'er Rabbit', Mark Twain, ein großartiger Film mit Dana Andrews und Walter Brennan, der ‚In den Sümpfen' hieß. Schließlich schrieb ich das Lied Porterville, während ich auf dem Asphalt rumstampfte. Es ist halb autobiographisch: Ich thematisiere dabei meinen Vater, aber es ist auch eine Flucht in die Phantasie. Und während ich es tat, wusste ich: 'Mann, ich bin auf dem Weg!' Alles änderte sich danach. Ich gab es auf zu versuchen, kitschige Liebeslieder über Sachen zu schreiben, von denen ich keine Ahnung hatte und begann, mir Geschichten auszudenken.“

7. Gloomy

Das dritte Stück im Stil der damals aktuellen psychedelischen Musik basiert ganz auf Moll-Akkorden: Auf dem Höhepunkt des Vietnamkrieges, als über 500 000 US-Soldaten in Fernost im Einsatz waren, machte John Fogerty erstmalig eine Anspielung auf den Krieg. Alles erscheint ihm düster. „And when you're done talking, you still got to shoot and everything turns out gloomy.“ Ein besonderer musikalischer Effekt, mit dem zuvor bereits die Beatles und die Beach Boys experimentiert hatten, ist das rückwärts abgespielte Gitarrensolo. Es unterstreicht die dunkle und bedrohliche Gesamtstimmung des Songs.

8. Walk On The Water

Das letzte Stück auf „Creedence Clearwater Revival“ bekam Jahrzehnte später unerwartete Bedeutung. Walk On The Water wurde nachträglich zum Zankapfel zwischen den Fogerty-Brüdern. Tatsächlich symbolisiert es den Übergang der Verantwortlichkeit von Tom zu John und zeigt ähnlich wie Porterville, wie sich die Band von The Golliwogs zu Creedence Clearwater Revival weiterentwickelt hat. Unter dem alten Bandnamen war der Titel als „Walking On The Water“ erschienen. Da waren beide Brüder Tom und John Fogerty wie jetzt auch als die Songwriter genannt. Später – noch 1985 – versuchte Tom, für sich das alleinige Autorenrecht zu erlangen. In einem Brief vom Oktober ‘85 erklärte Tom seinem Bruder John am Beispiel dieses Songs, warum er 1971 aus der Band floh: „Im Dezember 1970 habe ich Creedence aus denselben Gründen verlassen, aufgrund derer ich auch im Oktober 1985 die Band verlassen würde. Begründung: Deine Haltung. Du hast mir (oder Doug oder Stu) nie öffentlich, in der Presse oder den Medien meinen Anteil an Creedence (Tommy Fogerty & The Blue Velvets) zugestanden. Ich war der Produzent, der Lead-Sänger und hauptsächliche Songwriter. Alles hat irgendwo seinen Anfang, aber in Deiner verzerrten Version der Geschichte der Band lässt Du bequemerweise einfach den Tommy-Fogerty-Teil weg und verleitest die Leute so dazu zu glauben, Du habest alles gemacht und ich sei nur am Rande dabei gewesen.“ Und dann holte Tom Fogerty mit einem Griff in die Mottenkiste zu einem minutiösen Rundumschlag aus, indem er sich auf ihre ehemaligen Pseudonyme als Songwriter bezieht: „Unsere Partnerschaft als Songwriter – erinnerst Du Dich an Rann Wild und Toby Green? Ich habe niemals, ich wiederhole niemals, gesehen oder davon gehört, dass Du erwähnt hast, dass wir Songs zusammen geschrieben haben oder dass wir uns die Lead-Gesänge bis 1966 geteilt haben. Während der Golliwogs/Visions-Zeit habe ich einen Titel Walking On The Water geschrieben. Ich habe sowohl den Text als auch die Melodie geschrieben, es ist mein Song, und er ist auch auf der ersten Creedence-Platte. Ich habe ihn mir mit Dir wegen der Wild-Green-Partnerschaft geteilt. Du hast behauptet, dass ich die Idee von einem hypothetischen Song namens Tombstone Epitaph, den Du geschrieben habest, übernom-

men hätte. Ich habe so einen Song nie gehört. Ich habe die Idee für die Akkordwechsel von House Of The Rising Sun der Animals und das Wort-Melodie-Schema von Them – Mystic Eyes. Wieder konntest Du es nicht ertragen, dass jemand anderes in der Band auch Talente hat, Du wolltest alles für Dich. Im kommenden Jahr werde ich mit Jondora verhandeln, meinen Song für (meinen Musikverlag) Woodmont Music zurück zu kaufen.“ Schließlich steigert sich Tom Fogerty in eine totale Abrechnung: „Du hast niemals unsere Partnerschaft als Produzenten oder meinen Geschäftssinn erwähnt (erinnere Dich, ich schrieb alle Verträge, sammelte das Geld ein, machte die Telefonate und erledigte die Buchhaltung etc.). Wieder hast Du alle glauben lassen, dass Du alles gemacht hast… Irgendwo auf der Strecke hast Du begonnen, sogar Deiner eigenen Presse zu glauben, und so wurde aus der Band ‚Wir‘ – ‚Ich‘ (John). DESWEGEN BIN ICH GEGANGEN!“
Harte Worte eines zutiefst in seiner Eitelkeit und seinem Selbstwertgefühl getroffenen Mannes und Bruders. In zahlreichen Aufzeichnungen aus der Zeit zwischen 1969 bis 1971, als Tom Fogerty die Band bereits verlassen hatte, lässt sich aber das Gegenteil seiner Behauptung über den Egomanen John belegen, beispielsweise in einem Interview mit Dick Clark zu der LP „Green River“ (siehe dort), in dem John betonte, dass alle zur Entstehung der Musik beitrügen. Und in einem Gespräch mit dem „Disc and Music Echo“ vom 30. August 1969 äußert sich John Fogerty noch über die Qualität der Beziehungen in der Band: „Unsere Gruppe ist wie eine glückliche Ehe!“ Und weiter: „Wir haben so viele Gemeinsamkeiten, den Hintergund, die Haltung, wir mögen einander, und so hat bisher niemand daran gedacht, dass wir uns trennen.“

Textlich handelt der Song vom Sensenmann, der über das Wasser schreitet, um sich sein nächstes Opfer zu holen. „No, no, no, no, oh no, I don’t want to go!“, ruft der vom Tod Auserwählte und rennt davon. Auch hier ist der Einfluss der psychedelischen Szene in San Francisco nicht zu überhören: düstere Klänge im Marsch-Rhythmus, die dann in die Flucht mit einem hektischen Gitarrensolo zu vertonen.
Creedence Clearwater Revival erreichten ihr Ziel: Ihre Version von Suzie Q wurde beim hippen Sender KMPX rauf und runter gespielt. Doch was konnte jetzt folgen? Von 1958 bis 1968 hatte es gedauert, bis mehr als der lokale Hit Brown Eyed Girl von ihnen im Radio zu hören war.

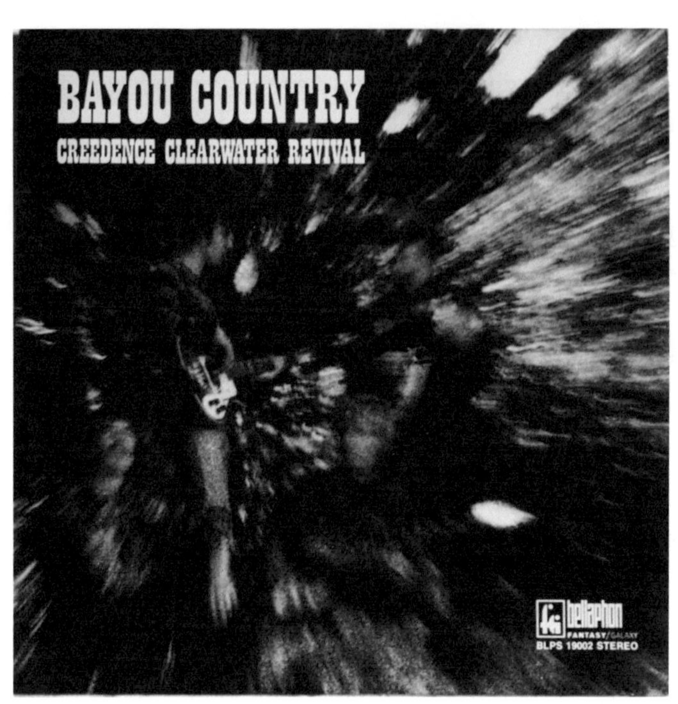
BAYOU COUNTRY
CREEDENCE CLEARWATER REVIVAL
bellaphon
FANTASY/GALAXY
BLPS 19002 STEREO

Bayou Country

Aufgenommen in den RCA-Studios in Los Angeles (Oktober 1968)

1. Born On The Bayou (John Fogerty) – 5:10

2. Bootleg (John Fogerty) – 2:58

3. Graveyard Train (John Fogerty) – 8:32

4. Good Golly Miss Molly – 2:38 (Blackwell, Marascalco)

5. Penthouse Pauper (John Fogerty) – 3:37

6. Proud Mary (John Fogerty) – 3:07

7. Keep On Chooglin' (John Fogerty) – 7:40

Die vier Musiker erfuhren durch den Erfolg von Suzie Q ein Upgrade bei den Veranstaltern und mussten jetzt nicht mehr in den ganz kleinen Clubs der Bay Area von San Francisco spielen. Mit einem Schlag wurde die Band gleichberechtigt neben The Grateful Dead und Jefferson Airplane gelistet. Konzerte im Avalon Ballroom, dem Fillmore West und auf nationaler Ebene in den USA erweiterten ihre Fangemeinde. Aber das hieß nicht, dass sie im Bewusstsein der Pop-Gemeinde bislang mehr waren als eine One-Hit-Band.

John Fogerty war überzeugt, dass schnell ein Anschlussalbum her musste, um nicht in Vergessenheit zu geraten. Es sollte noch im selben Jahr erscheinen. Damit das nach seinen Vorstellungen verwirklicht werden konnte, übernahm er die vollständige Kontrolle, sämtliche Managementfunktionen, alle Arrangements. Entscheidend aber: Mit Proud Mary schuf er seinen Superhit, der ihm für alle Zeiten den Ruf eines genialen Songwriters einbrachte. Das Album brachte Creedence Clearwater Revival zum ersten Mal auch in Deutschland und England in die Charts. Die Besprechung der LP im englischen „New Musical Express“ trug in Anspielung auf die Beatles den Titel „Deep Sound from Creedence Four“, brachte aber wenig an Substanz. Über Good Golly Miss Molly urteilte der Autor, John singe mit einer hysterischen Stimme und spiele eine großartige Lead-Gitarre.

1. Born On The Bayou

Beim Soundcheck eines Konzertes im Avalon Ballroom in San Francisco spielte John mit seinem Lieblingsakkord, dem verschobenen C7, und Doug Clifford begleitete ihn auf dem Schlagzeug mit der rhythmischen Umkehrung von Suzie Q. Was so nebenbei zufällig zu entstehen schien, war in Wirklichkeit ein historischer Moment der Band. Allerdings, ohne dass das damals von der Umwelt erkannt wurde. Der Stagemanager des Clubs stellte der Band den Strom ab, weil er das Publikum reinlassen wollte und pöbelte John an: „Außerdem führt euer Weg nirgendwo hin.“ John Fogerty erzählte bei VH1-Legends, dass er geantwortet habe: „Gib mir ein Jahr, und ich werde dir zeigen, was wir erreichen können.“ Doug Clifford erinnerte sich 1998 an einen anderen Abend, an dem der Sound seines Lieblingsliedes entstanden sei: „Meine Lieblingsplatte von uns ist ‚Born On The Bayou.’ Es ist einfach ein Knaller, ein rollender Song. Wo die Geschichte des Songs begann, ist das Shrine Auditorium in Los Angeles. Die Jungs hatten alle ihre neuen Spielzeuge. Die Kustom-Amps sollten an jenem Abend auftauchen. Und bei Gott, das taten sie. Die Jungs waren da und spielten mit ihnen, probierten Sounds, und da saß ich mit demselben Drum-Set. John war da vorne und spielte mit dem Feedback und probierte das aus. Ich klopfte hier und da ein bisschen rum, und sie sagten zu mir: ‚Sei ruhig!’ Und mir wurde langweilig und ich fing an den Viertelnotentakt zu spielen, mit dem Suzie Q beginnt, aber ich veränderte das, was ich mit Hi Hat und Bassdrum spielte. Und das war sozusagen der Anfang davon. So fing es an, der Rückkopplungsanfang und der Vierteltakt.“ Die Wahrscheinlichkeit und eine Liste der Konzerte, die Creedence nach der ersten LP spielten, sprechen für Johns Version der Geschichte aus dem Avalon.

Klar ist aber: In diesem Moment entstand der „Swamp-Sound“, der musikalisch die Legende von der Südstaatenband Creedence Clearwater Revival begründete. Born On the Bayou – eins der vielen Meisterwerke aus der

Feder von John Fogerty, basiert auf dem Akkord D7. Bereits bei Suzie Q und I Put A Spell On You hatte John damit experimentiert, dass Tom eine gewöhnlich gestimmte Gitarre benutzte und darauf D spielte, während John seine einen Ganzton heruntergestimmte Gitarre einsetzte und so den wesentlich volleren E-Dur-Akkord nutzen konnte. In Verbindung mit Johns Bildsprache entstand so eine mythologische Kreation, die seither das Image von CCR prägte. Fogerty besang erstmalig die Sümpfe des Südens in einem Dialekt, den er sich ausgedacht hatte und den er für den Sound der Südstaaten hielt. Beispiele: „woiking“ statt „working“, „toining“ statt „turning“ und „boolay“ statt „bootleg“. Letzteres sollte wohl wie die Cajun-Aussprache klingen. Dabei war John bisher nie in Louisiana gewesen. Craig Werner urteilte entsprechend in „Goldmine“: „So hat (im Süden) niemand gesprochen.“

Interessanterweise wurde das Stück, das ursprünglich eine A-Seite abgeben sollte, die Rückseite der Single Proud Mary. Und geradezu verwunderlich ist die Tatsache, dass es in keinen Charts auftauchte. Born On The Bayou stellt John Fogerty als Songwriter in eine Reihe mit den alten Blueshelden Muddy Waters, Howlin' Wolf und Willie Dixon, denn von ihnen hat er sich die Szenerie ausgeliehen, wie er einst selbst erzählte: „‚Born On The Bayou' war ein bisschen wie ‚Porterville', es handelt von einer mythischen Kindheit und einer mit Hitze erfüllten Jahreszeit und dem Fourth-Of-July-Feiertag. Ich habe es in die Sümpfe verlegt, wo ich natürlich nie gelebt habe. Es war spät, als ich schrieb. Ich versuchte, ein reiner Schreiber zu sein, ohne Gitarre in der Hand, stellte mir bildlich Dinge vor, während ich an die kahlen Wände meines Apartments starrte. Kleine Apartments haben wunderbar nackte Wände, besonders wenn man es sich nicht leisten kann, etwas aufzuhängen. ‚Chasing down a hoodoo.' Hoodooo ist eine magische, mystische, spirituelle, nicht definierte Erscheinung, wie ein Geist oder ein Schatten, nicht unbedingt böse, aber sicher jenseitig. Einige der Bilder habe ich von Howlin' Wolf und Muddy Waters.“ Und nicht nur das: Auch bei seinem Versuch, den Südstaaten-Drawl hinzukriegen, imitierte er Howlin' Wolf.

2. Bootleg

Wie viele Kompositionen von John Fogerty lebt auch Bootleg von der oben beschriebenen Sound-Kulisse zweier unterschiedlich gestimmter Gitarren, ein Konzept, das vor allem auf „Bayou Country“ für den besonderen Klang sorgt, sich allerdings immer wieder bei CCR findet. Bootleg hat einen treibenden, fast hämmernden Rhythmus, und der Text erzählt in drei Strophen, wie sich der Blickwinkel auf Dinge verändert, abhängig davon, ob sie legal sind oder einfach frei zugänglich. Der Titel bezieht sich auf die amerikanische Tradition der Schwarzbrennerei, auf den Reiz des Verbotenen. Fogerty formuliert in simplen Reimen wie in einem Kinderlied, was die einfachen Dinge des Lebens ausmacht. Ein Musikvideo des Songs zeigt die Band 1969 auf einem Schaufelraddampfer musizierend, das gehörte jetzt zu ihrem Image.

3. Graveyard Train

In den Anfängen seiner Laufbahn griff der Autor Fogerty immer wieder auf Traditionen der amerikanischen Pop-Historie zurück. Hier verband er gleich zwei häufige Themen: tödliche Autounfälle und Selbstmorddramen. Auch musikalisch stützte er sich immer wieder auf Vorbilder: Bei Graveyard Train handelt es sich um den einzigen wahren Rhythm and Blues von Creedence. Zugrunde liegt dem Lied eine wahre Begebenheit. Bei einem Unfall waren im Dezember 1968 drei Fahrgäste eines Greyhound-Busses in Beaver Falls, Pennsylvania, ums Leben gekommen. Sie waren von Chicago auf dem Weg zu einer Kirchenversammlung in Washington gewesen. Über dem stetigen Bassriff entspannt Fogerty nicht nur klassischen Call and Response (Frage und Antwort) zwischen Stimme und Gitarre, sondern fügt dem Song auch noch mit der sonst bei Creedence selten eingesetzten Mundharmonika besondere Leidenstiefe hinzu.

Im Streit trennen sich der Ich-Erzähler und seine Freundin Rosie, die darauf mit dem Auto wegfährt. An einer Kreuzung kracht sie in einen Greyhound-Bus. Aus den drei Toten des tatsächlichen Geschehens werden im Text von Graveyard Train 30 Menschen. Auch Rosie findet den Tod. Flehend und klagend fordert ihr Liebhaber vom Schicksal nicht etwa, das Geschehene ungeschehen zu machen, sondern bittet den Bestattungsunternehmer, ihren Sarg aus seinem Haus zu holen. Auf den Gleisen des Graveyard-Train (Friedhofszug) will er selbst sein Leben beenden, denn er wird die Nummer 31 sein, der 31ste Tote. Das Thema Selbstmord hatte zehn Jahre zuvor Jody Reynolds mit Endless Sleep in die Charts gebracht – das blieb nicht ohne Einfluss auf Fogerty. 1998 veröffentlichte er seine Version von Endless Sleep auf einer CD-Single. Und Pat Boones Selbstmord-Drama Moody River von 1961 ließ er 2009 auf „The Blue Ridge Rangers Rides Again“ wieder aufleben. Auch die Songs, die tragische Verkehrsunfälle beschreiben, waren in Fogertys Jugend in Mode (Tell Laura I Love Her). Einen realistischen Hintergrund stellte der amerikanische Jugendkult um Autorennen auf den Highways dar. Der Zusammenhang mit James Deans Tod liegt da nahe. Die Geschichte dieser „Tragedy Songs“ geht jedoch weiter zurück auf Roy Acuffs Wreck On The Highway von 1942. Wenn Fogerty Graveyard Train heute live spielt, lässt er die letzte Zeile mit der Beschreibung des Selbstmordes auf den Gleisen weg.

4. Good Golly, Miss Molly

Wieder griff die Band auf einen zu diesem Zeitpunkt bereits klassischen Rock ’n’ Roll-Titel zurück. Little Richard hatte schon 1958 einen Nummer-10-Hit mit dem Song von John Marascalco und Robert „Bumps“ Blackwell. Was Little Richard mit furiosem Gehämmere auf dem Piano hinbekommt, erreichen Creedence mit Bass und Gitarre. Und John Fogerty zeigt, dass er gesanglich seinem Idol Little Richard das Wasser reichen kann, wie er es zuvor schon mit Ninety-Nine And A Half bei Wilson Picket bewiesen hatte. Unheimlich schnell wird der anzügliche Text heruntergespult. Miss Molly will Partys, und sie will Männer. Und das weiß auch die Mutter des Sängers, weshalb sie sogar auf Daddy aufpassen muss. Es ist ein klassischer Blues in 12 Takten. Auf Creedence’ fünfter LP „Cosmo’s Factory“ brachte John dann mit seinem Travelin’ Band eine fast identische Version von einem anderen Richard-Titel, nämlich Long Tall Sally (siehe dort). Richards Plattenfirma erkannte – fälschlicherweise – eine Kopie von Good Golly, Miss Molly. Den Copyright-Streit regelten Creedence und Richard dann außergerichtlich. Die Einigung verlief gütlich und Jahrzehnte später sangen Richard und Fogerty sogar gemeinsam wieder ihre alten Superhits.

5. Penthouse Pauper

John Fogerty versucht sich mit einem Rundumschlag als Gesellschaftskritiker. Dabei zählt er alle vermeintlich erstrebenswerten Werte auf und endet mit der Feststellung, dass, wenn man nichts hat, alles großartig sei! Textlich sicher keine Meisterleistung. Aber John, Tom, Doug und Stu bieten hier treibenden Groove in perfekter Abstimmung ihrer Instrumente.

6. Proud Mary (Billboard Platz 2)
Das Jahrhundertlied, der Klassiker: Schon auf der zweiten LP brachte John Fogerty seine größte Komposition unter. Die Tonfolge des Intros aus C und A auf zwei, einen Ganzton unterschiedlich gestimmten, Gitarren gespielt, katapultierte Creedence Clearwater Revival in den Pop-Olymp. Und Proud Marys Intro ist auch zuvor schon ein Klassiker gewesen – von Beethoven: Die 5. Symphonie ist mit den gleichen Tönen unsterblich geworden. Bob Dylan nannte Proud Mary 1969 den Song des Jahres. Keith Richards adelte die Band, die plötzlich ein Jahr lang mehr Platten als die Rolling Stones und die Beatles zusammen verkaufen sollte: Wäre er nicht bei den Stones, sagte er, ginge er zu CCR. Doch Proud Mary schaffte es in den Billboard-Popcharts im März 1969 nur auf den zweiten Platz. Zunächst verhinderten Sly And The Family Stone mit Everyday People den Triumph und in den folgenden beiden Wochen war es Tommy Roe mit seinem Schlager Dizzy. Insgesamt blieb Proud Mary 14 Wochen in den Hot 100, die Hälfte davon in den Top 10. Ike and Tina Turner landeten schließlich zwei Jahre später mit ihrer Version einen großen Hit – immerhin Platz vier der US-Charts. Und die Reihe der Interpreten von Proud Mary ist prominent besetzt – von Elvis Presley über Solomon Burke bis zu Bruce Springsteen. Verschiedene Quellen sprechen von 100 bis über 700 Aufnahmen bis heute. Und die Reihe scheint nicht abzureißen. Das Original erschien in der Bundsrepublik (Platz 4 der Hitparade) mit einem Schwarzweiß-Single-Cover, das die Band in Bürgerkriegsuniformen zeigte – offensichtlich aus der Foto-Session für das erste Album, mit dessen Hülle optisch auf die Südstaaten angespielt worden war.

Nur John Fogerty selbst weigerte sich lange Jahre, den Song zu spielen, nachdem sich Creedence aufgelöst hatten und die Rechtsstreitigkeiten mit Saul Zaentz und seinen ehemaligen Mitmusikern begonnen hatten. Schließlich war es Bob Dylan, der Fogerty bei einem Konzert von Taj Mahal am 19. Feburar 1987 im Palomino Club in Los Angeles überredete, Proud Mary wieder zu spielen, „weil sonst jeder glauben würde, er sei von Ike and Tina Turner“. Bei dieser spontanen Session, die als Silver Wilburys in die Musikgeschichte eingegangen ist, spielten neben Dylan, Fogerty und Taj Mahal (Harp) auch George Harrison, Jesse Ed Davis, Mark Shark – alle Gitarre – und Bobby Tsukamoto, Jim Ehinger und Gary Ray. Schließlich nahm John Fogerty 2013 zusammen mit Allen Toussaint, der Rebirth Brass Band und Jennifer Hudson eine neue Version des Songs für seine Platte „Wrote A Song For Everyone“ auf, die Anleihen bei Ike & Tina Turners Version aufweist, aber eben auch auf dem klassischen New Orleans Sound basiert. Beim New Orleans Jazz Fest ein Jahr später wählte er diese Version als Zugabe – zur großen Begeisterung des Publikums.

Über die Jahre hat John Fogerty die Entstehung des Songs immer wieder geschildert und kommentiert. Die Endfassung stammt danach aus der Zeit unmittelbar nach seiner Entlassung aus der Reserve. Aber er hatte die Idee dazu schon lange im Kopf gehabt. Es war eine völlig andere Geschichte. Dem „Rolling Stone“ erzählte er 1988: „Ich stellte mir ein Dienstmädchen in einem Haushalt reicher Leute vor. Jeden Morgen fährt sie mit dem Bus zur Arbeit und sorgt für diese Familie. Dann muss sie zurück...“ 2012 äußerte er sich bei Facebook: „Das erste Album erschien an meinem 23sten Geburtstag, dem 28. Mai 1968, und wir waren unterwegs als Creedence, aber wir waren sozusagen immer noch Zweiter auf der Besetzungsliste für den Abend. In dieser Zeit schrieb ich sehr eifrig. Das ist die Zeit, in der sich in mir etwas dramatisch entwickelte. Ich hatte Science-Fiction-Filme gesehen, in denen sich der Kopf des Protagonisten in der Größe verdoppelte; das war es, was mir tatsächlich passierte. All das Zeug – die Bildsprache, der Südstaatenmythos, all die Geschichten im Songwriting –, beginnend beim Namen der Band und den karierten Hemden, beschäftigte mich in Gedanken, während die anderen immer noch nur die Bar-Band waren. „Bayou Country“ machte wirklich klar, was Creedence Clearwater Revival war und sein sollte. Es gab auf dem ersten Album bereits Hinweise. Der Gesang ist gut, und die Band spielt gut; es klingt nur nicht so authentisch wie bei Stax.“

Der Vergleich mit dem Stax Label bezieht sich auf Künstler wie Otis Redding, Wilson Picket und Rufus Thomas, die allesamt für ihre Aufnahmen Booker T. & The MGs als Backingband nutzten. Die Band aus Memphis also, die John bis heute für die beste Rock ’n’ Roll-Band aller Zeiten hält.

Neben dem authentischen Klang suchte er aber schon früh auch die Perfektion als Autor: „Ende '67, Anfang '68 wurde mir eines Tages bewusst, dass das, was ich mochte, Songtitel waren. Also ging ich zur Drogerie in El Cerrito beim Einkaufszentrum und kaufte mir ein billiges kleines Notizbuch, und auf die Titelseite schrieb ich ‚Song Titles'. Und das erste, was ich in das Buch schrieb war: Proud Mary. Ich sah es mir an und überlegte: ‚Was bedeutet das? Vielleicht ist es eine Hausfrau oder ein Dienstmädchen.' Dann fing ich an, eine Melodie zu schreiben. Ich hatte keine Idee, wovon das Lied handelte. Also nahm ich das ‚Song Titles'-Buch wieder zur Hand, und da stand Proud Mary und ich dachte: Verdammt, das klingt doch wie ein Schaufelraddampfer! Das ist die ganze Magie, der Zauber, der Voodoo der ganzen Geschichte. Ich fing an, die Geschichte des Schiffes Proud Mary zu schreiben. Es war der zentrale Charakter. Genau so ist es geschehen: Es ist kein bisschen mystischer als das. " Das Schiff spielt zwar die Hauptrolle, tatsächlich handelt Proud Mary aber von einem Leben als Aussteiger – nicht verwunderlich nach der Befreiung vom Kriegsdienst. Die Mark-Twain-Szenerie des Mississippi („You don't have to worry, though you have no money, people on the river are happy to give") enthält Anklänge an „Huckleberry Finn".

Die Aufnahmen für „Bayou Country" bei RCA im Hollywood-Studio A zeigten dann, dass er mit seinen Vorstellungen die anderen drei längst hinter sich gelassen hatte. „Wir hatten die Musik zu Proud Mary aufgenommen und ich wusste genau wie die Backgroundgesänge klingen sollten. Ich zeigte den anderen Jungs wie sie Background singen sollten, weil ich mich erinnerte, wie wir bei Porterville klangen, roh und nicht melodiös. Und ich hatte diesen wunderschönen harmonischen Klang im Kopf, etwa so wie es bei den alten Gospelgruppen klang. Und ich hörte mir unser Band an und sagte: ‚Nee, das geht so nicht!' Und da hatten wir einen riesigen Streit. Ich sagte: ‚Ich werde alle Teile singen' – weil ich das schon seit Jahren mit meinem alten Kassettenrecorder zu Hause gemacht hatte, und ich wusste was Harmonie-Gesänge waren und ehrlich gesagt, die anderen wussten das nicht. Genau genommen hätten wir bereits zu diesem Zeitpunkt auseinanderbrechen können. Ich war mir des Anfängerfluchs durchaus bewusst. Ich wollte nicht zurück zur Autowaschanlage. Und so hielt ich folgende Ansprache: ‚Wenn die zweite Platte Mist ist, sind wir ein One-Hit-Wunder.' Statt in den Underground abzutauchen, setzte sich meine Elvis- und

Beatles-'Erziehung' durch. Und ich war in der Lage, Lieder zu schreiben, die ihren Weg direkt in die Top-40 schafften, weil das genau das war, was ich machen wollte, seit ich vier Jahre alt war. Ich wollte Hit-Singles machen. Ich glaubte, dass das mein Job sei. Am Ende von Proud Mary sagte ich sogar zu mir selbst: 'Wow, das ist mein erster Standard!'" Er hatte nach den Sternen gegriffen – erfolgreich.

Laut Stephen Paul Millers Beitrag in „Finding Fogerty" hatte John die Formulierung „rollin' on the river" bei Cowboy-Darsteller Will Rogers in einem Film gehört. Und Miller sieht auch eine Anleihe bei Stephen Fosters „Old Folks At Home" – besser bekannt als „Swanee River". Foster (1826 – 1864), dessen Minstrel-Lieder dem kleinen John immer wieder von seiner Mutter vorgesungen wurden, hatte für ihn eine Vorbildfunktion bekommen. „Ich wusste, ich war Stephen Foster Dank schuldig. Ich hatte so viel von ihm gelernt" („American Songwriter"). Und nicht nur das: Er sah sich jetzt selbst in einer Reihe angelangt mit dem genialen Songwriter Foster („Swanee River", „Camptown Races", „My Old Kentucky Home") und Irving Berlin („White Christmas" „Blue Skies", „Always"). Auch Cole Porter („Anything Goes", „Don't Fence Me In", „I Get A Kick Out Of You") war ihm als Vergleich in den Sinn gekommen. Und in der Band sprach man von dem „Tin Pan Alley"-Song – in Anspielung an die Musical-Autoren der 30er und 40er Jahre, deren Schöpfungen Klassiker (Standards) des American Songbooks sind.

7. Keep On Chooglin'

Der Phantasie sind keine Grenzen gesetzt: Im Internet beschäftigen sich Foren und Fan-Seiten immer wieder mit der Frage: Was in Gottes Namen heißt „chooglin'"? Auf der Website der Radiostation WFMU aus New Jersey wurde der Begriff schon 2009 seziert, lautsprachlich wie inhaltlich und von seiner Herkunft her: „Lasst uns mit dem Zuggeräusch (engl.) 'choo-choo' + 'chug' anfangen (und dabei sollten wir unbedingt daran denken ein Bier zu 'chuggen' engl. auf ex trinken)... Ich werfe die Worte 'chew' (kauen), ogle (angaffen, flirten), bugle (schwarze Glaskoralle), boogie (der Boogie), fugue (die Fuge) und wiggle (schlängeln, schwänzeln) für zusätzlichen inhaltlichen Glanz ein," schreibt da die Künstlerin Ami Tallman aus Los Angeles. Und sie führt die Reise durch John Fogertys Song und die jüngste amerikanische Geschichte bis zu Marilyn Monroe und John F. Kennedy fort.

Interessant, welche Kreise der Begriff inzwischen gezogen hat. Auch ein Psychologe versuchte sich an einer Definition, doch ist wohl am ehesten anzunehmen, dass John Fogerty am besten weiß, was er meinte. „Heute“, so sagte er unlängst in einem Interview, „würde ich wohl nicht mehr den Mut haben, ein eigenes Wort zu erfinden.“ Aber 1969 hat er es getan: „chooglin’“. Und da er selber vermutete: „Vielleicht versteht ihr es nicht“, erklärt er im Song-Text: feiern, eine Party haben. Bereits in Born On The Bayou hatte er seine Wortschöpfung benutzt: „Chooglin’ all down to New Orleans.“ In diesem Zusammenhang liegt wohl Ami Tallman mit der Deutung „Choo-Choo“ richtig. Der Wortschöpfer selber mag sich nicht festlegen: 2013 erläuterte er, er habe ein Wort gesucht, das nach „rockin’, shufflin’, boogie, kind of rock ’n’roll“ klang. Und auf einem einzigen Ton (F7) schließt der Song fast acht Minuten als Jam den zweiten Long-Player von Creedence. Tom, Doug und Stu hämmern den Beat heraus und John tobt sich sowohl an der Gitarre als auch an der Mundharmonika aus. Damals hatten alle Bands, ob Grateful Dead, Canned Heat oder die Jimi Hendrix Experience viele solcher Songs im Programm – einfach und tanzbar.

Bassist Stu Cook beschrieb den Sound der Platte „Bayou Country“ 1998 treffend und klagte zugleich John Fogerty für dessen diktatorische Produktionsmethode bei den folgenden Platten an: „Bayou Country hat wirklich den Ton festgelegt, wie die Band war. Das Album war live eingespielt. Die Songs waren am Publikum von ‚Deno’ und ‚Carlo’s’ getestet. Wir hatten alle gemeinsam ein Gefühl für die Musik. Das war so ziemlich das letzte Album, das etwas abgehangen und gewürzt war, bevor wir es auf Tonband gebracht haben. Ich mag den Sound von dem Album. Es hat den fettesten Sound von allen Creedence-Alben, mehr Bass, wärmer, reichhaltiger. Ich denke es passte besser zu dem ‚Swamp-Bezug’. Die anderen Sachen wurden ein bisschen dünner im tieferen Tonbereich. Wir gingen in ein anderes Studio, mit einem anderen Tontechniker. Wir haben begonnen, mit Russ Gary zu arbeiten, als wir mit ‚Green River’ angefangen haben. Der Mix war von Anfang an ein Problem.“ Für Stu war der Bassbereich bei „Green River“ nicht ausreichend abgedeckt. Eigentlich aber beschäftigte ihn, wie weit der Trennungsprozess oder das Gefälle in der Band zu diesem Zeitpunkt bereits gediehen war: „Wir (Doug und Stu) waren vom Mix-Prozess ausgeschlossen, weil wir Vorschläge und Kommentare machten, die aus dem einen oder anderen Grund nicht berücksichtigt werden konnten oder sollten. In diversen Artikeln hat John geäußert: ‚Ich habe sie dann nie wieder dazu gelassen.' Nun ja, für mein Empfinden haben die Alben darunter gelitten. Ich glaube, sie hätten besser klingen können. Ich hätte gerne ein bisschen mehr von meinem Instrument gefühlt. Wir sind zu einem etwas besseren Sound bei ‚Pendulum' gekommen, aber das ging dann wieder ein bisschen zu weit in die andere Richtung. Ich wäre lieber mehr in die Richtung von Good Golly, Miss Molly und Proud Mary gegangen."

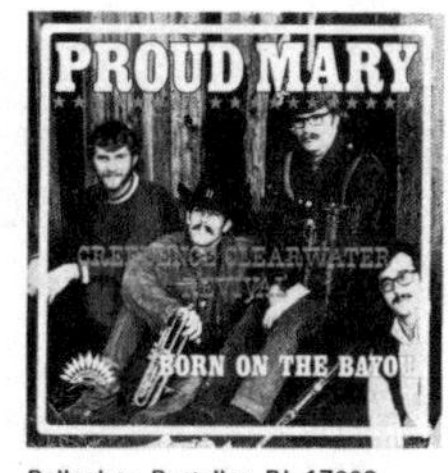

Bellaphon Bestellnr. BL 17008

ORIGINAL-HIT aus AMERIKAS Hitparaden

Nr.1 „PROUD MARY"

mit Amerikas Sensationsband:

CREEDENCE CLEARWATER REVIVAL

Neue Adresse: bellaphon-records, Riedel&Co. KG, 6 Frankfurt/M., Mainzer Landstraße 87-89
Postf. 119064, Tel. Sammelnr. 23 51 51

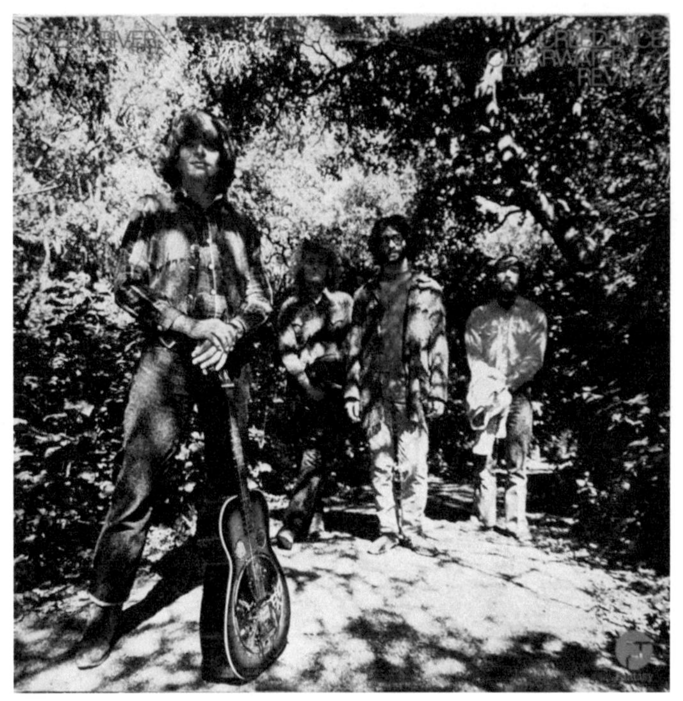

Green River

Aufgenommen im Wally Heider Studio C (1969)

1. Green River 2:36 – (John Fogerty)

2. Commotion 2:44 – (John Fogerty)

3. Tombstone Shadow 3:39 – (John Fogerty)

4. Wrote A Song For Everyone 4:57 – (John Fogerty)

5. Bad Moon Rising 2:21 – (John Fogerty)

6. Lodi 3:13 – (John Fogerty)

7. Cross-Tie Walker 3:20 – (John Fogerty)

8. Sinister Purpose 3:22 – (John Fogerty)

9. The Night Time Is The Right Time 3:08 – (Cadena – Herman)

Dem „Billboard" war es im Mai 1969 eine längere Meldung wert: „Creedence Clearwater Revival, Fantasy Records Group, hat sich zu einem der heißesten Platten-Acts auf dem Tourneeplan der persönlichen Auftritte entwickelt." Beeindruckend fand das Branchenblatt, dass die Band ein halbes Dutzend Zuschauerrekorde gebrochen hatte und zwei Millionseller-Alben veröffentlichte. In Long Beach, Kalifornien, waren 13 208 Fans zum Konzert erschienen. Weitere Rekordstätten, Anaheim, San Jose und Las Vegas, Nevada. Direkt im Anschluss an die Veröffentlichung von „Bayou Country" erschien im Jahr 1969 bereits ein zweites Creedence-Album: „Green River". Aufgenommen wurde im gerade erst eröffneten „Wally Heider Studio C" in San Francisco, wo zuvor schon Jefferson Airplanes LP „Volunteers" produziert worden war. Russ Gary, der die Studio-Aufnahmen der

Band machte, erinnerte sich 2006 an die Bandmitglieder: „Doug Clifford schien ein echt unbekümmerter Happy-go-lucky-Typ zu sein. Stu Cook sah aus wie ein hipper Uni-Professor, der zufällig in eine Rock 'n' Roll-Band geraten war. Tom Fogerty – Johns älterer Bruder – war ein nachdenklicher, sensibler Typ – ein echter Gentleman. Und John war eindeutig der Chef, obwohl er der Stillste der Truppe war. Es war zu dieser Zeit bei Bands nicht unüblich, sich auf diverse Substanzen zur Inspiration einzulassen, aber diese Typen brauchten nur Zigaretten, Kaffee und Root-Beer um loszulegen!" Creedence Clearwater Revival entwickelten sich in dieser Zeit als Band immer weiter – mit klar verteilten Rollen. Aus der Band wurde eine richtige Firma mit einigen Mitarbeitern in der Factory, darunter Jake Rohrer, der die Pressearbeit übernahm und als Tourmanager für die Band arbeitete. Weltweit wurde CCR zum Markenzeichen.

In einer ersten Session bei Wally Heider nahmen Creedence im Juli 1969 die Single Green River/ Commotion auf. John ging es darum, einen Anschluss-Hit an Proud Mary zu landen. Mit dem Titel Bad Moon Rising gelang ihm das mühelos, insgesamt wurde die Platte eine Sammlung von Hits und Klassikern der modernen Rockgeschichte. Wie auf dem Vorgängeralbum gibt es nur einen einzigen Cover-Song, nämlich Ray Charles' The Night Time Is The Right Time, mit dem Brother Ray 1959 immerhin in die Hot 100 der Pop-Charts gelangt war. Mit nur knapp 30 Minuten ist es das kürzeste Creedence-Album – bei neun Stücken! Während eines Auftritts bei Fernseh-Moderator Dick Clark anlässlich der Veröffentlichung des Albums „Green River" überreichte der „American Bandstand"-Gründer ihnen Anfang August eine Goldene Schallplatte. Creedence spielten in der Sendung Green River und Commotion und Dick Clark interviewte John Fogerty über die Band.

Dick Clark: „Hat es euch vielleicht Angst gemacht eine Nachfolgeplatte zu produzieren?"
John Fogerty: „Ja, ganz schön, aber man muss eben einfach weitermachen, versuchen, das Beste zu geben.
Dick Clark: „Wir sprachen vor kurzem über die Zukunft, über die Dinge weit entfernt. Was wird aus Creedence Clearwater Revival in 1970, '71, '72?"
John Fogerty: „Also im Wesentlichen werden wir uns in jeder Art von

Musik bewegen, die wir in den vergangenen zehn Jahren gespielt haben und werden versuchen, die aufzunehmen. Und natürlich auch einiges eigenes Material. Wir haben uns in vielen Bereichen bewegt, darum wird es gehen. So werden wir Platten machen.“
Dick Clark: „Und ihr tragt alle zu dem bei, was geschieht?“
John Fogerty: „Ja, oh ja, wir profitieren voneinander, wann und wie immer wir wollen.“

Zwei Wochen nachdem die LP erschienen war, zogen schon dunkle Wolken am vermeintlichen Harmonie-Himmel der Band auf. Und das hatte nicht nur mit schlechtem Wetter zu tun. Creedence Clearwater Revival waren als Headliner zum Woodstock Music And Art Festival eingeladen worden. Im strömenden Regen, viel zu spät, weil Grateful Dead ewig lange auf der Bühne standen, kamen CCR zum Zug. Die Qualität ließ nicht nur technisch zu wünschen übrig. Ein Grund, weshalb John Fogerty und Fantasy Records gleichermaßen die Veröffentlichung der Aufnahmen sowohl im Film als auch auf der Platte verhinderten. Für Tom, Doug und Stu, denen die Strahlkraft des hippsten aller Festivals wichtiger war, wirkte das wie eine diktatorische Entscheidung. So wurde Woodstock zwar zum großen Wendepunkt von Creedence, aber nicht in der Ruhmesgeschichte sondern in der Beziehungsgeschichte der Musiker untereinander. Übrigens stand John mit seiner Entscheidung nicht allein da. Auch Johnny Winter erwirkte, dass sein Auftritt in den Dokumentationen des Festivals fehlte. Weitere Festivals, bei denen CCR auftraten: Denver Pop Festival, Newport ’69 Pop Festival (als Headliner), Atlanta Pop Festival.

In seiner Kritik zu der LP „Green River“ im „Rolling Stone“ vom Oktober des Jahres, machte Bruce Miroff an seinem eigenen Beispiel deutlich, welchem Problem Creedence Clearwater Revival von Anfang an in der Wahrnehmung durch die Kritiker ausgesetzt waren: „Weil Creedence Clearwater Revival zunächst mit Hits wie Suzie Q so immense Popularität unter Teenyboppern erlangte, haben viele Leute (unter ihnen auch ich) abgelehnt, die Band sehr ernst zu nehmen. Aber Proud Mary hätte uns aufklären müssen. Es war mehr als nur ein toller Song, gemessen an Top-40-Standards; es war gemessen an allen Standards ein herausragender Song. Creedence’ neues Album ‚Green River’ demonstriert nun auf überzeugende Art und Weise, dass Proud Mary kein Zufallstreffer war. Lassen Sie sich nicht täuschen: Creedence Clearwater Revival ist zurzeit trotz einiger offensichtlicher Einschränkungen eine der aufregendsten und überzeugendsten Bands", beginnt Miroff seinen aufschlussreichen Text. Offen bleibt die Frage nach den Defiziten, die der Kritiker zu erkennen meint, aber nicht benennt.

Was 1969 möglicherweise als nicht ganz zeitgemäß erschien, stellt sich heute als besondere Qualität dar. Als „prä-psychedelischen Rock 'n' Roll" bezeichnete Dave Marsh den Sound in seinen Liner Notes zur Green-River-CD von 2000. Mit dieser Platte bekannte John Fogerty sich uneingeschränkt zum Rock 'n' Roll, zum Rockabilly-Sound des Sun-Studios in Memphis. Im Gespräch mit „Goldmine"-Autor Craig Werner bekannte er seine Vorliebe für das Album: „Ich mag den Sound... Es ist ein bisschen wie eine Sun-Platte." Die Kürze der Stücke (Ausnahme: Wrote A Song For Everyone) ist auch eine Hommage and die Rock 'n' Roll-Hits der 50er, die meist nicht über 2 Minuten hinauskamen. Und mehr als bei den ersten beiden LPs gibt schon das Eröffnungsstück den Charakter der ganzen LP vor.

1. Green River (Billboard Platz 2)

Einer der romantischsten Songs von John Fogerty hat einen prosaischen Hintergrund: Es war ein Soda-Getränk mit Limettengeschmack, das Lied und Album den Namen gab. Was daraus eine Idylle macht, sind John Fogertys Kindheitserinnerungen an einen kleinen Bach in Putah Creek bei Winters in Kalifornien, wo seine Familie Sommerurlaube verbrachte. Dort mieteten sie eine Hütte von einem Nachfahren des Cowboy-Darstellers „Buffalo Bill" Cody. Hier hat John Fogerty nicht nur schwimmen gelernt, sondern auch harmonische Sommer erlebt. Sinnbildlich beschreibt er das in der Szene, in der er flache Steine über die Oberfläche des Green River hüpfen lässt. Die Songstruktur mit dem verschobenen D7-Akkord imitiert die Frösche und die Zikaden am Bach. Ansonsten prägt ein Country- und Rockabilly-Gefühl den Song, der Creedence erneut auf Platz zwei der US-Billboard-Charts brachte. Die Bedeutung des Stückes erklärte Fogerty 2012 bei Facebook: „Nach Bayou Country begann ich zu merken, dass ich die Freiheit hatte zu tun, was ich wollte. Und wohin ich mich bewegte – beginnend mit Bad Moon Rising – war genau mein emotionales und musikalisches Zentrum. Das spiegelte sehr stark Sun Records wider. Green

River war mein Lieblingssong aus der Creedence-Ära, weil es für mich wirklich dieses Sun-Records-Gefühl hatte und genauso das ganze Album. Der barfüßige Junge mit der Zuckerrohrangel am Fluss – das ganze Album transportierte dieses Gefühl. Meine wahre Persönlichkeit kam zum Vorschein. Als ich sieben oder acht Jahre alt war, begann ich Liedertitel zu sammeln. Und die Formulierung Green River stammt daher. Ich saß oft am Tresen des Drugstores anderthalb Blöcke von meinem Elternhaus in El Cerrito entfernt. Dort bekam man Soft Drinks ausgeschenkt und hinter dem Tresen stand eine große Flasche mit einem Sirup namens Green River. Die Abbildung auf dem Etikett zeigte einen gemalten Sonnenuntergang hinter einem kleinen Bach. Green River, dachte ich, das wäre ein cooler Song. Eines Tages werde ich erwachsen, und dann schreibe ich den."

John Fogerty verband mit diesem Bild sein eigenes Jugendidyll: „Green River war für mich ein realer Ort. Die Vorstellung hatte sehr südliche Elemente, was die Natur betraf, – obwohl es ein Ort im nördlichen Kalifornien war. Dort brachten uns meine Eltern für die Sommerferien hin, in eine Zwei-Zimmer-Blockhütte. Der Bach, Putah Creek, war keine zehn Meter hinter der Hütte gelegen, und an einem Baum hing ein Seil. Ich entdeckte Kaulquappen, als ich zum ersten Mal unter Wasser tauchte. Das war eine sehr starke Erinnerung. Und noch heute, 60 Jahre später ist es eine starke Erinnerung an – ich weiß nicht, wie ich es sagen soll, – eine Phase der Entdeckung, der Unabhängigkeit." Green River symbolisiert aber auch Geborgenheit in einer Welt, in der gerade alles in Scherben zu gehen drohte. Rassenunruhen und Unterdrückung im eigenen Land, Krieg und Massaker im fernen Vietnam. Geradezu weise klingen da die Worte, die John seinem väterlichen Freund Cody in den Mund legt: „Die Welt befindet sich in einem Schwelbrand. Wenn du dich verloren fühlst, komm zurück nach Hause zum Green River". Eine ganze Generation von Amerikanern konnte sich damit identifizieren. Sie verstanden, dass der Fluss als Metapher stand für ein versunkenes Amerika.

2. Commotion (Billboard Platz 30)

Der schnellste und hektischste Creedence-Song erschien als Rückseite der Single Green River, die in der Bundesrepublik mit einem Schwarzweiß-Forto der Band veröffentlicht wude. Peitschende Bluesphrasen, die dem

Text über Eile und Hast, über sinnlose Gespräche und Menschenversammlungen Nachdruck verleihen. Commotion heißt so viel wie Tumult, Unruhe, Aufruhr! Ebenfalls bei Facebook schrieb Fogerty 2012 über Commotion: „Ich habe Commotion nicht als gesellschaftlichen Kommentar verstanden, weil das alles in der Luft lag. Mir wurde klar, dass es nicht Blue Suede Shoes (von Carl Perkins, der Autor) war, aber glauben Sie mir, wenn ich Blue Suede Shoes hätte schreiben können, hätte ich meine Seele dafür verkauft. Aber ich schrieb über das, was in der Luft lag und das war, was aus mir herauskam. Ich tat nur das, was selbstverständlich zu sein schien."

3. Tombstone Shadow

Wie so oft entstand auch dieser Song aus Fogertys Feder aus einer simplen Begebenheit: „Letzten Sommer waren wir in San Bernadino, um eine Show zu spielen und sind zu einem Wahrsager gegangen, der mir die Karten gelegt hat. Danach habe ich diesen Song geschrieben", erzählte Fogerty am 31. Januar 1970 bei dem Konzert im Oakland Coliseum, das 1980 fälschlicherweise als das Royal Albert Hall Konzert auf LP erschienen ist. Heute wird es als The Concert verkauft. Tombstone Shadow basiert auf einem simplen Bluesschema in G-Dur, und Fogerty macht nach jeder Gesangsphrase mit seiner Gitarre Einwürfe wie B. B. King. Eine hervorragende Version ist 2006 auf der Doppel-CD „The Long Road Home – In Concert" erschienen. Abgeklärter und geschliffener der Gesang, aber treibender und bluesiger, sowohl die Gitarre als auch die gesamte Rhythm Section. Besonders stark wirkt hier das Schlagzeug von John Molo mit durchgehenden Triolen auf einem Becken.

Der Text handelt vom Unglück, das der Wahrsager prophezeit. Schon der Titel „Schatten des Grabsteins" gibt das Thema vor. Auch das Klischee der Unglückszahl 13 kommt in der Prophezeiung vor. Zugleich aber wirft John Fogerty einen klar distanzierten Blick auf die Bedeutung der Aussagen des Wahrsagers, indem er betont, dass das Gespräch fünf Dollar kostete. Weitere fünf Dollar: der Glücksbringer, den er auf sein Kopfkissen legen und an der Tür befestigen sollte, um Unheil abzuwenden. Persönliche Erlebnisse wie dieses hatte John schon auf der ersten LP erwähnt. Auf „Green River" erreichte er aber als Autor eine andere Qualität, indem er sich selbst zum Mittelpunkt der Texte machte (Wrote A Song For Everyone, Lodi). In den Worten des „Rolling Stone“ im August von 1987: „Selbst bei einem flüchtigen Durchhören ... von ‚Green River’ wird die Tiefe und Empathie in Fogertys Texten deutlich.“

4. Wrote A Song For Everyone

„Habe Lieder für die ganze Welt geschrieben, aber ich konnte nicht mal mit dir sprechen.“

Was, wie eine Ballade über das Scheitern einer Ehe klingt, handelt in Wirklichkeit von der Aussichtslosigkeit, die Krisen der Menschheit zu lösen. Fogerty erklärte später oft, wie ihm bewusst geworden war, dass er zwar für ein großes Publikum Lieder schreiben konnte, aber in seiner kriselnden Ehe sprachlos war. Sarkastisch bemerkte er 2013 im „Guardian“ dazu: „Ein Stand-Up-Comedian würde sagen: ‚Wenigstens habe ich daraus einen großartigen Song gemacht!“ Wrote A Song For Everyone entstand genau in einem solchen Moment der Sprachlosigkeit zwischen ihm und seiner ersten Frau Martha. Subtil spannt er den lyrischen Bogen zwischen der kleinen intimen Welt seiner Ehe zu den großen historischen Entwicklungen der Gegenwart und Katastrophen der Vergangenheit. Das beginnt mit seinem persönlichen Schicksal, als Reservist zur Armee eingezogen zu werden. Für viele Amerikaner hieß das: „Next Stop Is Vietnam“ – Country Joe McDonalds Beitrag in Woodstock. Durchschnittliche Lebenserwartung der GIs am Mekong: drei Wochen. Der Kelch ging zwar an John vorüber, Tausende seiner Altersgenossen aber traf dieser Fluch. Und Tausende Vietnamesen wurden ermordet wie bei dem Massaker von My Lai.

Mit der Zeile „Richmond ’bout to blow up“ verbindet John seine eigene Rolle als Protestler gegen das Establishment mit einer nationalen Katastrophe: In Richmond (Kalifornien) hatte er gemeinsam mit Doug, Tom und Stu Plakate geklebt, auf denen die Trainingszeiten der National Garde für den Einsatz gegen die US-Zivilbevölkerung bekannt gegeben wurden. Als Reservist hatte John erfahren, dass eine Eingreiftruppe gegen „Aufruhr“ in Richmond aufgestellt wurde. Die aufgeheizte Stimmung an der Universität Berkeley ließ auch die vier von CCR nicht kalt. „Die Armee kommt“, plakatierten sie und „Die gütige Maske ist gefallen, die eiserne Faust wird sichtbar“. Dafür wurden sie eine Nacht eingesperrt, weil statt der Armee die Polizei kam: „Got myself arrested, wound me up in jail.“ Fast zeitgleich explodierte in Richmond (Virginia) an der Ostküste der USA eine Gasleitung und dann noch das Pulverlager eines Waffengeschäftes. Die Katastrophe in Virginia ereignete sich nur eine Straßenkreuzung vom dortigen Courthouse (Gerichtsgebäude) entfernt und riss 41 Menschen aus dem Leben! Wenige Tage zuvor hatte die Ermordung Martin Luther Kings das Land tief gespalten. Noch im Juni 1970 drückte John im Interview mit Roy Carr vom englischen „New Musical Express“ seine Befürchtung aus: „Ich persönlich glaube, dass wir in Amerika schon bald die totale Anarchie haben werden.“

Die USA befanden sich im Aufruhr, und die politische Führung setzte auf Repression. Dave Marsh im Rückblick: „Wenn du Soldaten kanntest, die aus Vietnam zurück humpelten, Bürgerrechtler, die aus den Südstaaten zurückkrochen, Revolutionäre, die mit dem Gesicht nach unten im Acker eines Farmers endeten, dann ist das, was Fogerty hier ausdrückte, Vergangenheit, Gegenwart und Zukunft – alles in einem.“ Und Fogerty klagt, dass sich im Laufe der Jahrtausende nichts geändert habe: Immer noch erzählten die Herrscher der Gegenwart Lügen wie einst die Pharaonen und schickten ihr eigenes Volk ins Verderben. Und wieder ist der Bezug zum Krieg im entfernten Vietnam da, wo ein diffuses Feindbild namens „Kommunismus“ bekämpft wurde. Täglich wurde die Anzahl der Gefallenen in Vietnam im Fernsehen bekannt gegeben – ganz so, als seien es eben nur Zahlen. Nicht zufällig griff John Fogerty das Thema 35 Jahre später in Deja Vu wieder auf.

Wie in seiner privaten Beziehung war im Krieg die Kommunikation zwischen angeblich vernunftbegabten Menschen gescheitert: „communication failed.“ Dave Marsh: „Fogerty ist ein echter Rock ’n’ Roller, und was er mehr als alles andere will, ist deutlich und glauben zu machen, dass seine Botschaft wahr ist. Wenn wir nicht aufhören, der Liebe und einander den Rücken zuzukehren, werden wir eines Tages nicht mehr sein als der Schatten auf unserem Grabstein.“ Lange hat dieser großartige Song über die Sprachlosigkeit in einer Beziehung einen Dornröschenschlaf gefristet, bis er 2013 mit der gleichnamigen CD wachgeküsst wurde. Bei der Neuaufnahme singt Miranda Lambert, und Tom Morello steuert ein Gitarrensolo bei. Eine besonders starke Coverversion ist 2012 von der Gospel- und Soulsängerin Mavis Staples erschienen.

5. Bad Moon Rising (Billboard Platz 2)
Der Republikaner Richard Nixon folgte im Januar 1969 dem unterschätzten Demokraten Lyndon B. Johnson ins Weiße Haus. Zu Nixons Wahlkampf hatte die zentrale Botschaft gehört, die Truppen im Vietnam-Krieg zu reduzieren. Einmal im Amt, erhöhte er den Einsatz stattdessen und setzte als Strategie Flächenbombardements in Vietnam ein. Zur Strategie gehörte die Verwendung von Napalm, das die Menschen mit 1000 Grad Celsius bei lebendigem Leib verbrannte. Entsprechend gab er das Feindbild für alle Kriegsgegner ab, denen man John Fogerty und seine Bandkollegen sicher ohne weiteres zurechnen konnte. Und so wurde Bad Moon Rising als politischer Kommentar verstanden: Ein böses Omen für die Zukunft zieht am Himmel auf. „Es sieht aus, als komme schlechtes Wetter auf uns zu.“ Das erinnerte nicht nur Dave Marsh an einen Propheten des Alten Testaments. Dennoch bestritt John Fogerty in Interviews immer den Zusammenhang seiner Lyrik mit der aktuellen Diskussion über den Rechtsruck unter Richard Nixon und dessen Kriegsführung. Das hinderte ihn aber nicht daran, Ende 1969 bei einem Konzert im Fillmore West den Song Richard Milhous Nixon zu widmen. Mit dessen Vize Spiro Agnew setzte er sich dann auf der folgenden LP im Stück It Came Out Of The Sky ironisch auseinander.

Zwar hatte sich Bob Dylan in jener Zeit längst von seinen Protestliedern verabschiedet und sich der Country-Musik zugewandt. Doch waren andere wie Country Joe And The Fish (I-Feel-Like-I'm-Fixin'-To-Die-Rag) deutlich kritisch in ihren Texten. Sogar die Rolling Stones hatten mit Sympathy For the Devil den Krieg thematisiert und mit Street Fighting Man („Die Zeit für eine Palastrevolution ist gekommen“) die Zeitstimmung in Musik gekleidet. Immerhin: Die Haltung von Creedence Clearwater Revival wurde in ihrer Toilette der „Cosmo's Factory“, ihres Hauptquartiers, deutlich. Die Schüssel zierte eine Abbildung von Richard Nixon. Die Band schiss sozusagen auf Präsident Nixon! Mit seiner Musik hatte John Fogerty 1969 anderes im Sinn. 2012 erklärte er bei Facebook: „Proud Mary und Bayou Country waren im Februar 1969 in den US Top 10, also wusste ich, dass wir eine neue Single brauchten. Es war zumindest mir im Sinn, mit den Beatles zu konkurrieren.“ Mit den Beatles zu konkurrieren war in dieser Zeit eigentlich kein Problem. Die arbeiteten gerade am „White Album“ und waren in den Charts mit stark amerikanisch beeinflussten Songs wie Get Back und The Ballad Of John And Yoko vertreten. Die Fixierung auf die Beatles entsprach damals der amerikanischen Öffentlichkeit und der Medienwelt, die nach der so genannten British Invasion die Beat-Musik aus Übersee überbewerteten.

Doch Bad Moon Rising war ein uramerikanischer Song im Stil der Sun-Studio-Aufnahmen. Fogerty: „Die Formulierung ‚Bad Moon Rising' stand in meinem Song-Titel-Buch. Ich dachte an einen alten Film von 1941, den ich gesehen hatte: 'Der Teufel und Daniel Webster'. Er handelt von einem Mann, der für größere wirtschaftliche Erfolge dem Teufel seine Seele verkauft. Und eines Nachts gibt es da einen schrecklichen Sturm, und der Mann sitzt zusammengekauert in seiner Scheune. Am nächsten Tag schaut er rüber zu seinem Nachbarn und dessen Mais ist auf den Boden gedrückt, und alles ist zerstört. Und genau an der Zaungrenze, wo sein eigenes Land beginnt, steht der Mais, unberührt, aufrecht und friedlich. Das schien so gruselig, die Vorstellung von einer epochalen Kraft – Natur, der Teufel oder was auch immer – es wird dich kriegen! Später sagte man mir: ‚Hey John, du hast da diesen Song über den Tod und das Verderben, aber es ist eine fröhlich klingende Melodie.' Und ich antwortete: ‚Darüber habe ich mir einfach keine Gedanken gemacht!' Die Bedrohlichkeit der Worte schien mir genug zu sagen; die coole Musik würde alles rüberbringen. Wenn man ein junger Mensch am Puls der Zeit ist, ist man mit allem verbunden, was die eigene Generation beeinflusst. Also denke ich, dass da schon ein kleiner gesellschaftlicher Kommentar enthalten war." Allerdings wies er im Interview mit Ralph J. Gleason darauf hin, dass viele Fans offensichtlich den Text nicht angehört haben: „Die denken, das sei nur Gute-Laune-Musik!" Diesen Widerspruch sprach auch Bruce Miroff im „Rolling Stone" vom Oktober 1969 an: „Bad Moon Rising war die Folge-Single zu Proud Mary; anders als die meisten Folge-Songs erregte sie genau so viel Begeisterung wie ihr Vorgänger. Wie Day Tripper von den Beatles beinhaltet der Song eine ungewöhnliche Ambivalenz. Die Musik ist voller fröhlicher Energie; es ist schwer, dem Song zuzuhören, ohne das Gefühl zu haben, aufspringen und tanzen zu wollen. Die Worte sind etwas völlig anderes. Hier spielt sich die für 1969 typische Paranoia ab: ‚Ich hoffe, du hast deine Sachen geordnet, hoffe, du bist vorbereitet zu sterben.'" Die Kunst des Autors Fogerty bestand darin, Empfindungen zu verbalisieren, die das Lebensgefühl und die Werte der Zielgruppe abbildeten.

Bad Moon Rising ist ein zentrales Werk im Schaffen von John Fogerty. So lässt sich nachvollziehen, warum Hank Bordowitz seine Creedence-Biographie so nannte. Musikalisch handelt es sich um eine typische Rockabilly-Nummer: drei Akkorde, D, A und G. Fogerty setzte die einen Ganzton tiefer gestimmte Gitarre als Leadgitarre ein und konnte so Phrasen einwerfen, wie sie Scotty Moore bereits 1955 bei Elvis Presleys Klassiker I'm Left, You're Right, She's Gone gespielt hatte. Er kam damit in seinem Gitarrenspiel einem seiner großen Helden ganz nah. Solche Feinheiten, die mit zum Erfolg des Titels beitrugen, gingen bei den vielen Cover-Versionen verloren. Eine davon gelangte 2014 durch die Fußballweltmeisterschaft in Brasilien zu Weltruhm. Die argentinische Mannschaft und die Fans sangen hämisch einen Text über die ungeliebten Nachbarn, so dass der Bad Moon Rising nur so durchs Stadion dröhnte. Ein Beweis dafür, wie richtig Fogerty mit seiner Formel höchster Simplizität in den Melodien lag. Er selbst erlaubt sich live immer mal den Scherz, die Zeile „There's a bad moon on the rise" umzutexten in „There's a bathroom on the right" („Die Toilette befindet sich auf der rechten Seite").

1969 erreichte Bad Moon Rising wie Proud Mary und Green River Platz zwei der US-Charts, doch zugleich schwappte nun das Interesse an den vier von Creedence Clearwater Revival über den Atlantik direkt in die Geburtsstätte des Beat, nach England: Platz 1 für Bad Moon Rising, Platz 8 für Proud Mary, Platz 19 für Green River. Da wurde in den britischen Medien gefragt, wann die Band denn nach Europa komme. John hatte also sein Ziel erreicht, auf dem Terrain der Beatles zu punkten. Und im September 1969, also etwa einen Monat nach dem Woodstock-Festival, beantwortete John Fogerty die Frage dem „Melody Maker": „Wir haben noch keine definitiven Pläne, aber wenn wir kämen, wäre das vermutlich im März, wenn sich der Himmel ein bisschen aufgeklart hat. Es ist das erste, woran wir denken, wenn es ums kommende Jahr geht." Ein paar Tage Aufenthalt in England sollten dabei drin sein, einen Plan, eine Tour auf dem europäischen Festland anzuschließen, gab es nicht.

6. Lodi (Billboard Platz 52)

Ortsnamen als Titel haben in den USA eine lange Tradition – Kansas City, New Orleans, New York, Huston – wie auch Road Songs. Bei Lodi werden beide mit einander verbunden. Ein Bruch mit den Klischees des Genres stellt dabei hier die Auswahl eines völlig unbedeutenden Ortes, eines Provinznestes, dar. Wer „on the road“ in einem Kaff wie Lodi in Kalifornien gestrandet ist, befindet sich „at the end of the road“ – ohne Aussicht auf eine Zukunft. Dieses Szenario hatte John Fogerty vor Augen, als er merkte, dass Tom, Doug und Stu seinen Vorstellungen nicht folgen konnten oder nicht wollten. Lodi verarbeitet in wenigen Zeilen die vorangegangenen Jahre als The Blue Velvets oder The Golliwogs. Noch zwei Monate bevor das CCR-Debüt-Album erschien, hatte die Band laut Tom Fogerty nicht mehr als zwei Dollar auf dem Konto. Johns Befürchtung: für immer über die Dörfer ziehen zu müssen, um mit seiner Band ein paar Dollar zu verdienen. Er projezierte die Situation in seinem Lied in eine ferne Zukunft. „Bei Lodi hatte ich einen viel älteren Typen vor Augen als ich es war, weil es eine Art tragische Geschichte ist. Dieser Typ sitzt in diesem Ort fest, wo ihn die Leute nicht wirklich mögen. Da ich am Anfang einer guten Karriere stand, hoffte ich, dass mir das nicht passieren würde“, so erklärte John Fogerty seine Idee für den Song 2012 bei Facebook.

In der recht euphorischen Besprechung der LP „Green River“ im „Rolling Stone“ vom Oktober 1969 schrieb Bruce Miroff: „Das wirkliche Highlight des Albums ist Lodi. Diese Leidensgeschichte eines Musikers, der in einem Niemandsort hängen geblieben ist, hat alle Zutaten, um zu einem Klassiker zu werden. John Fogertys meisterhafter Gesang macht aus Lodi eine der überzeugendsten Leidensgeschichten, die ich seit langem gehört habe. Er macht nie den Fehler, als wolle er sich bemühen, sich besonders poetisch auszudrücken. Er benutzt einfache Wörter und Bilder, die immer prägnant sind.“ Mit diesem Balladenstil lehnte er sich an die anekdotischen Erzählungen an, die in der Country-Musik von den besten Autoren perfektioniert wurden. In dieses Genre passt auch die simple Essenz des Liedes, die Ann Moses 1970 im „New Musical Express“ formulierte: „Es erzählt vom Kummer, wenn man auf der Suche nach einem Topf voller Gold mit einem bleiernen Herzen endet.“ Im Herbst 1991 traf John mit seinem Idol Duane Eddy in Nashville zusammen. In dem Gespräch erwähnte er auch Lodi und ordnete es ein: „It was country.“ So ist es nicht verwunderlich, dass Lodi der Höhepunkt der 1981 veröffentlichten LP „Creedence Country“ ist. Im „Rolling Stone“ stellte Mark Kemp 2009 fest: „Bei Creedence Clearwater Revival klang John Fogerty oft wie ein Country-Sänger, der sich in einer

Rock-Band versteckte.“ Bis heute ist Lodi ein Lied, das von Barbands in aller Welt verstanden und nachgespielt wird, denn es beschreibt das Leben des Musikers ohne den großen Erfolg, den Creedence Clearwater Revival jetzt genießen konnten. Die Single Bad Moon Rising/Lodi mit einem Farbfoto der Band bei einem Auftritt platzierte sich in Deutschland auf dem achten Rang.

7. Cross-Tie Walker

Mit dem Cross-Tie Walker – zu deutsch Schwellen-Läufer – wandelt John in riesigen Fußstapfen. Seine Einschätzung „it's a little more rockabilly“ wirkt da eher wie eine Untertreibung. Näher ist er den Blue Moon Boys, seinen Jugendidolen Scotty Moore und Bill Black, die Elvis Presley auf dessen Sun Records begleiteten, nie gekommen. Der musikalische Aufbau des Stücks entspricht Presleys Mystery Train – Rockabilly-Gitarre inklusive. Sound und Thema haben ihn nie losgelassen. Noch in Big Train (From Memphis) von der LP Centerfield hört man das Echo der Blue Moon Boys. Beide Stücke reihen sich ein in die endlose Zahl der Train-Songs in der amerikanischen Pop-Musik. Country-Superstar Jimmie Rodgers, selbst ein Bremser auf Güterzügen, begründete die Tradition, die nicht nur bei weißen sondern auch bei schwarzen Musikern wie Junior Parker – von ihm stammt Mystery Train – weiterlebte. Im Gespräch mit Ralph J. Gleason erzählte John, dass ihm Train-Songs näherlagen als Liebeslieder: „Das Thema Eisenbahn begeistert mich mehr, als über Liebe zu schreiben... Mein Leben lang empfand ich diese seltsame Faszination, dieses Interesse an Zügen.“

Cross-Tie Walker ist im klassischen 12-Takte-Blues-Schema geschrieben, genau wie das Vorbild von Junior Parker. Und ganz ähnlich thematisiert es die Einsamkeit des Zurückgeblieben, an dem die Züge vorbeirauschen: „There's more miles between us than the Santa Fe Line.“ Güterzüge (freight trains) und die Santa-Fe-Eisenbahngesellschaft sind Bestandteil der Folklore der Großen Depression in Amerika, als Tausende als blinde Passagiere (hobos) auf Arbeitssuche durchs Land zogen. Erstaunlicherweise wurde das Stück auf keiner Single veröffentlicht, und live hat die Band den Song nie gespielt. John Fogerty hat ihn erst 2010 im Rahmen seiner Tournee ins Live-Programm aufgenommen, weil er da ganze CCR-Alben wiedergab.

Bei einem Konzert im April 2012 in Sydney (Australien) sagte er den Song an und erklärt die Gefühle, die er damit verband: „Hin und wieder reflektiere ich meine Kindheit und schreibe über Dinge, die sehr persönlich sind. Ich glaube, wir saßen irgendwo in Montana mit dem Auto fest und warteten darauf, dass ein sehr, sehr, sehr langer Zug vorbeigezogen sein würde. Mein Vater erzählte, das sei ein sehr seltenes Ereignis, denn es handelte sich um eine Dampflok. Und dann sagte er (imitiert eine sehr tiefe Stimme): ‚Sehr bald, mein Sohn, wird es keine Dampfloks mehr geben!' Genau eine dieser Geschichten, die einen seinem Vater zuhören lassen. Auf jeden Fall liebte er Züge. Er war, als er jünger war, als Hobo unterwegs gewesen. Er hat mir ein paar Geschichten erzählt, und ich bin mir sicher, ein paar nicht. Aber er hat mir die Liebe zu Zügen vererbt, und ich wuchs auf und mochte Züge sehr, hörte Züge, las über Züge und schrieb sogar Songs über Züge!"

8. Sinister Purpose

„Obwohl ich nur ein kleiner Junge war zu dieser Zeit, habe ich versucht, sehr erwachsene Auffassungen zu artikulieren!" Mit diesen Worten sagte John Fogerty Sinister Purpose an, als er es im April 2012 in Australien live sang. Auch dies ein Stück, das wie Cross-Tie Walker 1969 nicht auf der Setlist von Creedence Clearwater Revival stand. In der Presse fand das Lied damals ebenso keine Resonanz. Ähnlich Mick Jagger bei Sympathy For The Devil erhebt Fogerty hier seine Stimme im Namen des verführerischen Teufels: „I can set you free, make you rich and wise." Das erinnert an die Legende von Robert Johnson, der an der Crossroad seine Seele an den Teufel verkauft haben soll, um besser Gitarre spielen zu lernen.

9. The Night Is The Right Time

Ray Charles war einer der ersten, die Gospelmusik mit weltlichen Inhalten verbanden. 1969 war das bereits Musikgeschichte, denn das Original, das Charles im Duett mit seiner damaligen Frau Margie Hendrix aufnahm, eroberte schon zehn Jahre zuvor die Pop- und R & B-Charts. Die Version von Creedence Clearwater Revival ist eher als Tribut an „the Genius" zu werten, weniger als Hitversuch. Erwähnenswert ist, dass John Fogerty, der ja auch den Background beigesteuert hat, die Raelettes nicht wirklich verstanden hat. Statt „night and day" (Tag und Nacht), singt er ein paar Laute, die annähernd wie im Original klingen. Großartig aber ist sein müheloser Gesang in zwei Oktaven und das simple Rhythm & Blues-Gitarren-Solo, das lediglich auf den Grundtönen basiert.

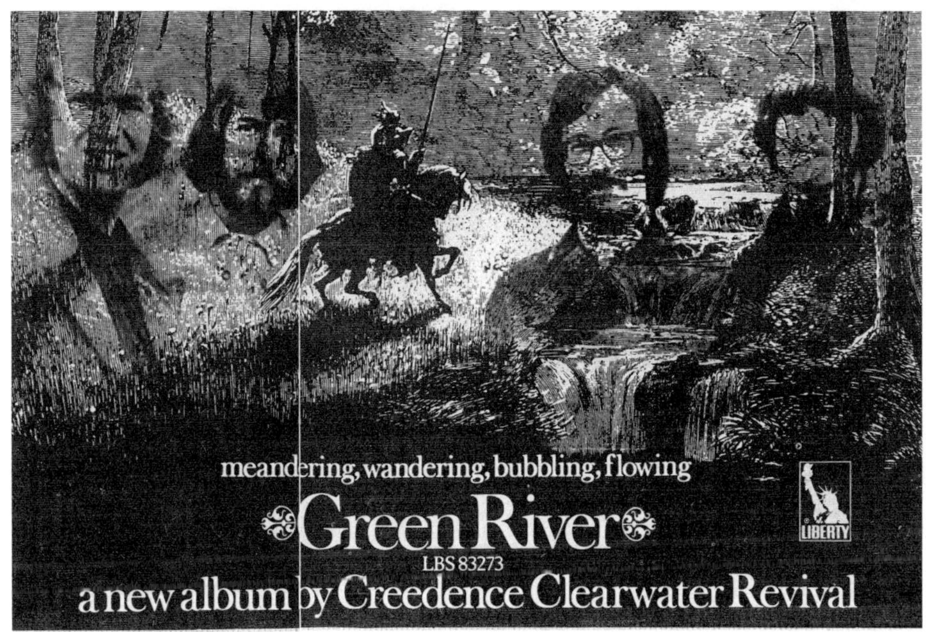

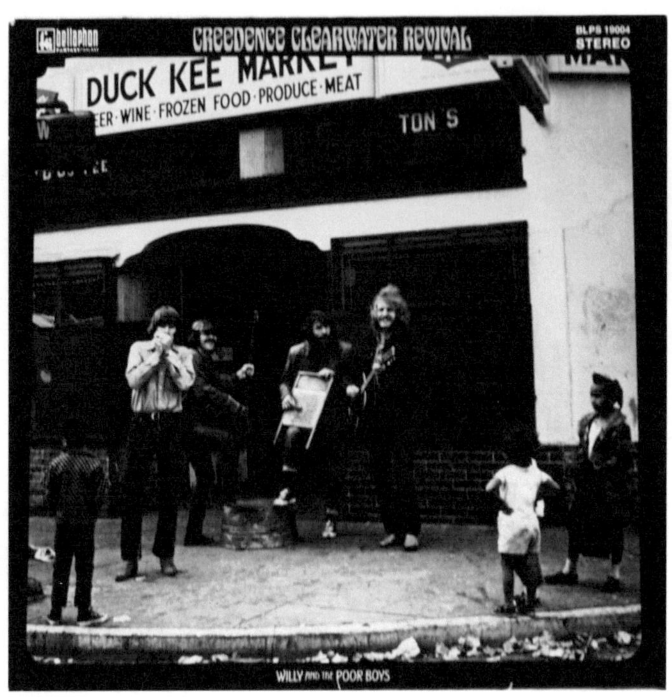
CREEDENCE CLEARWATER REVIVAL
BLPS 19004
STEREO
DUCK KEE MARKET
EER · WINE · FROZEN FOOD · PRODUCE · MEAT
TON'S
WILLY AND THE POOR BOYS

Willy And The Poorboys

Aufgenommen in Wally Heiders Studio in San Francisco (1969)

1. Down On The Corner 2:43 – (John Fogerty)

2. It Came Out Of The Sky 2:58 – (John Fogerty)

3. Cotton Fields 2:53 – (Huddie Ledbetter)

4. Poorboy Shuffle 2:25 – (John Fogerty)

5. Feeling Blue 5:05 – (John Fogerty)

6. Fortunate Son 2:20 – (John Fogerty)

7. Don't Look Now 2:08 – (John Fogerty)

8. Midnight Special 4:10 – (Traditional arranged by John Fogerty)

9. Side O' The Road 3:21 – (John Fogerty)

10. Effigy 6:28 – (John Fogerty)

Im Herbst 1969 veröffentlichten die Beatles ihr Album Abbey Road, dessen Cover-Foto mittlerweile zu den berühmtesten LP-Hüllen zählt. Die Beachtung, die der Aufnahme von John, Ringo, Paul und George (in dieser Reihenfolge) beim Überqueren der Abbey Road in den Medien weltweit zu Teil wurde, blieb auch John, Tom, Doug und Stu nicht verborgen. Jetzt galten andere Maßstäbe, wollte man schon mit der Verpackung der nächsten Platte punkten. Auch wenn die Abbildung auf dem Cover von „Willy And The Poor Boys" wie zufällig und mühelos entstanden wirkt, steckt dahinter doch präzise Planung. Bei Craig Werner ist zu lesen, dass John schon den Song Down On The Corner mit einer klaren Idee konzipierte. „Ich hatte großes Interesse an der Folk Music. Ich ging zu Vorträgen und

Foren, so wusste ich, wer all die alten Musiker der Vergangenheit waren und habe einige von ihnen getroffen, auch Leute wie Alan Lomax. Down On The Corner ist in gewisser Weise ein Tribut an sie. Ich habe alles aufgesogen, und es hat sich in Willy And The Poor Boys Bahn gebrochen." Für das Lied schuf er die imaginären Typen Poor Boy, Willy, Blinky und Rooster – „Figuren wie aus einem Cartoon. Das Cover der Platte ist eine bildhafte Umsetzung des Songs."

Wie schon bei vorherigen Alben wurde der Fotograf Basul Parik engagiert. Die Location an der Ecke Peralta und Hollis Street in Oakland war zwar keine Abbey Road, aber sie lag nicht fern vom Fantasy-Büro. Stu Cook beschreibt die Situation: „Wir gingen vom Büro der Plattenfirma über die Straße, Willy And The Poor Boys waren ja Straßenmusiker mit Bass, Waschbrett, Rhythmusgitarre und Mundharmonika. Die Idee dahinter war, dass wir an der Ecke für Nickel und Quarters spielten." Sie fragten Ruby Lee, die Besitzerin des Duck Kee Markets, eines Nachbarschaftsladens, ob sie die Hausfront mit dem Firmenschild fotografieren dürften. Ruby Lee, die die Gruppe für Hippies hielt, hatte nichts dagegen. Ein paar unerwartete Zuschauer sorgten für die Echtheit der Szenerie. Stu Cook: „Die Kinder auf dem Foto stammen aus der Gegend. Sie kamen dazu, während die Aufnahmen gemacht wurden." Sie tanzten und alberten vor der Band und begleiteten sie beim Rückweg zu Fantasy. Das Foto auf der Rückseite des LP-Covers zeigt diese Szene, die der Abbey-Road-Situation schon näher kommt. Während die Band mit ihren akustischen Instrumenten vor dem Duck Kee Market posiert hatte, war der Song Poorboy Shuffle entstanden, den die vier bei der Rückkehr sofort im Studio aufnahmen.

Für Creedence-Fans besitzt die Location vor dem Duck Kee Market eine ähnliche Bedeutung wie die Penny Lane in Liverpool oder die Abbey Road in London für Beatles-Fans. Jahr für Jahr pilgern sie nach Oakland, um sich vor dem Laden fotografieren zu lassen. Seit dem September 1998 fehlt allerdings das historische Ladenschild, das Souvenir-Sammler heimlich abgenommen haben. CCRs Fangemeinde wurde mit diesem Album noch vergrößert. Heute erweist sich die LP als am nachhaltigsten. Nicht von ungefähr nahmen Bill Wyman und Charlie Watts 1985 für ihren musikalischen Alleingang den Namen Willy And The Poor Boys an. Immer wieder taucht die LP beim „Rolling Stone" als bestes Creedence Album in der ewigen

Bestenliste auf. Und auch Fortunate Son schaffte es in einer solchen Liste an Proud Mary vorbei in die vorderen Ränge. Schon bei Erscheinen urteilte Alec Dubro im „Rolling Stone“: „Ihre Alben wurden von Veröffentlichung zu Veröffentlichung besser. Willy ist das beste bisher.“ Auch in Deutschland wurde die Gruppe jetzt erstmalig von der anspruchsvollen Presse wahrgenommen. Franz Schöler in der „Zeit“: „Mit Sicherheit eines der fünf besten Rock-Alben, die 1969 erschienen sind.“ Und er feierte die LP, als hätte es weder „Bayou Country” noch „Green River” gegeben: „Noch vor einem Jahr hätte sich doch niemand träumen lassen, dass die Vitalität des Rock ’n’ Roll der fünfziger Jahre so glorreich wiederauferstehen würde.“

Wenn auch das Vorläufer-Album „Green River“ den ersten Platz der US-Album-Charts erreicht hatte, war der dritte Platz für „Willy And The Poorboys” keine Enttäuschung für die Band. Creedence Clearwater Revival waren ja in Zeiten der Konzeptalben als Hit- und Singles-Band geradezu verschrien. Aufmerksame Hörer (und Kritiker) hätten auch schon bei den vorigen drei Alben erkennen können, dass die Band durchaus Alben produzieren konnte. Alben, die ein klangliches Konzept vorwiesen. So war die Auftaktplatte um Suzie Q ein Versuch gewesen, klassischen Rock ’n’ Roll und Soul mit den Improvisationsübungen der damals großen Bay-Area-Bands zu verbinden. Bei „Bayou Country“ waren schwere düstere Sounds, Anleihen aus dem Blues und Rhythm ’n’ Blues der Haupttenor des Albums – prominent in Songs wie Born On The Bayou, Graveyard Train und Keep On Chooglin’. Bei „Green River“ hatte John Fogerty den Sound der Sun-Studios gesucht und gefunden, hatte Carl Perkins und Scotty Moore mit seinen kurzen Riffs in den Stücken Green River, Bad Moon Rising und Cross-Tie Walker gewürdigt. Diese ersten drei Alben wiesen musikalisch wie thematisch eine gewisse Geschlossenheit auf und lieferten zugleich die Definition des Swamp-Sounds. Sie griffen mystische und mythische Themen der amerikanischen Literatur auf, z. B. von James Fenimore Cooper, Washington Irving, Mark Twain und John Steinbeck. Vergleichbar der Erfindung des Yoknapatawpha Countys von Literaturnobelpreisträger William Faulkner oder den Mississippi-Reminiszenzen von Mark Twain schuf John Fogerty eine eigene Phantasiewelt. Mühelos verband er dabei diese mythische Sphäre seiner Kindheitserinnerungen mit den aktuellen Themen der Zeit.

Und „Willy And The Poor Boys" enthielt eine Reihe von Neuerungen: Zum ersten Mal spielte die Band Instrumentals, die keinerlei Single-Tauglichkeit hatten. Außerdem griff John Fogerty bei der Produktion auf zwei Cover-Versionen von traditionellen Klassikern zurück. Mit der Platte gelang es ihm, noch einen Schritt weiter zu gehen als bei den vorangegangenen Alben. Die Südstaaten-Atmosphäre klingt in den eigenen Texten nur noch in Down On The Corner an. Stattdessen übernehmen Fremdstücke wie Cotton Fields und The Midnight Special diese Rolle. Der Songschreiber Fogerty wandte sich jetzt verstärkt der Gegenwart zu. „Willy hat drei Songs mit politischer Wirkung", erkannte Alec Dubro. Und tatsächlich: Unmissverständlich formulierte John die Zweifel und Kritik an dem verheerenden Krieg in Vietnam und den gesellschaftlichen Zuständen der USA. Fortunate Son ist sicher der Inbegriff des Anti-Kriegssongs, aber auch Don't Look Now und Effigy – sogar die Satire It Came Out Of The Sky –, legen den Finger auf die brennende innenpolitische Wunde der Weltmacht. Die Auswahl der Stücke auf dem Album durchzieht ein Leitmotiv, das schon im LP-Titel anklingt: „the poor". Auf keiner anderen Platte hat sich Fogerty so eindeutig als Anwalt der „armen Leute" positioniert. Selbst in den adaptierten Songs Cotton Fields und Midnight Special, die von sozialkritischen Chronisten wie Carl Sandburg und Alan Lomax für die Nachwelt aufgezeichnet wurden, wird die Situation der Deklassierten thematisiert.

Tatsächlich machte er sich in dieser Zeit Gedanken, die auch in heutiger Zeit hochaktuell sind. So schlug er im Mai 1970 im Gespräch mit Caroline Boucher vom englischen „Disc and Music Echo" ein bedingungsloses Grundeinkommen vor. Fogertys Idee: Alle Amerikaner – auch Rockefeller und der Präsident von General Motors – sollten ihr Geld in eine Bank einzahlen, aus deren Einlagen „wir dann jedem 40 Pfund monatlich überweisen. Das wäre großartig". Er ging sogar so weit, sich in die Forderung zu versteigen, „die herrschende Klasse in Amerika auslöschen und zerstören" zu wollen. Doch in Interviews weigerte sich John konstant, als Protestsänger gesehen zu werden. „Die denken ein Lied könne die Welt retten. Das ist absurd." Seine Identität definierte er nach wie vor anhand der musikalischen Vorliebe seiner Jugend: „Wir sind eine Rock 'n' Roll-Band – und eigentlich wäre auch niemand daran interessiert, wenn ich sagte: Ich bin gegen den Krieg. Ich meine, wenn Elvis Presley sagen würde, er sei gegen den Krieg, würde mich das nicht interessieren, was er denkt."

Doch trotz seines musikalischen Genies – vielleicht auch insgeheim genau deswegen – stand John immer mehr in der Kritik seiner Mitstreiter. Da war einmal seine Fehlentscheidung, was die Woodstock-Dokumentation betraf, aber auch sonst entwickelte er allmählich eine Tendenz zum Diktator. Er begrenzte die Konzerte von Creedence auf eine Stunde und verweigerte Zugaben. In einer Zeit, in der die Stücke der Bands immer länger wurden wie auch ihre Haare, da The Grateful Dead und all die anderen Bands der Hippie-Szene endlose Solo-Orgien auf ihren Konzerten abhielten, hielt Fogerty an seinem Verständnis von Rock-Konzerten fest. Das aber war eher ein Relikt aus den 50er Jahren des Buddy Holly, Jerry Lee Lewis und Elvis Presley. Seine Bandkollegen wollten feiern auf und hinter der Bühne, wie alle andere Bands, doch John Fogerty wurde mehr und mehr zum einsamen Kämpfer für eine in dieser Zeit veraltet wirkenden Moral und zwang sie seinen Mitmusikern auf.

1. Down On The Corner (Billboard Platz 3)

Wer Down On The Corner nicht schon im Radio gehört hatte, traute seinen Ohren nicht. Das Album beginnt mit einer echten musikalischen Überraschung: Einen Calypso hatte man am wenigsten von der Rock-Band aus Kalifornien erwartet. Aber auch hier lässt sich wieder die Geradlinigkeit in John Fogertys kreativem Prozess erkennen. Schon 1970 analysierte Charlie Gillett in seinem Buch „The Sound Of The City" die musikalische Inspiration durch Johns Vorbild Booker T. And The MG's: „Down On The Corner ging zurück auf den Sound von Booker T. And The MG's, deren Rhythmus bei dem Instrumental Soul Limbo hier übernommen wurde." Was zunächst wie ein Sonderling im Creedence-Katalog wirkte, wurde dann bald zu einem der Markenzeichen der Band. Fröhlich und unbeschwert, eine Tanznummer, so kommt Down On The Corner daher. Interessant ist, dass Fogerty bei der Aufnahme zunächst sämtliche Chöre eingesungen hat, bevor er die Leadstimme aufnahm. Die Wirkung des Liedes beschrieb er 2012 bei Facebook: „Down On The Corner ist einfach ein guter Song. In 95 Prozent meiner Shows passiert es, wenn wir zu Down On The Corner kommen, dass das Publikum zusammenschmilzt. Es ist der Song der wirklich etwas bewegt." Offensichtlich waren die Pop-Fans auch 1969 dieser Meinung. Der Song kletterte kurz nach dem Erscheinen als Single in die Top 10 der Charts.

Und die Melodie bewies eine erstaunliche Langlebigkeit. Noch 2014 warb die große amerikanische Drogeriekette „Walgreens“ in Radio- und Fernsehspots mit einer Instrumentalversion von Down On The Corner für ihre Produkte. Das Motto lautete: „Walgreens at the corner of Happy & Healthy“.

2. It Came Out Of The Sky

Eine beißende Satire auf die Medien- und Politikwelt, „eines der klassischen Science-Fiction-Rock ’n’ Roll-Stücke“ („Goldmine“ 1997): Da landet ein Objekt irgendwo im Niemandsland südlich der Stadt Moline, Ilinois. John Fogertys Phantasiefigur Jody beobachtet den Zwischenfall, fällt von seinem Traktor und rennt in die Stadt, um die Nachricht zu verkünden. Schon beginnt die Medienmaschinerie: Wissenschaftler behaupten, es handele sich um Gas vom Mars, Spiro Agnew, der Vizepräsident hält eine Rede darüber, die Mars-Steuer zu erhöhen, der Vatikan sagt, dass der Herrgott erschienen sei, und Hollywood produziert einen Film zum Thema. Ronald Reagan – damals Gouverneur von Kalifornien – behauptet, es sei ein kommunistischer Angriff. Walter Cronkite und Eric Sevareid, Moderatoren bei CBS, wollen Jody in eine TV-Show bringen. Das Weiße Haus fordert, dass das Ding in seinen Blauen Raum verfrachtet werde, und der Vatikan will es nach Rom haben, während Jody sagt, dass ihm das Ding gehöre und man es für 17 Millionen haben könne. Ein simpler krachender Rockabilly, wie er seinesgleichen sucht. Hier beweist John Fogerty ein weiteres Mal sein Talent für ökonomische Melodieführung und genialen Drive. Er verbindet textlich durch die Auswahl der Protagonisten den aktuellen Zeitgeist und schafft doch eine zeitlose Geschichte, wie sie auch heute noch täglich in den Medien auftaucht. Über die Jahrzehnte hinweg wird John Fogerty immer wieder in Songs Kritik an den Medien und ihrer Wirkung üben. Seltsamerweise ist It Came Out Of The Sky nie als Single ausgekoppelt worden, obwohl der Song absolutes Hitpotential hatte. Ein paar prominente Interpreten wie Johnny Rivers oder Shakin’ Stevens haben Cover-Versionen aufgenommen, doch das Original hat am längsten überlebt.

3. Cotton Fields

Der Country-Song Cottonfields (die Schreibweise variiert von Interpret zu Interpret) von Leadbelly aus dem Jahr 1940 verbindet das Bild harter Arbeit, wenn nicht sogar von Sklavenarbeit, mit einer romantisierten, rückblickenden Sicht auf eine behütete Kindheit. Die Bildsprache des Liedes prägt sich sofort ein. Und auch ohne je eine der scharfkantigen Baumwollfrüchte in der Hand gehalten zu haben, hat man tief gebeugte schwarze Frauen und Männer bei der Baumwollernte in den Feldern Louisianas plastisch vor Augen. Man spürt förmlich die gleißende Sonne auf ihrer Haut brennen. Alles zwischen Armut, Idylle, harter Arbeit ist in den wenigen Zeilen enthalten. Und auch das Bild von der Wiege, die von der Mutter geschaukelt wird, ergänzt die Vorstellung von einem einfachen Leben auf dem Land. Geographisch muss die Szenerie allerdings korrigiert werden: Louisiana liegt wesentlich weiter als „just about a mile“ von Texarkana (Grenzstadt von Arkansas und Texas) entfernt. Cotton Fields hat eine Reihe von Interpretationen erlebt, bevor Creedence Clearwater Revival sich seiner bemächtigten und es zum bekannten Klassiker machten, ganz so, als sei es ihre eigene Komposition.

Leadbelly machte dabei bereits 1940 den Anfang. Harry Belafonte nahm den Titel 1955 in sein Live-Programm auf, und 1958 erschien dann seine Studio-Aufnahme, jedoch ohne große Resonanz. Erst The Highwaymen hatten dann 1961 einen Hit mit den Cotton Fields und landeten auf Platz 13 der Billboard-Charts. Im August 1969 veröffentlichten die Beach Boys ihre Version des Songs auf Single, gefolgt im April 1970 von einer kürzeren Albumversion. Für die Beach Boys wurde Cottonfields in den USA zwar kein riesiger Erfolg, sie erreichten lediglich Platz 103 der Billboard-Charts, aber international konnten die alten Surfer noch einmal damit landen. Creedence Clearwater Revivals Hymne über die Baumwollfelder der Südstaaten blieb trotz Hit-Potentials eine Zeit lang auf „Willy And The Poor Boys“ verborgen. Zu einer Single-Auskopplung kam es erst einige Jahre später. 1981 versuchte Fantasy-Records, mit der LP-Zusammenstellung „Creedence Country“ den Country-Markt zu erobern. Gleichzeitig wurde eine Single mit Cotton Fields und der Rückseite Lodi ausgekoppelt. So schaffte es ihr Song mit über zehn Jahren Verspätung immerhin noch auf Platz 50 der Country Charts.

4. Poorboy Shuffle

Musikalisch ist das sicherlich kein Highlight, aber als LP-Song an dieser Stelle sehr dienlich. Thematisch verbindet das Instrumental nämlich das ganze Album. Er stellt die Verbindung zum Cover her, denn da ist die Entstehung des Songs zu sehen. Im Auftaktsong Down On The Corner wird eben diese Straßenband Willy And The Poor Boys beschrieben. Außerdem verbindet der Poorboy Shuffle mit seiner Instrumentierung das in Cotton Fields entworfene vorindustrielle Bild mit dem dann folgenden modernen Blues Feelin' Blue, zu dem übergeblendet wird. Poorboy Shuffle beginnt mit Gelächter und Albernheiten der gesamten Band, während Tom die akustisch Gitarre scheppern lässt und John kräftig Mundharmonika bläst. Stu zupft auf seinem aus einer Zinkwanne und einem Besenstil selbstgebauten Einsaitenbass, und Doug schrubbt auf dem Waschbrett. Das Ganze findet auf nur einem Ton statt und dauert 2: 25. In seiner Kakophonie erinnert der Poorboy Shuffle an „Rude Awakening #2“, das Finale von Pendulum.

5. Feelin' Blue

Ein bisschen merkwürdig mutet an, dass Saul Zaentz 1985 John Fogerty für die vermeintliche Ähnlichkeit zwischen Run Through The Jungle und Old Man Down The Road verklagt hat. Ihm ist völlig entgangen, dass Feelin' Blue und Searchlight – wie Old Man auf „Centerfield“ – nahezu eineiige Zwillinge sind. Aber so viel Musikalität war dem Fantasy-Boss wohl nicht gegeben, und sowohl Doug Clifford als auch Stu Cook waren schon zu tief in die Kontroverse um die Platte „Centerfield“ verstrickt, um sich noch stärker gegen ihren ehemaligen Bandleader zu positionieren. Feelin' Blue ist ein düsterer Rhythm 'n' Blues, der den Klang von Born On The Bayou aufgreift. Aber anders als dessen treibender Rhythmus, schleppt Feelin' Blue entsprechend der lähmenden Traurigkeit und Verlorenheit ganz so wie Graveyard Train. Der Song beschreibt eine tiefe Depression bis hin zu Selbstmordgedanken: „Drüben im Baum, da hängt ein Seil, nur für mich.“ Und: „Alles türmt sich auf, nur um mich darunter zu begraben.“ Das wabernde Tremolo vermittelt neuerlich die simmernde Hitze in den Sümpfen der Südstaaten, doch statt angenehmer, schwüler Hitze drückt sie dem Protagonisten nur noch aufs Gemüt. Man kann in Feelin' Blue auch das herannahende dramatische Ende von Creedence vorausahnen. Denn wie später in Have You Ever Seen The Rain besingt Fogerty hier, wie er buchstäblich im Regen steht. Er weiß nicht, wohin er sich wenden soll, aber ihm ist klar, dass er sich auf den Weg machen muss. Vielsagend auch die Beschreibung, dass sich andere unbeschwert leicht und fröhlich bewegen, während ihn die Last zu Boden drückt.

6. Fortunate Son (Billboard Platz 14)

Es kommt nicht oft vor, dass ein Song als Titel eines Buches gewählt wird. Und es ist sicher kein Zufall, dass es sich um ein Buch von Dave Marsh handelt, der ein ausgewiesener Creedence-Clearwater-Revival-Experte ist. Sein Urteil: „Fortunate Son is the title of one of Creedence Clearwater Revival's greatest songs." Unverhohlen und direkt, brutal und unüberhörbar, aggressiv und melodiös – so ist Fortunate Son zu dem Anti-Vietnam-Song schlechthin geworden. In der Liste der besten Pop-Singles der vergangenen 25 Jahre des „Rolling Stone" von 1998 landete Creedence mit dem Song auf Platz 8, hinter (Sittin' On) Dock Of The Bay von Otis Redding und vor Born To Run von Bruce Springsteen. Und in der ganzseitigen Rezension des Songs geht der Inhalt fast in der Erzählung des Hintergrunds unter. Da berichtet Fogerty, wie er den Gesang für die Single Down On The Corner/Fortunate Son aufgenommen hat: „Ich glaube, ich sang Down on The Corner zuerst, erst alle Chorteile, dann den Leadgesang. Als ich dann bei Fortunate Son angekommen war, klang meine Stimme schon etwas kritisch. Ich kann das hören. Sie ist nicht so kraftvoll, etwas dünn, den ganzen Song hindurch." Fast beiläufig scheint alles an der Produktion um Fortunate Son gelaufen zu sein. John schildert im selben Artikel auch, wie schnell der Song entstanden war: „Es dauerte etwa zwanzig Minuten. Es machte whommm, und plötzlich war alles da." Und dann hat er sich sofort daran gemacht, den Song zu mischen, denn noch am selben Abend nahm die Band ein TV-Spezial mit dem populären amerikanischen Showmaster Dick Clark auf, in dem der Song vorgestellt wurde: „Der ganze Vorgang dauerte etwa vier bis fünf Stunden. Heute brauchen die Leute nur fürs Mischen drei bis vier Tage." Die Single erschien in der Bundesrepublik mit einem Farbcover, au dem die Bandmitglieder wie auf einem „Split-Screen" zu sehen waren. Sie kam nicht über Platz 30 hinaus.

Ganz anders als Down On The Corner war Fortunate Son keine leichte und lockere Tanznummer, sondern eine Anklage gegen die politische Klasse Amerikas, gegen die Sinnlosigkeit des Vietnamkrieges und darüber hinaus gegen Ungerechtigkeit in der amerikanischen Gesellschaft. Es ging darum, wie sich die Söhne von Senatoren und Militärs bei offiziellen Festivitäten in die erste Reihe stellten, wenn aber das Kanonengewitter losging, immer außerhalb der Schusslinie standen – genau wie ihre Freunde, die mit dem goldenen Löffel (englische Version des Spruchs: silver spoon in hand) im Mund geboren wurden. Sie, die Reichen und Einflussreichen, zogen nicht in den Krieg, sie erteilten lediglich die Befehle. Auslöser für die Idee zu Fortunate Son war 1968 ein Bericht über die Prominenten-Hochzeit zwischen den Politikerkindern David Eisenhower und Julie Nixon, die von Richard Nixon als „Front-Truppen im Kampf zur Wiederherstellung traditioneller Tugenden“ bezeichnet wurden. Sicher aber nicht an der Front in Vietnam. Nennt John im Text noch allgemein „senator's son“, „millionaire's son“ und „military's son“ als Objekt seiner Anklage, wurde im Lauf der Jahre klar, wer gemeint sein könnte: Leute wie George W. Bush, Sohn eines Abgeordenten des Repräsentantenhauses, und Dan Quayle, Sprössling einer Millionärsfamilie. Beide gingen zur National Guard und entgingen so dem Einsatz im Vietnamkrieg. Beide machten bei den Republikanern Karriere als Präsident bzw. Vizepräsident der USA. Verständlich, dass Dave Marsh in „The Heart Of Rock & Soul“ den Untertitel „The Dan Quayle Story“ für Fortunate Son vorschlug. John Fogerty sah sich auf der anderen Seite der Gesellschaft: „Ich sehe die Dinge durch die Augen der Arbeiterklasse.“ Jener Klasse – schwarz wie weiß –, die nach Vietnam in den Tod geschickt wurde. Sich selbst ordnete er aber anders ein: „Ich war wahrscheinlich eher ein weißer Junge aus der Mittelklasse.“ (Jake Sudderth, „John Fogerty: Middle-Class Poet“ in „Finding Fogerty“)

Diese Herkunft befähigte ihn dazu, in seinen Kompositionen Aussagen zu machen, die alle Schichten seiner Generation erreichten. Sein Statement in Fortunate Son gewann dabei auch musikalisch an Schärfe, die Dave Marsh als „Maschinengewehr-Salve“ empfand, die Fogerty mit seiner Gitarre „durch alle jagte, die jemals Privilegien missbraucht hatten“. 2012 bestätigte John: „Fortunate Son hat eine sehr starke Anti-Kriegsbotschaft, aber noch mehr ist es eine Anti-Klassen-Botschaft. Er klagt die Ungerechtigkeit an, dass einige wenige die Arbeiterklasse oder Mittelklasse lenken und leiten, aber letztere machen all die Arbeit und generieren den Wohlstand. Auch wenn ich den Song heute singe, besagt er das alles genau, wie ich es denke, besser könnte ich es nicht ausdrücken. Es ist nicht einfach nur ein alter Song, den ich singe, er ist immer noch bissig. Ich wage es zu behaupten, dass es einer der besseren Songs dieses Genres ist, der aus den 1960er Jahren kommt. Und er lässt sich noch heute genau so anwenden. Unser Präsident (Ex-Präsident George W. Bush) ist vermutlich der glücklichste aller Fortunate Sons."

Dass es auch unglückliche Generalssöhne gab, schildert auf dramatische Weise ein weiteres Buch, für das der Autor den Titel „Fortunate Son" wählte. Lewis B. Puller jr. folgte seinem Vater ins Marine Corps und verlor bei einer Explosion in Vietnam beide Beine. Fogerty erneuerte 2007 auf der CD „Revival" in I Can't Take It No More die Anklage gegen Bush: „Your daddy wrote a check and there you are: another fortunate son!" Nicht zufällig handelt ein drittes Buch mit dem Titel „Fortunate Son" (Autor: J. H. Hatfield) von den Privilegien und Beziehungen des „Double U" Bush und von seinem unaufhaltsamen Aufstieg bis ins Weiße Haus. Zur Ironie der Geschichte gehört es, dass Fogerty den Song im Herbst 2014 bei einem „Salute to the Troops"-Konzert zum Besten gab – vor Senatoren, Ministern, Militärs und Präsident Obama. Eine Woche später wurden Bruce Springsteen und Dave Grohl am Tag der Veteranen von unverbesserlichen „Patrioten" ausgebuht. Während eines „Konzertes für Heldenmut" hatten sie Fortunate Son gesungen. John Fogerty sprang seinen Kollegen unverzüglich bei. „Fortunate Son ist ein Song, den ich vor 45 Jahren während des Vietnam-Krieges geschrieben habe", reagierte er auf den Eklat. „Vor Jahren hat eine ultrakonservative Regierung versucht, jeden der ihre Politik in Frage stellte, als ‚unamerikanisch' zu verleumden. Dieselbe Regierung hat in schändlicher Weise die Soldaten, die aus Vietnam zurückkehrten, ignoriert und schlecht behandelt." Fogerty wies darauf hin, dass er – im Unterschied zu den fortunate sons – damals zum Militärdienst in die Reserve ging.

Wenige Wochen später unterstrich der „Rolling Stone" die Bedeutung dieser „Hymne". Wie auch Country Joe McDonalds I-Feel-Like-I'm-Fixin'-To-Die-Rag, Bob Dylans Masters Of War und Buffalo Springfiels For What It's Worth setzte das Magazin Fortunate Son auf die Liste der „10 Best Protest Songs Of All Time". Kommentar der Redaktion: „Wie die meisten großen Protest-Songs ist es heute so relevant wie am Tag, als es veröffentlicht wurde.“ Dieser Meinung war man auch bei der Library of Congress, die Fortunate Son 2014 „als wichtigen Teil der amerikanischen Kultur und Geschichte“ aufnahm. Obwohl er nie ein fortunate son war, entschloss sich John Fogerty 2015, seine Autobiographie „Fortunate Son“ zu nennen.

7. Don’t Look Now

Hatte Fogerty gerade noch einen scharfen Blick auf die herrschende Klasse geworfen, wechselte er jetzt mit Don’t Look Now die Perspektive – von den oberen Zehntausend zu den unteren Millionen. Mit den „Augen der Arbeiterklasse“ nahm er sich der Frage an, die von der Hippie-Szene verdrängt wurde: Wer ist denn noch bereit, die Drecksarbeit zu machen? In einem Interview mit Alec Dubro versuchte er 1970 selbst eine Antwort zu finden: „Welche Rolle spielt es, wer diese Aufgaben übernimmt? Genau deswegen habe ich diesen Song geschrieben. Wir sind heute alle so ursprünglich, so natürlich mit unseren langen Haaren und so. Aber wenn es darum geht, den richtigen Mist zu erledigen, den die zivilisierte Menschheit braucht … Wer wird der Müllmann sein? Keiner von uns, wird das sein. Die meisten von uns werden sagen: ‚Das ist unter meiner Würde, den Job werde ich nicht machen.’“ Franz Schöler kam 1971 in „twen“ zu der Ansicht, dass sich in Don’t Look Now offenbare, wie sehr John „sich einerseits mit dem Bewußtein der Arbeiter identifizieren möchte...“ und ihm „das andererseits unmöglich ist“. Auf der Live-Platte „The Concert“ kündigt er den Song mit den Worten an „Hier ist ein traditioneller Country & Western-Song, den ich vor etwa einem Monat geschrieben habe“. Wie Lodi landete das Lied 1981 auf der LP „Creedence Country“. Und tatsächlich war Don’t Look Now in seiner Struktur, den Akkorden, ein echter Country-Song, der erste, den Creedence Clearwater Revival spielten, auch wenn John zumindest live noch ein eher für Rock ’n’ Roll typisches Riff einfließen ließ. In seiner Solo-Karriere hat John Fogerty Don’t Look Now nicht mehr gespielt.

8. The Midnight Special

Der Journalist und Dichter Carl Sandburg, einer der wichtigsten US-Chronisten des beginnenden 20. Jahrhunderts, hat bereits 1927 in seiner Sammlung „American Songbag“ zwei Textvarianten des traditionellen Folksongs Midnight Special aufgeschrieben. Doch gab es auch frühere Textversionen des Songs um die Jahrhundertwende und eine erste bekannte Tonaufnahme von 1926. Klar ist somit, dass Leadbelly nicht, wie oft behauptet wurde, der Autor war. Auch wenn alle inhaltlichen Zutaten biografisch zu ihm passten: das Erwachen hinter Gefängnismauern, der Mangel an Essen und die Hoffnung auf die Freiheit. Midnight Special ist der Name eines Zuges, dessen Licht für einen Moment eine Gefängniszelle erhellt. Creedence Clearwater Revivals Version legt nahe, dass es sich um ein Gefängnis in der Nähe von Houston, Texas, handelt. Dort war auch Leadbelly inhaftiert. Andere Aufnahmen verlegen das Geschehen nach North Carolina, wieder andere nach Mississippi. In verschiedenen Interpretationen wird vermutet, dass der Zug als Metapher für die Befreiung zu sehen sei, etwa, weil er den Insassen des Gefängnisses die Abreise ermögliche. Weniger optimistisch dagegen klingt die Deutung, dass die Befreiung komme, indem sich der Häftling vor den Zug werfe. Die Zahl der illustren Interpreten ist riesig, von Pete Seeger über die Beatles, von Van Morrison bis zu ABBA. John Fogerty ist es mit seinem Arrangement gelungen, die beständigste Version des traditionellen achttaktigen Blues zu erstellen. Wieder spielen sein Bruder Tom und er unterschiedlich gestimmte Gitarren und liefern so den Creedence-typischen Klang in D mit viel Tremolo, diesmal auch auf Stus Bass. Noch heute spielt John den Song bei jedem Konzert und lässt das Publikum mitsingen.

9. Side O’ The Road

Bei diesem Instrumental stellt sich die Frage, wozu die Band es aufgenommen hat, wenn nicht als Album-Füller. Rhythmisch schlendert der Song vor sich hin. Es gibt keine Tempiwechsel und lediglich eine Tonarterhöhung und eine Rückkehr zum Ursprungsthema. Johns Sologitarre setzt einige Akzente, aber musikalische Bedeutung hat Side O’ The Road nicht.

10. Effigy

In der englischsprachigen Welt wird mit dem Begriff „effigy“ (Bildnis) der Brauch verbunden, ein Symbol oder eine Figur als Darstellung eines verhassten Menschen zu verbrennen. Historisch geht das auf die englische Tradition zurück, Puppen, die den Papst oder den Attentäter Guy Fawkes darstellten, auf einen Scheiterhaufen zu stellen. Nichts anderes beinhaltet Johns politischer Traum: „Burning an effigy“ – er zündelt an der Macht der herrschenden Klasse. Gemäß Georg Büchners Devise „Friede den Hütten! Krieg den Palästen!“ frisst sich in Effigy der Brand in den Palast, während das Volk noch zaudernd zusieht. Und als der Palast in Flammen steht, fasst sich sogar die schweigende Mehrheit ein Herz. Konservative Kritiker, die im folgenden Jahr fälschlicherweise bei Up Around The Bend (siehe „Cosmo's Factory“) den Aufruf zum Aufruhr entdeckt hatten, hätten hier genauer hinhören sollen.

Musikalisch lehnt sich Effigy bis auf eine Akkorddrehung total an Jimi Hendrix' Hey Joe an, ohne auf ähnlich aggressive Rückkopplungen im Solo zurück zu greifen, wie es Fogerty bei Suzie Q, I Put A Spell On You und Born On The Bayou noch getan hatte, sondern blieb verhältnismäßig brav. Doug Clifford hat Effigy neben Fortunate Son zu seinen Lieblingsliedern des Albums erklärt, weil es so eine starke Qualität habe: „Es zielt auf die politische Klasse, die damals für den ganzen Mist verantwortlich war.“

On sale, Friday, week ending March 21, 1970 NEW MUSICAL EXPRESS 1

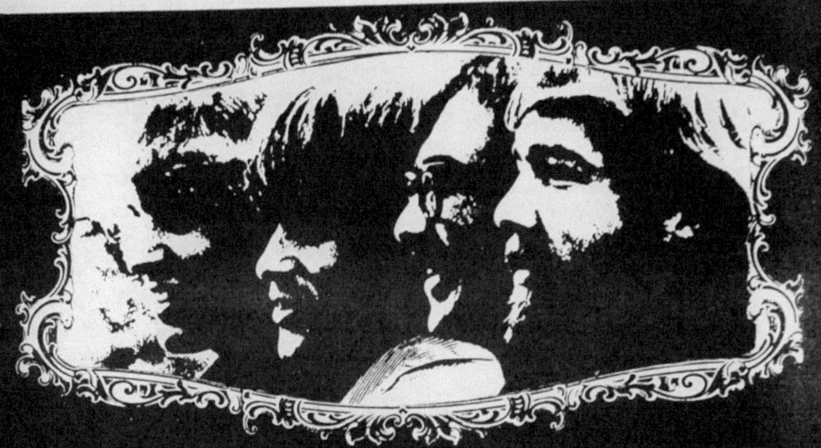

CREEDENCE CLEARWATER REVIVAL

The World's Greatest

TRAVELIN' BAND

will be arriving in England in April

Don't miss their spectacular concerts at the Royal Albert Hall April 14th & 15th

TICKETS AVAILABLE FROM THE ROYAL ALBERT HALL & ALL USUAL AGENTS

PRICES

5/- 10/- 15/- 20/- 25/- 30/-

'TRAVELIN' BAND' LBF 15310 IS THEIR NEW SINGLE

WILLY AND THE POOR BOYS IS THEIR LATEST ALBUM LBS 83338

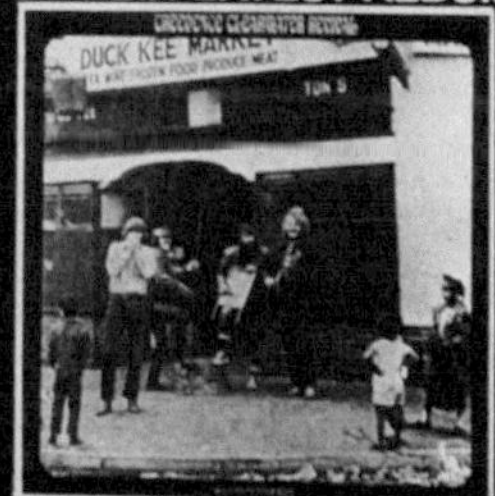

Prepare yourself for the greatest invasion ever, buy 'Travelin' Band' & 'Willy and the Poor Boys' - Most of all don't forget to buy your tickets for their only British appearances

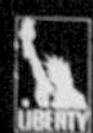

CREEDENCE MUSIC PUBLISHED BY BURLINGTON MUSIC CO LTD

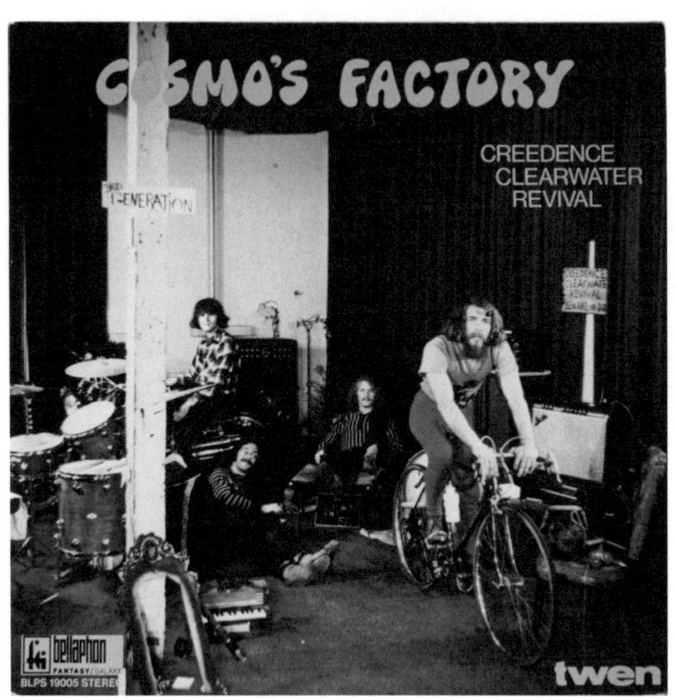
C SMO'S FACTORY
CREEDENCE
CLEARWATER
REVIVAL
GENERATION
bellaphon
FANTASY/GALAXY
BLPS 19005 STERE
twen

Cosmo's Factory

Aufgenommen in Wally Heiders Studio in San Francisco (1970)

1. Ramble Tamble 7:09 – (John Fogerty)

2. Before You Accuse Me 3:24 – (Eugene McDaniel)

3. Travelin' Band 2:07 – (John Fogerty)

4. Ooby Dooby 2:05 – (Moore – Penner)

5. Looking Out My Backdoor 2:31 – (John Fogerty)

6. Run Through The Jungle 3:09 – (John Fogerty)

7. Up Around The Bend 2:40 – (John Fogerty)

8. My Baby Left Me 2:17 – (Big Arthur Crudup)

9. Who'll Stop The Rain 2:28 – (John Fogerty)

10. I Heard It Through The Grapevine 11:05 – (Whitfield – Strong)

11. Long As I Can See The Light 3:33 – (John Fogerty)

Creedence Clearwater Revival tourten unentwegt. Und die Spannungen in der Band nahmen wohl nicht zuletzt deswegen immer mehr zu. Ein Gipfel der Aggression ereignete sich, nachdem John Fogerty Anfang 1970 bei einem Konzert im Mittleren Westen beschloss, in Zukunft keine Zugaben mehr zu geben, weil das Spinnerei sei. Doug Clifford ging – vollgepumpt mit Adrenalin – auf seinen schmächtigen Bandleader los. Clifford beschrieb die Situation 1998 so: „Ich fragte, was wir als Zugabe spielen … Und er sagte, dass wir keine geben." Tom und Stu ließen in diesem Moment die Köpfe hängen, und Doug flippte aus, zerschlug voller Wut eine Pepsiflasche und kippte John von einem Tisch, auf dem der saß. Der brachiale Aufstand seines Drummers beeindruckte John nicht: CCR gaben von diesem Moment an nie wieder eine Zugabe. Auch nicht auf der ersten Europa-Tournee.

Die Band flog im eigenen Jet nach London, trat bei Top Of The Pops im Fernsehen auf und gab dann als erstes ein Konzert in Rotterdam. Es folgte ein Gig in der Essener Gruga-Halle. Lediglich 3000 Fans waren gekommen, um den amerikanischen Top Act zu sehen, so dass Franz Schöler unter der Überschrift „Guter Rock, wenig gefragt“ in der „Zeit“ mutmaßte: „Die 3000 Besucher, die schließlich erschienen, konnten die Gruga-Halle gerade zu einem Drittel füllen. Das finanzielle Desaster wird die Konzertagenturen vermutlich noch weiter entmutigen, die wirklich wegweisenden Rock-Gruppen nach Deutschland zu holen.“ Auch die „Bravo“ war vor Ort. Didi Zill, der die Band bereits zwei Mal in „Cosmo’s Factory“ besucht hatte, begleitet CCR bei ihren hiesigen Aufenthalten und dokumentierte das historische Ereignis mit seinen Fotos. Am 14. und 15. April war es dann endlich so weit: Creedence Clearwater Revival traten in der Royal Albert Hall auf, sozusagen dem Wohnzimmer der Beatles. Ein riesiger Triumph für die vier jungen Musiker aus Kalifornien.

Zwölf Songs war die jeweilige Setliste lang: Born On The Bayou, Green River, Tombstone Shadow, Travelin’ Band, Fortunate Son, Commotion, Midnight Special, Bad Moon Rising, Proud Mary, The Night Time Is The Right Time, Good Golly Miss Molly und Keep On Chooglin’. „Ich hatte dem Publikum gesagt, dass wir keine Zugaben spielen würden und hatte unseren letzten Song angekündigt… Wir gingen von der Bühne, und die Leute schrien und applaudierten für 15 Minuten. Es führte zu reichlich Irritationen in England“, erzählte John Fogerty 1998 über diese beiden Abende. Die Lichter in der Halle waren an, und vom Band lief diverse Male die Nationalhymne God Save The Queen. Aber das Publikum gab so schnell nicht auf, John Fogerty auch nicht. Er verweigerte weiterhin die Zugaben. Fogerty 1998: „Einer der Rezensenten sagte, dass wir etwas über die englische Musikhallen-Tradition lernen sollten, weil man zurückkomme, wenn das Publikum applaudiert.“ Über das zweite Konzert in Deutschland vom 22. April 1970 im Berliner Sportpalast schrieb der Spiegel: „Fogerty singt so durchdringend, die Band rockt so kräftig, daß ihre Musik selbst im billigsten Transistor-Radio akzeptabel klingt... In ihren Konzerten, so zeigten die vier am letzten Mittwoch im Berliner Sportpalast, wird wenig improvisiert, und kaum ein Stück ist über vier Minuten lang. ‚Wir versuchen', sagt Fogerty, ‚so viele Treffer wie möglich zu landen.' Das hat sich bewährt."

Der Journalist Roy Carr vom britischen „New Musical Express" begleitete Creedence Clearwater Revival auf der Tour im April 1970. Er berichtete von wilden Partys in Kopenhagen, aber auch davon, dass die Band bei einer Diskothek abgewiesen wurde, weil sie Jeans trugen, während auf der Tanzfläche zur aktuellen Single Travelin' Band getanzt wurde. Doug Clifford und Stu Cook feierten ihre Geburtstage in Paris, und für alle waren die Konzerte in der Royal Albert Hall das Größte gewesen. Kaum zurück aus Europa, spielte die Band noch ein Konzert in Kanada und eines in Seattle. Dann begann die Arbeit am nächsten Album: „Cosmo's Factory". Vorab waren bereits im Januar die Single Travelin' Band / Who'll Stop The Rain erschienen, und direkt zum Auftakt der Europa-Tournee im April noch Run Through The Jungle / Up Around The Bend. Das Cover des Albums hatte diesmal der jüngste Fogerty-Bruder Bob fotografiert. Es zeigt die Band an ihrem Arbeitsplatz, dem Proberaum in dem alten Lagerhaus in Berkeley, das die Band zu ihrem Hauptquartier gemacht hatte. Darin hatten sie Parkplätze für ihre Autos, einen Basketballplatz, einen Billardtisch und eine Tischtennisplatte, Büros für ihre Mitarbeiter und natürlich einen Proberaum.

Die Band hatte ursprünglich in Tom Fogertys Garage geprobt und dann in einem Schuppen hinter Doug Cliffords gemietetem Haus. „Eines Tages, als die Jungs zur Arbeit kamen, hatte ich ‚The Factory' an die Tür gemalt. Das war die erste ‚Cosmo's Factory'", erzählte Clifford 1998. Sein Spitzname war Cosmo (von Kosmos), weil er sich für Astronomie und alles mögliche Übernatürliche interessierte. Die fünfte LP bekam den Namen „Cosmo's Factory", weil John Fogerty – überfordert mit seinen vielfältigen Aufgaben – die Aufmerksamkeit der Presse von sich ablenken wollte. Clifford war weitaus weniger scheu und freute sich auf die neue Rolle. Er erinnert sich, wie er John anbot: „Gerne nehme ich den Druck von dir. Ich werde Spaß damit haben. Und in jeder Stadt erzählte ich eine andere Geschichte, warum das Album so hieß." Stu Cook beschrieb den Entstehungsprozess von

„Cosmo's Factory" 1998 so: „Das Album ‚Cosmo's Factory' war eine Sammlung von Singles. Das Album haben wir im Lauf von zehn Monaten aufgenommen. Wir gingen ins Studio, nahmen eine A und B Seite auf und veröffentlichten die, gingen ins Studio, nahmen eine A und B Seite auf und veröffentlichten die. Wir hatten über die Hälfte des Albums aufgenommen, bevor wir ins Studio gegangen sind, um Grapevine und die anderen Cover-Songs, Oooby Dooby und so, aufzunehmen. Die Singles waren alle bereits veröffentlicht, weil wir in dieser halsbrecherischen Geschwindigkeit arbeiteten, um nicht vom Planeten zu fallen." Tatsächlich erschien die dritte Single Looking Out My Back Door / Long As I Can See The Light zeitgleich mit dem Album im Juli 1970. In der Bundesrepublik wurde es unter dem „twen"-Label mit Klappcover in die Läden gebracht.

1. Ramble Tamble

In der Kritik des „Rolling Stone" vom September 1970 wurde Ramble Tamble als einziger „unbefriedigender" Titel des neuen Albums bezeichnet. Als Auftakt für eine LP ist es tatsächlich eine gewagte Auswahl. Der mit „Move" eigeleitete Text gibt konkret und im übertragenen Sinn eine ziellose Wanderung wieder. Dass auch ein gedanklicher Streifzug gemeint ist, deutet der Nonsens-Reim Ramble Tamble an. Fogerty sieht bei seinem „Spaziergang" durch die Gegend die Schattenseiten der Zivilisation, die ihm sauer aufstoßen („acid indigestion"). Heute ist dieser Titel mit seinem Rundumschlag in einer maroden, hochverschuldeten und verdreckten westlichen Welt moderner denn je. Allerdings bleiben die Kritikpunkte in den bekannten Klischees stecken. Da verläuft die Autobahn durch den Garten, das Wasser ist verschmutzt, und die Polizei steht an der Ecke. Die Cockroaches im Keller sind dabei ein ureigenes amerikanisches Problem. Wieder und wieder betont Fogerty die Last der Hypotheken, aufs Haus, aufs Auto und auch aufs Leben. Eine Realität, die den „American way of living" bestimmt. Da hat sich in 45 Jahren nichts geändert. Typisch auch für den US-Mainstream: die stereotype Kritik an Washington. Da sitzen angeblich Schauspieler im Weißen Haus (Ronald Reagan wurde erst 1981 Präsident), die die Unabhängigkeit verkaufen.

Modern im Sound und auch in der Komposition – und doch klar von Rockabilly-Elementen wie etwa der mit einem starken Hall belegten Stimme geprägt – kommt die über sieben Minuten lange Jam daher. Ähnlich Commotion treibt das Stück bis zu einem im Tempo reduzierten instrumentalen Mittelteil, der mehrere Lagen schwebender Gitarren übereinander stapelt. Dann kehrt Ramble Tamble zu dem Eingangstempo zurück. Im neuen Jahrtausend nahm Fogerty den Titel mit in sein Konzertprogramm auf und beweist bis heute gerade hier immer neue Fähigkeiten an der Gitarre.

2. Before You Accuse Me

Der erste von vier Cover-Songs auf „Cosmo's Factory" stammt im Original von Bo Diddley und erschien 1958 auf dessen Debüt-Album. Seither gab es diverse Aufnahmen des für Bo Diddley eher untypischen Blues-Songs. Bo Diddley hatte sich bei seiner Originalaufnahme immerhin zwei Mal auf der Gitarre verspielt, aber derartige Schnitzer waren in den Anfängen des Rock 'n' Roll noch kein Problem für die Plattenfirmen. Solche Nachlässigkeiten konnte und wollte sich John Fogerty nicht leisten und spielte den recht simplen 12-taktigen Blues selbstverständlich originalgetreu, aber ohne Diddleys Patzer nach! Eigentlich hatten Creedence den Song bereits in einem gänzlich anderen Arrangement auf ihrem ersten Album unterbringen wollen. Diese Version blieb im Fantasy-Archiv verborgen, bis sie 2009 als Bonus-Material auf der „40th Anniversary"-Sammlung landete. Before You Accuse Me ist nie als Single ausgekoppelt worden und wurde so auch nicht zum Hit für die Band, obwohl die vier eine starke Version geliefert haben. In der Kritik vom „Rolling Stone" schrieb John Grissim über John Fogerty: „Zusätzlich zur Leadgitarre und dem Gesang auf Bo Diddleys ‚Before You Accuse Me' lässt er jetzt auch ein paar feine Blues-Klavier-Riffs einfließen. Aber aus Bescheidenheit hält er sie recht zurückhaltend in einem leichtfließenden, traditionellen Arrangement." Erst rund zwanzig Jahre später hat Eric Clapton auf seinem Album Journeyman eine fast identische Version veröffentlicht und dann auch gleich noch eine akustische auf seinem Unplugged-Album eingespielt. Fogerty ließ den Titel seit den 1990er Jahren immer wieder unregelmäßig bei seinen Live-Konzerten aufleben.

3. Travelin' Band (Billboard Platz 2)

Travelin' Band war bereits im Januar 1970 mit der Rückseite Who'll Stop The Rain als Single erschienen und in den Pop-Charts gelandet – zielsicher wie die Boeing 737, die auf der Betonpiste von Memphis ausrollt. Fogerty besingt hier das Tour-Leben von Creedence Clearwater Revival, das mit den Terminen in Europa international werden sollte. Es geht nicht mehr um die kleine Barband wie in Lodi, sondern um verlorenes Gepäck auf Flughäfen, Nachtflüge, aggressives Publikum und den Drang, in Bewegung zu bleiben. Der brandaktuelle Inhalt ist jedoch formal neuer Wein in alten Schläuchen: ein krachender Rock 'n' Roll-Song im Stil von Little Richard, ein Eight-Bar-Blues, dessen Strophen auf Brakes aufbauen. Ganze Bläsersätze verstärken das 50s-Feeling. Im „Rolling Stone" schrieb John Grissim: „‚Travelin' Band' hat durchaus die Qualität historischer Authentizität, obwohl Fogerty nur neue Verse über eine modifizierte ‚Ready Teddy'-Melodie entworfen hat. Er liefert ein sehr glaubwürdiges Little-Richard-Arrangement und entsprechenden Gesang, ersetzt einen guten Tenor-Schrei durch sein markantes Vibrato im oberen Stimmbereich. Statt Maschinengewehrsalven vom Klavier mischt er ein Saxophon unter – das er neuerdings spielt."

Die Einschätzung, dass Travelin' Band starke Ähnlichkeiten zu einem Little-Richard-Titel habe, teilten viele Zeitzeugen, aber sie waren sich nicht einig, welcher es denn sei. Mal wurde Good Golly Miss Molly genannt, Stu Cook hingegen machte Long Tall Sally als Vorbild aus. Der britische „New Musical Express" vom 21. März 1971 schrieb, Jerry Lee Lewis habe Pate gestanden: „Das Ding erinnert an ‚Whole Lotta Shakin' Going On'. Und Ich muss sagen, dass John Fogerty – der den Song geschrieben, arrangiert und produziert hat – eine Ekstase aufpeitscht, indem er durch die brandheiße Beat-Nummer röhrt." Der Kritiker meinte im Vorspann, dass der Song Elvis und Jerry Lee Lewis zur Ehre gereicht hätte. 2006 nahm Jerry Lee Lewis Travelin' Band gemeinsam mit John für sein Album Last Man Standing auf. Und so landete Travelin' Band als Teil des Albums sogar nochmal in den Billboard Top 200 auf Platz eins. Bei den anschließenden Aufnahmen für eine Live-DVD und CD hatte John Fogerty dann zwar die Ehre, drei Songs mit dem Killer zu den Aufnahmen beisteuern zu dürfen, aber es war keine Fogerty-Komposition dabei. Stattdessen sang er im Duett mit Kris Kristofferson das Gospel Will The Circle Be Unbroken. Solo steuerte er Little Richards' Good Golly Miss Molly bei, und im Duett mit Jerry Lee sang er CC Rider.

Little Richards Musikverlag kam dann im Oktober 1972, etwa zeitgleich mit dem endgültigen Ende von Creedence, auch zu dem Schluss, Good Golly Miss Molly sei Vorbild für Travelin' Band gewesen. Diesen Prozess konnte John Fogerty noch verhindern, und die Parteien einigten sich außergerichtlich. Bereits mit dem Erscheinen im Januar 1970 entwickelte sich Travelin' Band zum Standard bei ihren Live-Konzerten. Und John Fogerty spielt den Song bis heute live. Seine ehemaligen Freunde Stu und Doug covern den Titel ebenfalls bis heute in ihrer Cover-Band Creedence Clearwater Revisited . Nach den Anschlägen am 11. September 2001 in New York erstellte die Sendergruppe Clear Channel Communications mit über 1200 Sendern in den USA eine Liste unpassender Titel, darunter Hell's Bells und Highway To Hell von AC/DC, Walk Like An Egyptian von den Bangles, Ob-La-Di Ob-La-Da von den Beatles und auch Travelin' Band („Seven thirty seven comin' out of the sky"). Doch die Popularität dieses Rock'n'Roll-Krachers hat bis heute nicht nachgelassen. Andere Stars von Bruce Springsteen bis Elton John coverten den Titel seit den frühen 1970er Jahren bis in die Gegenwart hinein. John Fogerty eröffnete 2010 gemeinsam mit Miranda Lambert, Brad Paisley, Carrie Underwood und Jack Daniels damit die größte Fete der amerikanischen Country-Music-Szene, die Academy of Country Music Awards.

4. Ooby Dooby

Bereits 1955 hatte Roy Orbison, der Mann mit der goldenen Stimme, die erste Aufnahme von Ooby Dooby für das JeWel-Label gemacht. Der Chart-Erfolg blieb damals aus. Der Rockabilly-Titel stammte aus der Feder des Duos Dick & Wade, das als Autoren und auch als Musiker bei Sun Records unter Vertrag genommen wurde, als Roy Orbison 1956 eine neue Aufnahme für das Label in Memphis einsang. Diese Version landete auf Platz 59 der Charts. Orbison, Dick Penner und Wade Moore waren Kommilitonen an der North Texas State University in Denton. Penner & Moore lösten ihr Duo alsbald auf, Penner versuchte sich nach einem Aufenthalt bei der Armee noch kurz als Solokünstler, bevor er eine Karriere als Literaturprofessor einschlug. Sein Text „Well you wriggle to the left, you wriggle to the right... you do the Ooby Dooby" macht für einen Akademiker nicht gerade viel her als Arbeitsprobe. In der amerikanischen Pop-Geschichte passt sich das simple Stück aber nahtlos in die Reihe von Tanz-Songs ein. Titel wie Bird Walk, Loco-Motion, Mashed Potatoes, The Stroll oder The Twist haben da Tradition. Ooby Dooby erlebte immer wieder Revivals, am bekanntesten neben Roy Orbisons Version wurde aber mit Sicherheit Creedence Clearwater Revivals fast tongetreue Kopie auf „Como's Factory“. John Fogerty hat, wie später auch bei dem Cover von Ricky Nelsons Hello Mary Lou, seit frühester Jugend das Gitarrensolo bis auf den letzten Ton auswendig gelernt und hier reproduziert. Mit Ooby Dooby schloss er musikalisch wieder an den Rockabilly-Sound des Albums Green River an, wenngleich die Mischung auf „Cosmo's Factory“ deutlich besser war als auf der 69er LP. 1990, keine zwei Jahre nach Roy Orbisons frühem Tod spielte John Fogerty den Song bei einem Orbison-Tribut-Konzert, dessen Erlöse für Obdachlose gespendet wurden.

5. Lookin' out My Back Door (Billboard Platz 2)

„And To Think That I Saw It On Mulberry Street“ ist der Titel eines Comic-Kinderbuchs aus den 1930er Jahren, in dem der berühmte Kinderbuchautor Dr. Seuss alias Theodor Geisel der Phantasie eines Kindes freien Lauf lässt. Statt eines Pferdekarrens sieht das Kind in der Phantasie jede Menge verrückter Figuren, die in einer Parade auf der Mulberry Street marschieren. John Fogerty hatte dieses Buch im Sinn, als er von einer Tour aus Chicago, Illinois, zurückkehrte und hinaus sah auf den Rasen hinter seinem Haus. Er suchte Entspannung und erfand ein phantasievolles, unschuldiges Kinderlied, das er für seinen kleinen Sohn Sean schrieb. „Verehrte Damen und Herren, es war 1970. Und ich wusste, wenn ich ein lustiges Kinderlied schrieb, in dem seltsame Figuren auf dem Gras spielten, würden die Leute kommen und sagen: ‚Aha, ich wusste es, er ist ein Drogenabhängiger!‘“ So erläuterte John Fogerty 2014 die Befürchtung, die er hatte, als er den Song 1970 schuf. Deswegen schrieb er nicht über Figuren auf dem Gras, sondern sprach vom Rasen („lawn“). Geholfen hat es ihm damals nichts, denn natürlich haben Kritiker den Song als eine Drogenphantasie interpretiert und den Rasen als ein einfaches Synonym für Gras, also Haschisch, gesehen. Gab es Drogen in seinem Leben? Die Frage des „Guardian“-Reporters Dorian Lynskey beantwortete er 2013: „Yeah, ich habe ein bisschen Pot geraucht.“ Auch die Song-Zeile, dass man auf fliegenden Löffeln reisen könne, ließ sich leicht als Einladung zum Heroinkonsum missverstehen, genauso wie der Ausruf, den Protagonisten doch heute einfach mit Problemen zu verschonen, dafür sei er dann morgen bereit. Noch 2009 bezeichnete der renommierte Musikritiker Robert Christgau Johns Lied als „his dope song“. Es gab allerdings 1970 gar keinen Grund, verklausuliert über Dope zu singen, nachdem Bob Dylan schon 1966 in Rainy Day Women # 12 & 35 offen formuliert hatte: „everybody must get stoned“.

„Rolling Stone“ Kritiker John Grissim fand erstaunlicherweise für den Song nur wenige Worte. Er hob hervor, dass John Fogerty nun auch die Dobro (Resonatorgitarre) spielte, die auf dem Cover von „Green River“ zu sehen war. Und er befand, es sei „gute Automusik, großartig für den Sommer und vermutlich kommerziell erfolgreich“. Looking Out My Back Door wurde tatsächlich kommerziell erfolgreich, ist großartige Automusik und lässt sich hervorragend im Sommer wie im Winter hören. Voller Leichtigkeit erzählte John Fogerty von den skurrilen Figuren der Parade vor seinen Augen: Elefanten und Tamburine spielen in der Band, ein Riese schlägt Purzelbäume, eine Statue hat Pumps an, und das Ganze zur Musik eines dinosauriergroßen Victrola-Plattenspielers. Dass Buck Owens gespielt wird, ist nicht ohne Bedeutung. Er war der Superstar der kalifornischen Country-Szene, und viele seiner Songs bildeten Vorlagen für Pop-Hits: Ray Charles coverte Together Again und Crying Time, die Beatles Act Naturally. John, der Owens' I Don't Care für „The Blue Ridge Rangers Rides Again“ aufnahm, lässt hier schon seine Vorliebe für Country-Musik durchschimmern. Seit er Lookin' Out My Back Door auch wieder live spielt, ersetzt er die Tamburine und Elefanten durch Mandarinen und Elvis. Wohl kaum ein Song aus seiner Feder lässt so viel Raum für Phantasie, Spekulation und Interpretation und kaum einer ist so fröhlich und unbeschwert. Mit Looking Out My Back Door schlossen Creedence Clearwater an die gespielte Leichtigkeit von Down On The Corner an.

6. Run Through The Jungle (Billboard Platz 4)

Einem großartigen Missverständnis hatten es Creedence Clearwater Revival zu verdanken, dass Run Through The Jungle zu dem Vietnam-Song schlechthin wurde. Die Band hatte „einen hektischen Besuch“ in New York gemacht, den John im Juni 1970 Roy Carr schilderte: „Das ist zwar eine aufregende Stadt, aber auch ein Dschungel. Tom, Doug und Stu haben tatsächlich miterlebt, wie ein Mensch auf offener Straße erschossen wurde.“

Diese Erfahrung „mit all den Gefahren, die dort lauern“, hat John in dem Angst-Song verarbeitet. „Als ich sang, zweihundert Millionen Gewehre sind geladen’, sprach ich über die Leichtigkeit, mit der man in Amerika Schusswaffen kaufen kann. Es war damals ein Dschungel und heute ist es noch schlimmer,“ meinte er 1997. Der Satan, der in Fogertys Zeilen den Schießbefehl erteilt, war nicht Ho Chi Minh, sondern die bis unter die Zähne bewaffnete Gesellschaft in Amerika. Trotzdem war die Assoziation mit dem aktuellen Krieg nahe liegend. Begriffe wie „nightmare“, „rumbling“ und „take aim“ passten in das Szenario. So fand Run Through The Jungle seit seinem Erscheinen nicht nur den Weg zu den GIs in Vietnam, sondern auch in fast alle Hollywood-Filme, die sich mit dem Albtraum des Krieges in Indochina befassten, sogar in „Der Große Lebowski“. Darin fungiert er gleichsam als Synonym für Vietnam und ersetzt die entsprechende Bildsprache beziehungsweise verstärkt sie.

Run Through The Jungle war als Rückseite der Single Up Around The Band bereits im April 1970 erschienen, die zur Befeuerung der Europa-Tournee dienen sollte. Musikalisch führt das Lied Elemente einiger früherer Creedence-Songs zusammen und ist zugleich doch ganz neu. Da sind rückwärts aufgenommene Gitarren und Klavier im Intro und Outro zu hören, die das Inferno im Dschungel hörbar machen. Ein Experiment, das Fogerty bereits beim ersten Album verwendet hatte, etwa bei Gloomy. Die klagende Mundharmonika hatte auf „Bayou Country“ bei Graveyard Train ihren ersten Auftritt, und auch die wabernde Tremolo-Gitarre hatte bereits Born On The Bayou und Midnight Special besondere Reize verliehen. Neu hingegen war die intelligente Nutzung des Stereoeffektes, der Doug Cliffords Schlagzeug noch treibender erscheinen lässt. Wie schon Commotion und Graveyard Train lief der Rhythm ’n’ Blues Run Through The Jungle nur in einer Tonart ab. Und genau hier hätte auch 1985 klar sein müssen, dass Old Man Down The Road vom Album „Centerfield“ nicht identisch mit Run Through The Jungle sein konnte: Old Man Down The Road hat eine 5-Akkord-Struktur, eher wie Green River. Trotzdem verklagte Saul Zaentz John Fogerty wegen der vermeintlichen Ähnlichkeit, und so wurde Run Through The Jungle nicht nur für die Vietnam-Veteranen zum Symbol des Kampfes und Leidens, sondern auch für Autor John Fogerty.

7. Up Around The Bend (Billboard Platz 4)
John Fogertys Aussteiger-Song: Sehnsucht nach einem Neuanfang, einer neuen Gemeinschaft, ein neuer Tag, Aufbruch, Bewegung – all dies beschreibt Up Around The Bend. Der New Yorker Literaturprofessor Timothy Gray („Finding Fogerty") erkannte darin „die ultimative Americana-Hymne. Es hat einen Huck-und-Jim-Spirit in seinem pastoralen Kern... Alles was fehlt, ist die Erwähnung eines Floßes." Ein schrilles Gitarrenriff à la Fogerty, das man bereits beim ersten Ton erkennt, eine einfache Melodie und ein treibender Beat. Der „NME" packte im Juni 1970 sein Urteil gleich in die Artikel-Überschrift: „John Fogerty spricht mit Roy Carr über die beste Scheibe, die Creedence je gemacht hat: Up Around The Bend". Reporter Roy Carr war gerade mit der Band in Stockholm, wo er die Single erstmals in einer Diskothek zu hören bekam. Die Eindringlichkeit der Botschaft, die Fröhlichkeit und Tanzbarkeit waren nicht zu überhören. Die Hitformel von John Fogerty funktionierte im April 1970 perfekt. Trotzdem kam er Roy Carr fast als „die Antithese eines Popstars" vor, obwohl „er sich doch vollkommen bewusst ist, der Mittelpunkt des Interesses zu sein und das Talent zu haben, Songs mit einer so eindringlichen Anziehungskraft zu schreiben". Diese Fähigkeit Fogertys sorgte besonders in konservativen Kreisen der USA für Argwohn. Hatte man im Text von Lookin' Out My Back Door den vermeintlich drogensüchtigen Rockmusiker enttarnt, verstand man jetzt einfach eine Zeile des Songs falsch und sah sie als Aufruf zur Revolution: Statt „come on the risin' wind", was einfach nur ein Appell war, sich anzuschließen und mit aufs Land („by the big red tree") zu kommen, in eine bessere Welt, hörten rechte Politiker „come on arise and win". Diese Zeile hätte man wie Bob Marleys „get up, stand up" interpretieren können, eben als Aufforderung, für die eigenen Rechte zu kämpfen.

In Up Around The Bend geht es tatsächlich um Befreiung, um Freiheit – darum, seine Sorgen und Nöte hinter sich zu lassen, wie ein „sinkendes Schiff". Trotz dieser Formulierung artikuliert John hier keine Weltuntergangsstimmung wie in Bad Moon Rising. Mit anscheinender Leichtigkeit fasst er in Worte, was in jener Zeit – zumindest in Kalifornien – Trend der Jugendkultur wurde. Die Fahrt ans Ende des Highways, „wo die Neonzeichen der Stadt in Wald übergehen", – wer dächte da nicht an den Kultfilm „Easy Rider" von 1969. Dessen Einfluss, auch des Steppenwolf-Hits Born

To Be Wild, war an der Band nicht vorbeigegangen. So hatten sich John und Doug zusätzlich zu ihren Autos auch Motorräder gekauft.

Wie andere Creedence-Songs taucht auch Up Around The Bend in Soundtracks vieler Filme auf, beispielsweise in der Komödie „Michael“ (1996) mit John Travolta in der Hauptrolle. Elton John hat den Song gecovert, und 2013 hat Kellogg's den Titel für seine Werbung verwendet. Der amerikanische Musikkritiker Craig Werner nannte seine Biografie über Creedence Clearwater Revival 1999 sogar „Up Around The Bend“.

8. My Baby Left Me

Elvis Presleys Version von My Baby Left Me aus dem Jahr 1956 hörte John Fogerty zum ersten Mal als Elfjähriger, zur selben Zeit, als Carl Perkins mit Blue Suede Shoes in Amerika im Radio präsent war. Das waren bleibende Eindrücke für „Johnny Corvette“. Mit Creedence' Coverversion ging er jetzt genau dorthin zurück, wo er bereits mit der LP „Green River“ hinwollte: zum Sound, den die Musiker im Sun-Studio entwickelt hatten. Und wie auch bei den beiden anderen Rock 'n' Roll-Klassikern auf Cosmo's Factory kopierte er speziell das Gitarrensolo, aber auch den Gesang seiner großen Vorbilder, ohne seine eigene Stimme zu verleugnen. Aber auch Stu Cooks Basslinie ist gelungen, und Doug Clifford spielt – wie schon auf dem Elvis-Original zu hören – ein sehr starkes Schlagzeug. In seiner Makellosigkeit zeigt My Baby Left Me, wie gut die Band so kurz vor ihrem Zusammenbruch eingespielt war.
My Baby Left Me war ursprünglich ein Blues aus der Feder von Arthur „Big Boy“ Crudup, einem Bluessänger und Bauern aus Virginia, der berühmt wurde, als Elvis sein „That's Allright Mama“ coverte. Sein Leben lang kämpfte Crudup mit dem Musikverlag, der Elvis vertrat, um die Tantiemen für drei seiner Songs, die Presley nachgesungen hatte, aber auch um die Gelder die seine eigenen Aufnahmen eingebracht hatten. Er starb 1974 im Alter von 68 Jahren als verarmter Landarbeiter und Schwarzbrenner. Erst nach seinem Tod erhielten seine Erben Tantiemen in Millionenhöhe, ein Schicksal das John Fogerty im Streit mit Fantasy-Labelboss Saul Zaentz und Fantasy letztendlich erspart geblieben ist. Wobei John Fogerty wahre Armut wie die Arthur Crudups nie drohte. Für die Bluesmusiker interessierte er sich schon immer genauso so sehr wie für die Sun-Studio-

Musiker. Noch in Stockholm hatte er Roy Carr erzählt, er plane, auf Cosmo's Factory ein Cover von Willie Dixons My Babe zu verwenden. Den Song hatte Dixon für Little Walter geschrieben, aber John Fogerty hat ihn dann doch nicht aufgenommen. My Baby Left Me ist nie als Single ausgekoppelt worden und hat auch keine besondere Erwähnung in der Literatur über Creedence Clearwater Revival gefunden. Und doch ist es eine sehr kraftvolle und authentische Version des Rock 'n' Roll-Klassikers.

9. Who'll Stop The Rain (Billboard Platz 2)

„Ich habe den Song inmitten der Vietnam-Ära geschrieben. Ich hatte einen fatalistischen Blick darauf. Ich fühlte mich machtlos und nahm einen Zwiespalt in mir wahr: Ich war als Amerikaner aufgewachsen, und ich war stolz, Amerikaner zu sein, doch wurde mir klar, dass die Leute in Washington nicht mein Land waren, sie waren Repräsentanten der Regierung", so erinnerte sich John Fogerty an seine Situation zur Zeit von Who'll Stop The Rain. Dave Marsh, der den Song als bestes CCR-Stück in „The Heart Of Rock and Soul" auf Platz 26 in seiner Hit-Liste stellte, bewertete ihn als „meisterliches" Konglomerat aus „Fogertys Kenntnis amerikanischer Musik": „Der Text, der Beat, das Gitarrenspiel, die Melodie – das alles ist eine Anspielung auf Folk Music, Country-Songs, alte R & B-Hits, Rock 'n' Roll im Stil der Stones." Erstaunlich wirkt da die Entstehungsgeschichte von Who'll Stop The Rain. John hatte mal wieder nachts schlaflos in seinem Zwei-Zimmer-Apartment gesessen und die Akkorde auf seiner elektrischen Gitarre gespielt, ohne sie an einen Verstärker anzuschließen, damit er die Nachbarn nicht störte. Was dabei rauskam, war seine Vorstellung eines breiten folkigen, akustischen Sounds für den Song! Und Creedence klingen tatsächlich wie eine Folkband.

„Das Klagen in Fogertys Stimme", befand Marsh, „und das elegante Gitarren-Riff, auf das es sich stützt, erwecken den Anschein, dass er einen ganz besonderen, fühlbaren Kummer oder Groll ausdrückt. Aber worum geht es in dem Lied? Woodstock, wo es goss, als Creedence spielten? Vietnam, wo Amerika tief im Schlamm steckte?" Vordergründig handelt es von Woodstock. Creedence Clearwater Revival waren gerade von dort zurückgekehrt, von einer beschwerlichen Reise für die Band zwischen Kalifornien und der Ostküste nördlich von New York. In offenen kleinen

Hubschraubern hatten sie die Bühne erreicht und waren auf dieselbe Weise wieder abgereist. Es hatte andauernd geregnet und eine halbe Million junger Menschen hatte sich zusammengefunden zum größten Happening der Hippie-Zeit. Fogerty begleitete die ganze Zeit die Angst, es werde ein Chaos ausbrechen. Es war der Regen in Woodstock, der ihn anregte, die ersten Zeilen zu formulieren: „Solange ich mich erinnern kann, ist der Regen nieder gegangen." Den klassischen Woodstock-Song aber, der das Drei-Tage-Festival zum Thema hatte, schrieb zu dieser Zeit Joni Mitchell, die gar nicht vor Ort gewesen war. Anders als sie verwendete John seine Woodstock-Erfahrung und das Bild des Regens als Metapher.

Es war die politische Regenzeit in Washington mit dem endlos wirkenden Krieg in Vietnam, dem Bombenregen in Vietnam, die Fogerty Angst machte. Ähnlich wie bei Don't Look Now gibt es keine einfache Antwort auf die Frage „Wer wird diesen Regen stoppen?" Denn weder die friedlichen bekifften Massen, die sich in Woodstock versammelt hatten, noch die Politiker stellten sich ernsthaft den Problemen. Besondere Bedeutung hatte Who'll Stop The Rain auch schon bald für die Vietnam-Veteranen. Das zeigte eindrucksvoll das gleichnamige Filmdrama von 1978 mit Nick Nolte in der Hauptrolle, der darin einen drogensüchtigen Vietnam-Rückkehrer spielte. Und das zeigte eine Versammlung von Vietnam-Veteranen in Washington am 4. Juli 1987, auf der John Fogerty sein großes Live-Comeback feierte. Bevor er Who'll Stop The Rain sang, machte er eine kleine Pause und setzte schließlich zu einer langen Ansage an. Darin verglich er seinen Schmerz über das Drama mit Fantasy und seinen Bandmitgliedern mit dem Leid der Veteranen. Und dann beschwor er sie, die dem Tod ins Auge gesehen hatten, ihren Schmerz hinter sich zu lassen, so wie er es täte. Geschmacklich war dieser Vergleich sicher sehr fragwürdig, aber Fogerty war so ergriffen von der Situation, dass ihm Tränen die Wange hinunterliefen und er mit weinerlicher Stimme sang. Auch in den folgenden Jahren wurde der Song immer wieder in Soundtracks eingesetzt. Fogerty-Fan Bruce Springsteen zitierte ihn in The Ties That Bind: „You sit and wonder just who's gonna stop the rain". Und Fogerty selbst nahm ihn 2013 im Duett mit Detroits Altrocker Bob Seeger für das Album „Wrote A Song For Everyone" auf.

10. I Heard It Through The Grapevine

Dies ist mit über 11 Minuten die längste Nummer von Creedence Clearwater Revival, was vor allem dem Gitarrensolo in der Mitte des Songs zuzuschreiben ist. Die 1970 erst kurze Geschichte des Titels beweist die Dynamik der Komposition: Barrett Strong, Texter und Sänger bei Motown in Detroit, hatte den Song 1966 in Zusammenarbeit mit Norman Whitfield geschrieben. Er bediente sich einer Diktion aus der Sklavenzeit, als Botschaften, die den Sklavenhaltern nicht in die Hände fallen sollten, nur mündlich weitergegeben wurden. Smokey Robinson & The Miracles waren die ersten, die den Song aufnahmen. Doch Barry Gordy, Chef von Motown, befand die Aufnahme nicht für veröffentlichungswürdig. So erging es auch Marvin Gayes Version. So waren es Gladys Knight & The Pips, die 1967 als erste eine Motown-Single mit I Heard It Through The Grapevine veröffentlichen durften. Der Song wurde zum kleinen Hit, und Marvin Gayes Aufnahme kam schließlich doch noch auf seinem nächsten Album heraus – ein Riesenerfolg. Schließlich wurde der Titel ausgekoppelt und als Single veröffentlicht und erreichte 1968 die Spitze der Billboard-Charts.

Creedence' 11-minütige Version, die im Juli 1970 auf „Cosmo's Factory" erschien, war natürlich nicht Single-tauglich und konnte so auch kein Hit werden. Auch eine auf 3:51 Minuten gekürzte Version, samt Video, änderte daran zunächst nichts. Allerdings trug der Song sicher nicht unerheblich zu dem Erfolg des Albums bei, das so auch in den R & B Charts auf Platz 11 landete. 1973 veröffentlichte Fantasy den Song in voller Länge auf einer Maxi-Single mit der Rückseite Keep On Chooglin' für den Gebrauch in Diskotheken. Schließlich kam dann 1975 eine Single mit einer auf 3:58 Minuten gekürzten Version auf den Markt, diesmal war auf der Rückseite Good Golly Miss Molly untergebracht worden. Endlich landet auch Creedence mit I Heard It Through The Grapevine in den Top 100, allerdings auf der ungewohnten Position 43, wobei das ja vier Jahre nach Auflösung der Band noch immer als Erfolg zu werten ist. John Fogerty äußerte sich 1997 ungewöhnlich selbstkritisch: „Ich gehe da für praktisch elf Minuten immer in derselben Position auf der Gitarre ab. Vor zehn Jahren saß ich im Auto auf dem Highway und vier, fünf Minuten vergingen und ich dachte: ‚Komm' schon John, mach' jetzt was anderes.' Und dann kam noch eine Strophe." Dave Marsh nannte das ein „extended rock band workout", und wie John selbst fand er dessen Darbietung überreizt. Doch kommt er zu dem Schluss, dass allein schon die Erkenntnis, bei Marvin Gayes Interpretation handele es sich um ein Kunstwerk, zähle. Und dann sei es schließlich keine Schande, dass Creedence es nicht verbessert haben. Marsh: „Auch niemand sonst hätte das gekonnt.“

11. Long As I Can See The Light (Billboard Platz 2)

Zum Abschluss von Cosmo's Factory mutieren Creedence Clearwater Revival zur Soulband! Robert Christgau schrieb in den Liner Notes zur Jubiläumsedition: „Da ist eine elegische Schlussnummer, die die spirituelle Bedeutung von Home-Sweet-Home mit einem Saxophonsolo betont.“ John Fogerty kehrt seine Seele von innen nach außen, besingt seine Sehnsucht, in die Welt hinaus zu ziehen und sein Heimweh, dorthin zurückkehren zu wollen, wo ihm eine Kerze im Fenster den Weg weist. Das klingt eher nach Van Morrison oder Ray Charles als nach Fogertys Sun-Studio-Vorbildern. Er lässt das Saxophon weinen, scheinbar mühelos – zum zweiten Mal spielt er hier das Instrument – nach Travelin' Band. Im November 2014 setzte er sich während eines Konzertes in Kanada sogar an den Flügel, um sich bei dem Stück zu begleiten. Obwohl Creedence auf „Cosmo's Factory“ das bis hierhin beste Mixkonzept hatten und auch die größte musikalische Abwechslung boten, war der Sound ungewöhnlich. Ist Long As I Can See The Light ein Liebeslied? „When I'm gone, gone, you don't have to worry long“, deutet das an. Hatte er sich von seiner Idee verabschiedet, keine schmalzigen Liebeslieder spielen zu wollen? Was Fogerty auch anfasste, die Hits sprudelten nur so aus seiner Phantasie. Auch in der Bundesrepublik war er Dauergast in den Charts: Travelin' Band/Who'll Stop The Rain erreichte Platz 4, Up Around The Bend/Run Through The Jungle kam auf Platz 3 und Looking Out My Back Door/Long As I Can See The Light auf Platz 2. Die Single-Covers zeigten sämtlich Farbfotos der Band.

Vor allem aber kündigte Long As I Can See The Light an, dass die Band auf der Suche nach musikalischem Neuland war. Wohin würde der Weg führen? Creedence hatten ihren Höhepunkt erreicht, vielleicht schon überschritten. Zeitgleich befanden sich die Beatles in der Auflösung, und die Rolling Stones begannen nach dem Tod von Brian Jones und nach Altamont, ein neues Konzept für Konzerte umzusetzen: riesige Arenen, riesige Soundsysteme, riesige Gewinne. Und Creedence kämpften noch immer um Anerkennung bei den Kritikern, die sie so lange ignoriert hatten. Und machten den nächsten großen Fehler.

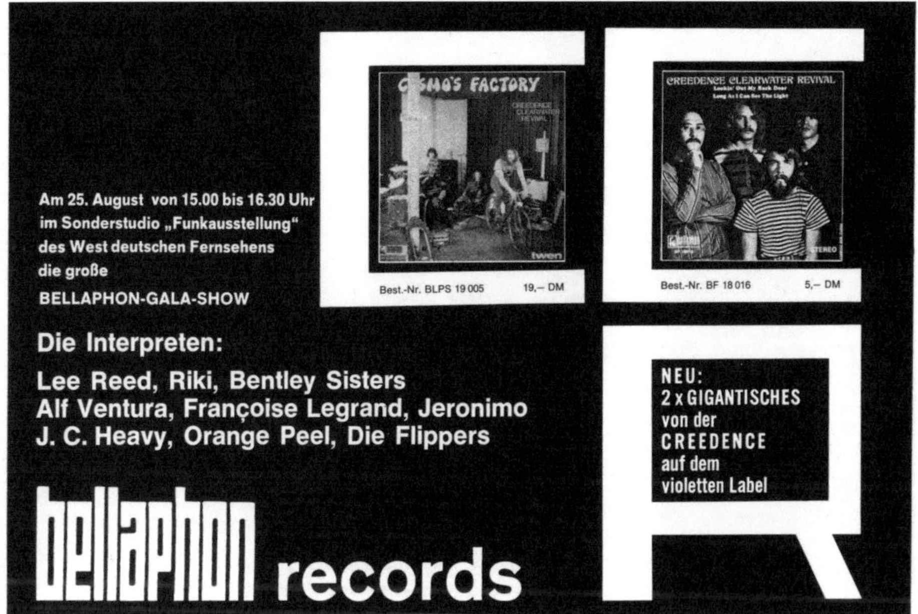

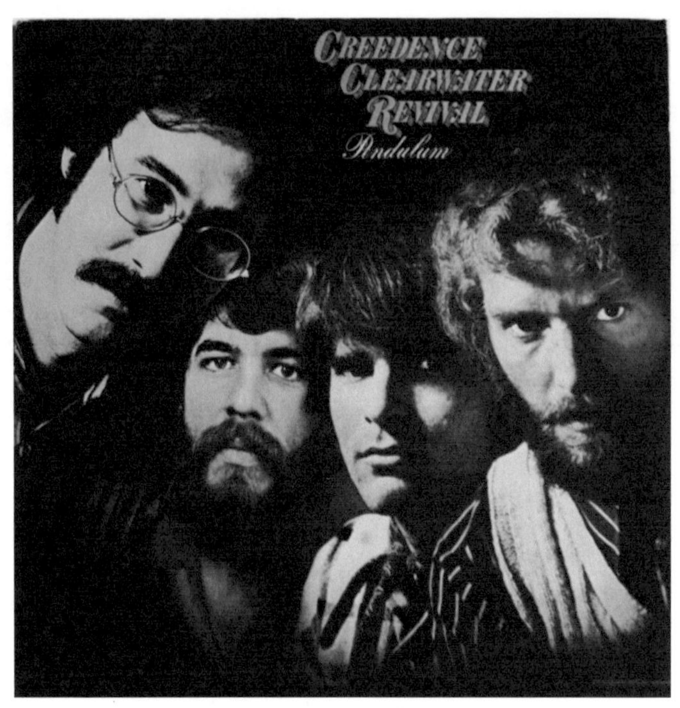
CREEDENCE
CLEARWATER
REVIVAL
Pendulum

Pendulum (Billboard Platz 5)

Aufgenommen in Wally Heiders Studio in San Francisco (1970)

1. Pagan Baby 6:23 – (John Fogerty)

2. Sailor's Lament 3:47 – (John Fogerty)

3. Chameleon 3:17 – (John Fogerty)

4. Have You Ever Seen The Rain 2:39 – (John Fogerty)

5. (Wish I Could) Hideaway 3:43 – (John Fogerty)

6. Born To Move 5:39 – (John Fogerty)

7. Hey Tonight 2:43 – (John Fogerty)

8. It's Just A Thought 3:51 – (John Fogerty)

9. Molina 2:42 – (John Fogerty)

10. Rude Awakening #2 6:21 – (John Fogerty)

Die Titel der bisherigen Alben hatten alle einen Bezug zu Creedence Clearwater Revival und ihrer Musik. Bei „Pendulum“ erschließt sich das nicht sofort. Das Bild des Pendels lässt verschiedene Interpretationen zu. Naheliegend: Nachdem der Auschlag seit 1969 immer nur in die Richtung größeren Erfolgs gegangen war, stieg jetzt die Wahrscheinlichkeit einer Kehrtwende. Das hatte weniger mit der Qualität der Musik zu tun als mit der Qualität der Atmosphäre in der Band. Die Streitigkeiten – vor allem mit seinem Bruder Tom – wurden für John immer unerträglicher: „Ein Pendel, das in die Richtung der wunderbaren Zeiten schwang, bewegte sich jetzt zurück in die Gegenrichtung.“ Eine beängstigende Situation. Die Metapher des Pendels hatte ein literarisches Vorbild. Jeder Amerikaner kannte im letzten Jahrhundert noch den Klassiker „The Pit And The Pendulum" von Edgar Alan Poe, in dem ein Pendel während der Inquisition als Folterwerkzeug eingesetzt wird. Ähnlich wie sich in der Erzählung das Pendel immer tiefer über das Opfer absenkt, muss John die bedrohliche Zuspitzung der Stimmung in seiner Band empfunden haben.

Demokratie oder Geltungssucht? Nach fünf super erfolgreichen Alben unter der Führung von John Fogerty formierte sich der Widerstand immer stärker gegen den Bandleader. Stu Cook, Doug Clifford und vor allem Tom Fogerty strebten ein Band-Modell à la Beatles an. Sie alle wollten sich einbringen und verpackten es in Argumente, als ginge es darum, John zu entlasten. Und da diese Forderungen jetzt schon so lange anhielten, gab John nach. Joel Selvin im Booklet zur Vierzigsten-Jubiläums-Edition: „Zögernd stimmte er zu. Pendulum würde das letzte Creedence-Album sein, das John Fogerty produziert." Akribisch wie immer begannen die Arbeiten an der neuen LP in der Cosmo's Factory. Täglich traf sich die Band und probte ab mittags das neue Material. Aber auch hier hatte sich das Miteinander verändert: John spielte bei den Proben Orgel und dirigierte seine Band von dort aus. Außerdem wussten die übrigen Bandmitglieder nichts über die neuen Songs, kannten zumindest die Texte nicht. Sechs Wochen dauerten die Proben, dann ging die Band in das gewohnte Studio von Wally Heider nach San Franciso und begann mit den Aufnahmen. Inzwischen waren Creedence Clearwater Revival ein richtiges Unternehmen geworden, eine Marketing-Agentur kümmerte sich ums Image und die Pressearbeit und der berühmt-berüchtigte Business-Mann Allen Klein wurde eingeflogen, um die Geschäftszahlen der Band zu checken und den Vertrag mit Fantasy zu überprüfen. Klein hatte bereits Sam Cooke gemanagt, die Rolling Stones und in ihrer Endphase auch die Beatles. Er fand heraus, dass das Cover von „Cosmo's Factory" 5 Millionen Mal gedruckt worden war, obwohl es offiziell nur 500 000 Mal verkauft worden war. Aber der Vertrag mit Fantasy war wasserdicht, so dass die Band nichts gegen Saul Zaentz unternehmen konnte.

Gleichzeitig wurde der Autor John Hallowell beauftragt, eine Fan-Biographie über die Band zu schreiben. Hallowell, ein ehemaliger Unterhaltungsredakteur der Zeitschrift „Life", hatte 1969 ein Buch über Barbra Streisand verfasst, und so schien er der Richtige, um Creedence zu Stars der Prominentenwelt hochzujubeln. Mit Barbra Streisand hatte er ein simples Interview geführt, in dem es laut Autor allein um die Wahrheit gehen sollte. „The Truth Game“, wie die banale „Biographie“ der 27-jährigen Schauspielerin hieß, ließ sich an Naivität kaum überbieten. Bei seinem nächsten Projekt war Hallowell sogar dazu noch in der Lage. Auch die Bandmitglieder von Creedence fragte er, wie schon Streisand, nach der Farbe, die jeden einzelnen symbolisiere. Auf 64 Seiten Text seines Machwerks „Inside Creedence“ finden sich neben Liedtexten von John Sätze wie: „Michelangelo könnte Doug Clifford erschaffen haben. Schlagzeuger bei Creedence Clearwater Revival. Seine Venen alleine sind schon michelangelisch.“ Ein Kritiker beschrieb diesen Schund mit den Worten „dümmliche Idolatrie“. Dabei hatte Tom Fogerty gehofft, die Band werde dadurch endlich zu Superstars, zu Ikonen der Pop-Welt. Das Ganze bewegte sich aber auf dem Teenager-Niveau, das in der Bundesrepublik in den Berichten der „Bravo“ über Creedence Clearwater Revival vorherrschte. Auf jeden Fall war es billig. Robert Christgau berichtete in „Village Voice“, dass das „schlechte“ Buch des Verlags Bantam für einen Dollar mit Merchandising-Material angeboten wurde. Der PR-Plan sah vor, die Ramschware zeitgleich mit dem neuen Album zu veröffentlichen. Beide zierte dasselbe nicht gerade originelle Foto, das Ed Caraeff von den vier Musikern aufgenommen hatte.

Vier Wochen dauerten die Studio-Sessions, wobei Tom, Doug und Stu ihre Parts wie gewohnt bereits live eingespielt hatten, bevor John seine Gesangs- und übrigen Instrumentalspuren hinzufügte. Diesmal hatte er ein weitaus breiteres Instrumenten-Spektrum im Sinn gehabt: Statt Gitarre dominierte eine Hammond-B3-Orgel das Album, John spielte für manche Songs ganze Bläsersätze ein und sang sogar extrem aufwendige Chöre ein – etwa für den Song Sailors Lament –, die einen glauben ließen, da seien Frauenstimmen zu hören. „Pendulum offenbart das gestiegene Interesse an instrumentalen Strukturen, die über das Vierer-Rockformat der Band hinausgehen, an dem CCR bislang festgehalten hatte“, urteilte Craig Werner in „Goldmine“. Mit anderen Worten: Für die Aufnahme der Platte hatte sich John Fogerty von dem Format der gitarrenbetonten Rock ’n’ Roll-Band verabschiedet. Einige Stücke entstanden erst im Studio, darunter Have You Ever Seen The Rain und der Aufmacher Pagan Baby. Zwischenzeitlich hatte auch Saul Zaentz begonnen, mit den neu erworbenen Reichtümern ein großes Studiogebäude in Berkeley zu bauen, das 1971 eröffnet wurde. Ein Studio, das Studio C, war dabei exklusiv für Creedence entworfen und gebaut worden. Es hatte einen gesonderten Zugang. Es gibt bis heute unbestätigte Gerüchte, dass Teile von Pendulum hier aufgenommen worden seien.

Für das neue Album von Creedence Clearwater gab es über eine Million Vorbestellungen, und es erreichte den Platinum-Status, ohne dass auch nur ein Ton davon im Radio gespielt worden war. Am 7. Dezember 1970 war es dann endlich so weit: Pendulum wurde ausgeliefert, und am 12. Dezember stieg in Cosmo's Factory eine große Release-Party, zu der die Musikpresse aus aller Welt eingeladen wurde. Creedence spielten ein kleines Konzert mit Songs der neuen Platte und zum Abschluss I Heard It Through The Grapevine von „Cosmo's Factory". Außerdem wurde ein Imagefilm über die Band gezeigt, in dem auch Booker T. And The MGs zu sehen waren. Titel: „In Concert: Creedence Clearwater Revival". Doch trotz umfangreicher Verpflegung der Musik-Journalisten gab es kaum Resonanz in der Presse. Allerdings schrieb Ann Moses, begeisterte Hollywood-Korrespondentin des „NME": „Der Film ist wirklich so viel besser als alles, was man heutzutage im Fernsehen sieht und könnte problemlos auch im Kino gezeigt werden. Wie alles, was Creedence anfassen, ist er ehrlich und ein Kunstwerk."

Im großen Aufmacherartikel im „Rolling Stone" hingegen wurde die gesamte Vergeblichkeit des Unterfangens deutlich. Typisch für die Resonanz auf die „Nacht der Generäle", wie John sarkastisch die Selbstermächtigung seiner Partner nannte, ging es hauptsächlich um die Party, nicht um die Platte. Im Wesentlichen wurden große Namen der anwesenden Pop-Presse erwähnt, aber zugleich betonte Autor John Lombardi, dass die sich zwar vom Buffet wohl ernährt fühlten, aber selbst beim kurzen Konzert von Creedence zu faul zum Klatschen waren. Für ihn wurde deutlich, wie sehr sich Doug und Stu endlich Aufmerksamkeit von der Presse wünschten und dass sie für dieses Ziel „kein Mittel unversucht" lassen wollten. Realistischer betonte John mehrfach, ihm sei schon klar, dass man diese Aufmerksamkeit nicht erzwingen könne. Unbeantwortet blieb die Frage, warum Saul Zaentz, der Boss von Fantasy, mit all dem Geld, das er durch die Band verdient hatte, nichts für die Öffentlichkeitsarbeit seiner Goldesel tat. Die Party, die unfassbare 30 000 Dollar gekostet hatte, hatten Creedence aus der eigenen Tasche finanziert. Tom musste frühzeitig erkannt haben, wie gering die Chancen waren, die Band im Bewusstsein der Öffentlichkeit neben den Beatles zu positionieren. Statt für die Platte zu werben, verschwand er zwischendurch von der Bildfläche. Mehr noch, er musste während der Arbeiten an „Pendulum“ bereits den Hut genommen haben, denn Have You Ever Seen The Rain und Hideaway handelten von Johns Gefühlen über seinen schmerzlichen Abschied. Beide Titel enthielten bereits klare Hinweise darauf, dass John wusste, was kurze Zeit später auch der Rest der Welt erfuhr, nämlich, dass sein Bruder Tom Creedence Clearwater Revival verlassen würde.

Einen versteckten Hinweis darauf gab auch die Rückseite des Album-Klappcovers, quasi eine Enthüllung. Das Foto zeigt die Band in einer Bruchbude – John, Doug und Stu sehen gemeinsam aus einer Tür, Tom blickt abseits davon durch ein Fenster. Offiziell ging Tom Fogerty Anfang 1971. Das machte natürlich Schlagzeilen. Wenige Kritiken behandelten das neue Album, wenn doch, dann zumeist mit dem Tenor, dass die vorigen besser gewesen seien. Die Essayistin Ellen Willis fasste die Reaktion so zusammen: „(‚Pendulum’) enthielt etwas, das Creedence-Beobachter für ein versuchtes Entgegenkommen an die Kunst hielten – Zeugs wie improvisierte Orgelmusik. Ich mochte das Album, aber es beunruhigte mich; es schien die übliche Autorität John Fogertys zu vermissen.“ Der Rolling Stone-Kritiker Jon Landau schaffte es, gleich die ersten beiden Titel umzutaufen (Pagan Woman statt Pagan Baby, Sailor Man statt Sailor’s Lament), nannte das Album hoffnungsvoll, aber sprach von der Steifheit der Produktion und titulierte Creedence wieder als eine Singles-Band. Im „Billboard“ wurde die große Qualität des Albums erkannt und die größte Schwachstelle nur kurz genannt: „Seine Ambition resultiert in einem Fehler – ‚Rude Awakening #2‘ wabert unheilvoll am Rande von progressivem Rock, etwas was Creedence einfach nicht können –, aber der Rest des Albums ist exzellent, mit solch großartigen Nummern wie dem bluesig groovenden ‚Pagan Baby‘, dem soulvollen Verführer ‚Chameleon‘, dem düsteren ‚It’s Just A Thought‘ und der Tanznummer ‚Molina‘. Die meisten Bands würden dafür morden, wenn das ihre besten Songs sein könnten und dass sich diese Songs auf einem Album befinden, das sogar manche Fans vergessen, zeigt was für eine außergewöhnliche Band Creedence Clearwater Revival war.“

Tatsächlich war „Pendulum", was Aufnahmetechnik und musikalische Bandbreite anging, ein großer Fortschritt. Doch zugleich machte nicht nur der Titel des Albums klar, wie verunsichert John Fogerty über die Entwicklung in der Band war. Craig Werner fasste das allgemeine Urteil über die Platte zusammen: „Pendulum ist wirklich kein schlechtes Album, aber es war einen langen Weg den Bayou hinab von Green River entfernt." Keiner der Titel reichte lyrisch an seine Kompositionen wie Proud Mary, Bad Moon Rising oder Fortunate Son heran. Und musikalisch orientierte sich Fogerty nicht nur an seinen Vorbildern wie Booker T. & The MGs oder den Beatles, er versuchte sogar, sie zu imitieren. Von „Booker T. styled organ" sprach Jon Landau. Hank Bordowitz zitiert Doug Clifford in seinem Buch „Bad Moon Rising": „‚Wir verehrten Booker T and the MG's', sagt Doug. ‚Wir haben eine Menge von ihnen gelernt. John wollte etwas machen, was eine Hammond beinhaltete. John war ein vieltalentierter Multiinstrumentalist. Ich habe es den MGs in meinem Wohnzimmer vorgespielt, bevor es erschienen ist. Ich hatte (MG-Bassist) Duck Dunn und (MG-Gitarrist) Steve Cropper bei mir zu Besuch. Sie waren sehr still, und ich sagte: Wie kommt es, dass ihr so still seid?' Sie sagten: Die Orgel klingt sehr nach uns.'"

1. Pagan Baby

Ein Rhythm'n'Blues, ein Boogie, ein Hardrock-Brett? Von allem ein bisschen. Inzwischen waren Led Zeppelin auf dem US-Markt angekommen, deren Whole Lotta Love in den „Billboard"-Charts sogar die Top 10 erreicht hatte. Das dritte Led-Zep-Album war erschienen, und der Fokus der Presse war neuerlich wieder auf eine englische Band gerichtet – weg von Creedence hin zu den Hardrockern. Das konnte nur die ohnehin zunehmende Tendenz Fogertys verstärken, sich auch mit modernen Strömungen auseinanderzusetzen. Das besungene Pagan Baby gehörte offensichtlich der hedonistischen Hippie-Szene an (die Bedeutung pagan = heidnisch ist hier nicht gemeint). Inhaltlich machte es keinen großen Unterschied zu Led Zeppelins „I'm gonna give you my love" und „Shake for me, girl", wenn John sang „Lay your love on me" und „Roll me, baby". Die eindeutigen sexuellen Avancen an das hedonistische Mädchen waren jedoch zu lässig vorgetragen, um wirklich verführerisch zu wirken. Auf Jon Landau („Rolling Stone") wirkte Pagan Baby wie eine „ziemlich lahme Imitation" früherer Creedence-Stücke.

Die Akkorde, E-Dur, A-Dur und D-Dur waren bei dem Stück ein bisschen angeordnet wie bei Buddy Hollys Peggy Sue oder aber eben auch einem beliebigen Muddy-Waters-Titel. Melodiös passierte bei Pagan Baby nicht viel. Der Titel lebte noch am ehesten von seinem jam-artigen Charakter, den er vor allem durch seine Dauer von über sechs Minuten erlangte. Aber der Song klang nach Creedence, war hervorragend abgemischt und machte neugierig auf das, was kommen würde. Pagan Baby entwickelte noch am meisten Sexappeal im Zusammenspiel mit Keep On Chooglin' – so wie es 1973 nach dem Ende von Creedence auf der Doppel-LP „Live In Europe" zu hören war. In dieser fast 14-minütigen Orgie ist dann schließlich mehr Erotik zu spüren als in allen vorangegangenen Songs von Creedence Clearwater Revival und auch in der späteren Solo-Karriere von John Fogerty.

2. Sailor's Lament

Nach I Heard It Through The Grapevine kamen bei diesem Titel neuerlich Percussion-Instrumente hinzu, die Doug Clifford als Overdubs eingespielt hatte. Obwohl die Komposition noch immer nicht wirklich komplex ist, kann man den musikalischen Aufbruch von John Fogerty in neue Gefilde, in eine andere Dimension, hier bereits deutlich hören. Viele Details, ob es ein wackliger Shaker auf dem linken Kanal ist oder ein ganzer Saxophon-Bläsersatz, ließen Sailor's Lament zu einem ungewohnten Hörerlebnis auf einer Creedence-Platte werden. Mit diesem Song nahm die Band Abschied von den sechziger Jahren. Sailor's Lament handelt inhaltlich von Glücksspielern, eine simple Geschichte im Matrosenmilieu. Dazu singt ein großer Chor, der klingt als seien auch Sängerinnen involviert, „Shame, it's a shame". Erst Jahrzehnte später nahm John Fogerty 2007 das Spieler-Thema auf seiner Solo-Platte „Revival" mit dem Broken Down Cowboy wieder auf.

Bei „Pendulum" gab es über die Jahrzehnte hinweg immer wieder Spekulationen, wer auf der Platte gespielt haben könnte. Es wurde gemutmaßt, Fogerty habe alles alleine eingespielt oder Booker T habe die Orgel gespielt. Der Frauenchor blieb ein Mysterium. Die Antwort auf all diese Vermutungen ist ganz einfach: Die Band hat wie bei allen vorigen Alben die Grundlage aus Bass, Schlagzeug und Gitarre gelegt. Das waren zu diesem Zeitpunkt noch Stu, Doug und Tom. Alles andere hat John Fogerty in mühsamer detailbesessener Kleinstarbeit hinzugefügt. Er hat den gesamten Chor inklusive der „Frauenstimmen" selber eingesungen, die Saxophone gespielt und Orgel dazu. Das war gewissermaßen schon die Vorbereitung seiner späteren Alleingänge.

„Pendulum" hätte Creedence' Aufbruch in die 1970er Jahre sein können und Sailor's Lament ein klingender Neustart. Doch trotz der großen Releaseparty hatten die Kritiker wohl keinen rechten Zugang zu dem neuen Konzept. Im „Goldmine"-Magazin von 1997 heißt es: „‚Pendulum' überragte das nächste Album ‚Mardi Gras' um Längen." Aber die Kritik geht über eine Beschreibung nicht hinaus. Der Kommentar zu Sailor's Lament: „Bei Sailor's Lament sind beispielsweise Saxophone eingearbeitet und was nach einem unaufdringlichen Synthesizer klingt." Eine echte Wertung fehlte auch 1997 noch. Sailor's Lament wurde in Deutschland und Frankreich zusammen mit Molina auch als Single ausgekoppelt.

3. Chameleon

Mit Chameleon unterstrich John Fogerty die Richtung, die er mit Sailor's Lament bereits eingeschlagen hatte. Statt mit lauten Gitarren eröffnet der Song mit einer Fanfare, gespielt von zwei oder mehr Saxophonen, die dann auch mal bläsersatzartig wie bei den Memphis Horns, mal einfach tragend und schließlich sogar als Soloinstrument den Sound dominieren. Woher die Inspiration kam, bemerkte auch „Goldmine" 1997: „‚Chameleon' eröffnet mit einem R 'n' B-Riff, das den Memphis Horns nachempfunden ist." Wie bei Long As I Can See The Light von „Cosmo's Factory" unterstützt ein Fender-Rhodes-E-Piano die Rhythmusgitarre und den Bass. Doug Clifford spielt einen treibenden, sehr geraden Rockbeat.

Inhaltlich ist Chameleon eine klassische Beziehungsgeschichte: Die angesprochene Person wechselt die Richtung und das Aussehen wie ein Chameleon. Stets wird die Realität des Sängers von seinem Gegenüber verdreht. Ein leeres Glas ist angeblich voll. Ein Dreieck soll ein Kreis sein. Aus heiß wird kalt. Eine frustrierende, fruchtlose Diskussion zwischen zwei Menschen, die zu keinem Einverständnis finden. „Peinlich" fand Jon Landau den Text, dem der Tiefgang fehlt. Ob John Fogerty hier die Krise in seiner Ehe im Blick hatte oder ob es der erste Song über seinen Bruder

Tom war, bleibt unklar. Tom hatte bis zur Fertigstellung von „Pendulum“ einen Schlingerkurs gefahren, Ansprüche auf mehr Beteiligung angemeldet, sich schließlich aber aus der Band ganz verabschiedet. Ins Live-Programm von Creedence haben es weder Sailor’s Lament noch Chameleon je geschafft, sicher wegen der ungewöhnlichen Instrumentierung, bestimmt wegen der neuen großen Bandbreite des Gesangs. Beide Titel waren wunderbar zum Tanzen geeignet, hätten aber eine personelle Erweiterung der Band nötig gemacht, dabei war die gerade im Begriff, sich zu dezimieren.

4. Have You Ever Seen The Rain (Billboard Platz 8)

„Dies ist CCRs am besten umgesetzter Song für das Autoradio. Sein heiteres Äußeres, lenkt uns von dem melancholischen Text ab. Er klingt so, wie es sich Dylan in seiner Country-Phase (1969 – 1974) gewünscht hätte, und wie Wilco an einem guten Tag klingen“, urteilte Timothy Gray in „Finding Fogerty“. Have You Ever Seen The Rain wurde als erste Single zusammen mit Hey Tonight ausgekoppelt. Auf „Pendulum“ spielt der Song eine herausragende Rolle, weil er als Komposition am ehesten an die vorausgehenden Alben anschließt. Die Metapher des Regens, die schon in Who’ll Stop The Rain verwendet wurde, legte den Vergleich beider Lieder nahe. Hatte John auf „Cosmo’s Factory“ noch den Bombenregen auf Vietnam thematisiert, wurde auf „Pendulum“ deutlich, wie weit er sich als Songwriter von seinen bisherigen Gedanken entfernt hatte. Jon Landau wertete das Stück denn auch als „persönliches Statement“, nicht etwa als gesellschaftlich relevanten Text. Ellen Willis entdeckte im Bild des Regens Fatalismus und Pessimismus.

Und da liegt tatsächlich der Schlüssel zum Verständnis: Creedence Clearwater Revival hatten den Gipfel des Erfolgs erklommen, waren die erfolgreichste Band der Welt. Insofern war es „ein sonniger Tag“. Der Regen, der die Stimmung drückte, bezog sich auf die Situation in der Band. Mittlerweile ist es gesicherte Meinung, dass John Fogerty Have You Ever Seen The Rain als Abschiedssong für seinen Bruder Tom komponiert hatte. Tom verließ damals die Band, angeblich, um mehr Zeit für seine Familie zu haben. In Wirklichkeit produzierte er bereits seine erste Single (Goodbye Media Man) und plante sein erstes Album. Regen-Songs haben in der amerikanischen Pop-Musik eine lange Tradition. Von Buddy Hollys Raining

In My Heart, Fats Dominos It Keeps Raining, über Crying In The Rain der Everly Brothers, It's Raining von Irma Thomas bis zu Mickey Newburys Rain-Songs und Anne Peebles' I Can't Stand The Rain – immer bedeuten die Regentropfen Tränen, das Unglück des Sängers.

Im 21. Jahrhundert präsentierte John Fogerty den Song bei seinen Live-Konzerten mehr als Ballade mit meteorologischem Bezug. Er sprach von seinem großen Glück, die Entdeckungsreise Leben mit seiner Tochter Kelsey teilen zu dürfen, die er in diesem Zusammenhang als seinen Regenbogen bezeichnete. Überhaupt tendierte Fogerty jetzt zu Kitsch. Unentwegt schrieb er großartige Ideen seiner neuen Frau Julie zu, die jetzt auch als Produzentin seiner Platten fungierte. Im Stil eines Schlagerstars überschritt er dabei häufig den Rahmen des guten Geschmacks, wenn er bei Konzerten das Mikro ins Publikum hielt und Have You Ever Seen The Rain fast komplett von der Menge singen ließ.

5. (Wish I Could) Hideaway

Die Metapher vom Regen taucht auch hier wieder auf, als Bild für eine unausweichliche Entwicklung. Trauer, Pessimismus, Fatalismus bestimmen den Ton der Ballade, die Jon Landau als „besten Song des Albums" bezeichnete, „vielleicht Creedence' erster Song, der wirklich von Liebe handelt". Für ihn ein "perfekter" Song. Ein getragenes Orgel-Intro, begleitet von Triolen auf der Hi-Hat, einem monotonen Bass, während sich allmählich das Tempo verringert. Es setzt eine kurze knackige Rhythmusgitarre ein, wie sie eher in Funk-Songs aus dieser Zeit bekannt ist. Dann beginnt John, über die Trennung von einem geliebten Menschen zu klagen. (Wish I Could) Hideaway vermittelt seine Vorahnung, wie es sein werde, wenn sein Bruder die Band verließe. John hört den Zug des Abreisenden, und er hofft auf eine Wiederbegegnung, „vielleicht schon morgen". War Have You Ever Seen The Rain noch eine verklausulierte Klage, so ist (Wish I Could) Hideaway ein ganz direktes und persönliches Abschiedslied. Nie hatte man Fogerty bis hierhin so klare und hohe Gesangslinien singen hören, selten so getragen. Die Qualität des Liedes macht auch die Ambivalenz des Textes aus, der sich sowohl auf die Stimmung in der auseinanderbrechenden Band bezieht, als auch wehmütigen Liebeskummer zum Ausdruck bringt. John hatte seine lyrische Inspiration wiedergefunden.

6. Born To Move

Nach dem introvertierten Hideaway mischt das Album die Stimmung mit einer extrovertierten, simplen Tanznummer auf: „have some fun". Orgel, Bass und Schlagzeug und Rhythmusgitarre treiben den Song an. Ein Bläsersatz wie von den Memphis Horns vervollständigt die Energie. Ab der Mitte von Born To Move entwickelt sich nach einem kurzen Gitarrensolo und der zweiten Strophe ein langer Instrumental-Part, zunächst gibt die Hi-Hat den Beat vor, der Bass kommt hinzu und während das Schlagzeug immer elaborierter arbeitet, legt sich die Orgel wie ein Teppich über den Beat. Gut vorstellbar, wie sich Anfang der 1970er Jahre damit wilde Tanzpartys abgespielt haben.

7. Hey Tonight (Billboard Platz 8)

„Mein Beatles-Song", so hat John Fogerty Hey Tonight häufig beschrieben. Der „New Musical Express" aus der Heimat der Fab Four, der der großen Party in der Factory über vier Seiten gewidmet hatte, hörte in dem Stück „einen Hauch des frühen Beatles-Sounds". Und auch John Lombardi bemerkte im „Rolling Stone" eine Ähnlichkeit: „‚Hey Tonight', der den Beatles ähnlichste Song, den Creedence je versucht haben (hört Euch ‚Hold Me Tight' von Hard Day's Night an)". Doch kann man zwar rhythmische Ähnlichkeiten finden, aber kaum im Gesang oder in der Struktur des Songs. Die treibende Gitarre erinnert eher an Fats Dominos hämmerndes Kalvier, und Fogertys Gesang ist eben Fogertys Gesang, und er hat hier seine Stimme sogar aufgedoppelt, so dass ein sehr voluminöses Klangspektrum entsteht. Das war eine Neuerung bei den Aufnahmen der Band.

Der Text, nun ja, der lässt nicht den geringsten Tiefgang erkennen. Creedence Clearwater reihen sich hier mit der Aufforderung, eine Party zu feiern, bei den kalifornischen Bands ein, die keine politische oder gesellschaftlich relevante Botschaft hatten. Eine klassische Single für die Jukebox, für einen Ausflug zum Strand. Die Beach Boys lassen grüßen. In der Bundesrepublik schaffte die Band damit ihre einzige Nummer 1. Das Single-Cover zeigte die vier auf ihren Motorrädern. Anders als beim Rest von „Pendulum" hat Fogerty im Studio auf eine außergewöhnliche Instrumentierung verzichtet – bis auf ein paar Takte Klavier. Das war aber auch schon zuvor bei Aufnahmen von Creedence zu hören.

8. It's Just A Thought

Und auch dieser sehr getragene Song kann als Ode an den Bruder Tom Fogerty verstanden werden, der die Band kurze Zeit später verlassen wird. Die Melancholie der Worte wird durch die dominante Orgel unterstrichen. Und John Fogerty scheint eine Vorahnung zu haben: „...eine schlechte Idee; dafür eine Erklärung zu finden wird ein Leben lang dauern." Schließlich nahm Tom Fogerty das Rätsel 1990 mit ins Grab. Zwar bedauert John das Geschehen, das er nicht erklären kann, aber von Selbstzweifeln ist er auch in diesem Song nicht geplagt.

9. Molina

Noch ein Hauruck-Song, diesmal mit Anleihen aus den 50er Jahren. Molina wirkt wie ein sehr moderates Remake von Travelin' Band. Und es ist auch sonst voller Zitate aus der damals jüngsten Musikgeschichte. So eröffnet das Stück mit einem mächtigen offenen Power-Akkord wie bei A Hard Days Night von den Beatles. Die Breaks in dem Titel mit seinem klassischen Rock 'n' Roll-Schema findet man in praktisch jedem Little-Richard-Titel, und der Text über das lockere Töchterchen des Bürgermeisters könnte auch von Chuck Berry stammen. Der pumpende Rhythmus entspricht dem von Hey Tonight. Nur das eher sanfte Saxophon-Solo passt nicht wirklich in den 50er-Jahre-Sound des Songs. Dazu fehlt der Schmutz im Ton. Molina wurde in Europa als A-Seite einer Single mit Sailor's Lament auf der Rückseite ausgekoppelt, und hinterließ kleinen Eindruck. Erst 1972 konnte es sich im Zuge eines Rock 'n' Roll-Revivals in den deutschen Charts auf Platz 32 positionieren. Das Cover zeigte die Band bei einem Live-Auftritt.

10. Rude Awakening #2

„Progressive Rock" nannte Jon Landau das Instrumental in seiner Kritik zu „Pendulum" im „Rolling Stone" – und einen „Fehler". Zum ersten Mal wäre es berechtigt gewesen, sich zu fragen, ob John Fogerty vielleicht doch Drogen nahm. Jedenfalls klingt der Song eher nach dem Lärm auf einem Rummelplatz als nach einer Komposition – eine echte Struktur ist nicht erkennbar. Der „New Musical Express" hörte darin eine „gargantueske Weltraum-Ouvertüre, die sich rasch entwickelt" zu „elektronischen Effekten... Dennoch ist es ein lobenswerter Versuch, der gelingt, wo andere scheitern".

Jon Landau hatte Recht. Auch in seiner Bewertung des „unbefriedigenden“ Albums: „Creedence waren gefangen in dem teuflischen Kreis, dem Publikum zu sehr gefallen zu wollen, das aber schon mehr von ihren Platten als von irgendjemand sonst kauft.“ John Fogerty pendelte mit diesem Album orientierungslos hin und her – mit dem Wunsch, Anerkennung für etwas Neues zu bekommen.

THE GREAT NEW RELEASE FROM THE "TRAVELIN' BAND"!

UP AROUND THE BEND c/w RUN THROUGH THE JUNGLE

by CREEDENCE CLEARWATER REVIVAL on (LIBERTY LBF 15354)

NOW AVAILABLE DE LUXE SHEET MUSIC ALBUM "CREEDENCE CLEARWATER REVIVAL"

WORDS AND MUSIC TO NO LESS THAN 21 GREAT "C.C.R." SONGS PLUS FULL COLOUR PHOTOGRAPHS! SEND ONLY 21/- + 1/4 p.p. TO:

BURLINGTON MUSIC CO. LTD. 9 Albert Embankment, London, S.E.1. Reliance 2692 & MALDEN 7507. Sole Selling Agents: Southern Music, 8 Denmark St., London, W.C.2

ublished by the IPC Magazine Limited, Fleetway House, Farringdon Street, London, E.C.4, at the recommended maximum price shown on the cover. Editorial and Advertisement Offices, 112 Strand, London, WC2R OAN. Printed in England by Ott ewspapers, Colchester, Essex. Registered at the G.P.O. as a newspaper. Sole Agents: Australia and New Zealand, Gordon & Gotch (A/sia) Ltd.; South Africa, Central News Agency Ltd.; Rhodesia and Zambia, Kingstons Ltd.; East Africa Stationery & Office Supplies Ltd. Subscription rate including postage for one year to any part of the world, £2 19s.

ANOTHER GREAT "CCR" RELEASE!

SWEET HITCH-HIKER

Recorded by CREEDENCE CLEARWATER REVIVAL on UNITED ARTISTS UP 35261

BURLINGTON MUSIC COMPANY LIMITED 9 Albert Embankment, London, S.E.1. 01-735 2692 & 01-942 7507 Sole Selling Agents: Music Sales Co., 78 Newman St., London W.C.1

Published by IPC Magazines Limited, Fleetway House, Farringdon Street, London, E.C.4, at the recommended maximum price shown on the cover. Editorial and Advertisement Offices, 128 Long Acre, W.C.2. OAN. Printed in England by Q Newspapers, Colchester, Essex. Registered at the G.P.O. as a newspaper. Sole Agents: Australia and New Zealand, Gordon & Gotch (A/sia) Ltd.; South Africa, Central News Agency Ltd.; Rhodesia and Zambia, Kingstons Ltd.; East Afric Stationery & Office Supplies Ltd. Subscription rate, including postage, for one year throughout the world £2.50 (£2.10.0). Dollar rate: U.S. $9.00. Send orders with payment to IPC Magazines Ltd. Tower House, Southampton Street, London, WC2E 9Q

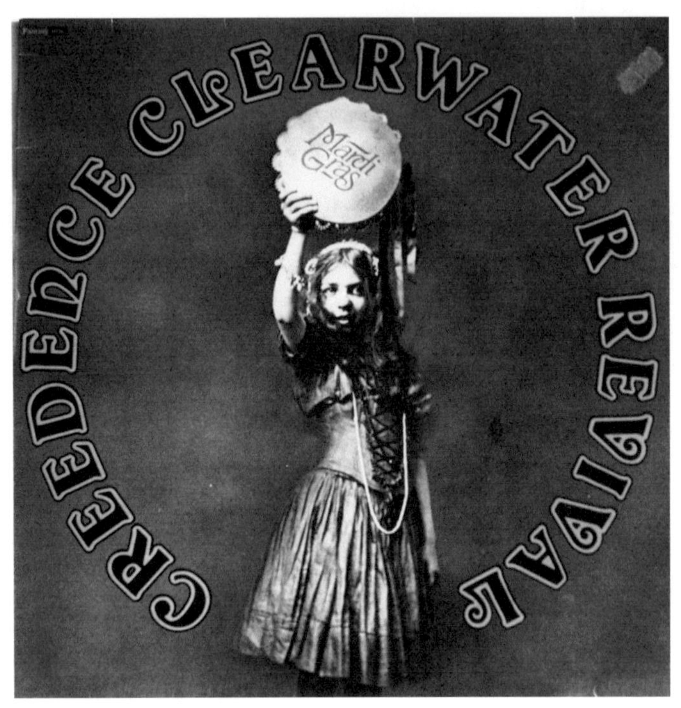
CREEDENCE CLEARWATER REVIVAL
Mardi Gras

Mardi Gras (Billboard Platz 12)

Das Album ist teilweise bei Wally Heider in San Francisco und teilweise im Studio C bei Fantasy in Berkeley aufgenommen worden und ist im April 1972 erschienen.

1. Lookin' For A Reason 3:28 – (John Fogerty)

2. Take It Like A Friend 3:00 – (Stu Cook)

3. Need Someone To Hold 3:00 – (Stu Cook/Doug Clifford)

4. Tearin' Up The Country 2:14 – (Doug Clifford)

5. Someday Never Comes 4:01 – (John Fogerty)

6. What Are You Gonna Do 2:53 – (Doug Clifford)

7. Sail Away 2:29 – (Stu Cook)

8. Hello Mary Lou 2:14 – (Pitney/Mangiaracina)

9. Door To Door 2:09 – (Stu Cook)

10. Sweet Hitch-Hiker 2:59 – (John Fogerty)

Das Trio Creedence Clearwater Revival musste sich nach Tom Fogertys Weggang neu sortieren. Eine geplante dreimonatige Tournee im Frühjahr 1971 wurde abgesagt. Es gab sogar Überlegungen, ob Donald „Duck" Dunn zukünftig den Bass spielen sollte und Stu Cook an die Rhythmusgitarre wechseln würde. Die Band beschloss aber, lieber als Trio weitermachen zu wollen. Zunächst machten die übriggebliebenen Bandmitglieder Urlaub, und dann begannen sie mit eigenen Projekten: Stu Cook komponierte die Filmmusik zu einem Hollywood-Streifen namens „The Museum" und reiste nach England, um dort die Band Clover mit Mitgliedern wie Huey Lewis, John McFee und Jeff Porcaro zu produzieren. Doug Clifford spielte auf dem Album „This House“ des Folksängers Mark Spoelstra, das er auch produzierte. Da waren dann auch Bassist Duck Dunn, Stu Cook als Rhythmusgitarrist und Russ Gary als Engineer beteiligt. John nahm Flugstunden, baute sich ein Homestudio und begann auch schon mit der Arbeit an seinem ersten Soloalbum „The Blue Ridge Rangers“, einer Sammlung von Country-Cover-Songs.

Noch war die Single Have You Ever Seen The Rain/Hey Tonight in den Charts. Aber es sah so aus, als könnten erstmalig seit 1969 Charts ohne Creedence-Notierung erscheinen. Und die Wahrscheinlichkeit, dass die Band allmählich in Vergessenheit geraten könne, war groß, oder dass nach Toms Weggang sich auch die übrigen drei trennen würden. Das TV-Special, das die Band als Quartett zeigte, hatte jetzt nur noch nostalgischen Wert. Darüberhinaus gab es rechtliche Probleme mit der Produktionsfirma des Films, die zwischenzeitlich verkauft worden war. Die neuen Eigentümer wollten das Special unbedingt zeigen, was Creedence gerne verhindert hätten. Im Juni wurde es von ein paar kleinen Fernsehstationen gesendet. Im Frühjahr ging die Band mit zwei neuen Titeln ins Studio, Vorboten der neuen Demokratie: Johns Sweet Hitch-Hiker und Stu Cooks Door To Door, bei dem Stu erstmalig auf einer Creedence-Platte sang. Die Aufnahmen dauerten alles in allem drei Tage, und das Trio bereitete sich parallel dazu darauf vor zu touren.

Am 4. Juli 1971 war die Band für ein Abschiedskonzert des Fillmore West gebucht, als Bill Graham seine Komzerthalle schloss. Mit dabei waren Santana und Tower Of Power. Im Fillmore stand auch Stu Cook zum ersten Mal mit seinem Song Door To Door am Mikrofon: „Ich sang Door To Door zwischen It Came Out Of The Sky und Travelin’ Band. Ein schwieriger Titel, nach dem ich sang, und ein noch härterer, vor dem ich singen musste.“ Sechs Tage später begann in Chicago die erste US-Tour des Trios vor gut 8 500 Zuschauern. Tower Of Power und Bo Diddley eröffneten die 19 Shows. Creedence hatten sich einen Learjet gekauft, damit sie nach dem Auftritt nicht in einen Tourbus steigen mussten. Der Jet wurde „Mondo Bizarro“ getauft. Die Kritiker waren sich vor allem in einem einig: Tom Fogerty fehlte nicht!

Sweet Hitch-Hiker erklomm die Charts in den USA und in England. Jetzt stand Europa auf dem Tourplan. Neun Stationen waren geplant, und nach den beiden Auftaktkonzerten am 1. September 1971 in Manchester fuhr die Band nach Kopenhagen, wo John seine Freundin Lucy traf, die er auf der vorigen Europatournee kennengelernt hatte. Seine Beziehung zu seiner Frau Martha war inzwischen zerrüttet, und er war aus dem gemeinsamen Haushalt ausgezogen. Erst am 10. September folgten zwei weitere Shows in Amsterdam. Nächste Station: Deutschland mit zwei Konzerten am 13. September in Frankfurt, einem am 15. in Berlin und am 17. in der Hamburger Ernst-Merck-Halle. In der Hamburger Morgenpost schrieb Rüdiger Bloemeke unter der Überschrift „Fans feierten Rock 'n' Roll" über das Erlebnis: „This is a rock 'n' roll-show', brüllte ‚C.C.R'-Sänger John Fogerty in die begeisterte Menge, als die Stars des Abends endlich erschienen. Dann rockten Fogerty, Baß-Gitarrist Cook und Drummer Clifford eine Stunde lang durch die Hits, die sie berühmt machten: ‚Proud Mary', ‚Bad Moon Rising', ‚Green River' und ‚Hey Tonight'. Daß Fogertys Bruder Tom fehlte – er machte sich im Februar selbständig – fiel gar nicht auf."

Nach zwei großartigen Abschlusskonzerten in der Royal Albert Hall in London endete die Europa-Tournee. Es folgte noch eine Show in Honolulu, wo die Band auch gleich zwei Wochen Urlaub machte. Dann spielten sie im Oktober noch fünf Shows an der Westküste und beendeten die Tour vor 13 000 begeisterten Fans im Oakland Coliseum. Die ganze Tournee war ein riesiger Erfolg, und Creedence hatten endlich auch in Europa die Beatles vom Pop-Thron gestoßen. Jetzt sollten die Arbeiten am neuen Album folgen. Das Cover-Foto, das John, Doug und Stu in einer demokratischen Entscheidung ausgesucht hatten, ließ erkennen, wie weit sich Creedence von den vorhergehenden Alben entfernte. Von der ersten LP an, die die vier kostümiert in Bürgerkriegs-Uniformen zeigte, waren immer Fotos der Band auf die Hüllen gedruckt worden. Bei „Green River", „Willy And The Poorboys" und „Cosmo's Factory" entsprachen die Aufnahmen am ehesten dem Platten-Titel. Für „Bayou Country" wurde ein verfremdetes Foto verwendet, für „Pendulum" eine Montage der vier Porträts. Jetzt aber einigte man sich auf ein Symbolbild. Manager Jake Rohrer erlebte die Entstehungsgeschichte des Cover-Bildes mit. Seine Schwester hatte alte Familienfotos coloriert und das Motiv der Band gezeigt. Rohrer: „Das Bild zeigt die Großtante oder Großmutter meiner Mutter." Sie war in einem historischen Südstaatenkleid abgebildet und hielt einen Tamburin mit der Aufschrift „Mardi Gras“ in der Hand. Stu Cook sah darin eine „subtile Anspielung auf unser ‚Swamp Rock’-Etikett, das uns anhaftete, New Orleans, Bayous etc.“. Die Musik auf der Platte entsprach dem allerdings in keiner Weise.

Tom Fogerty hatte inzwischen seine erste Solo-Single Good-bye Media Man veröffentlicht. Merl Saunders begleitete an der Hammond Orgel und Bill Vitt am Schlagzeug. Ein 10-minütiges Video als „Making Of“ mit einer Reihe von Filmsequenzen, die auch außerhalb des Studios gedreht waren, wurde von Fantasy produziert. Die Single floppte, und Kritiker Robert Christgau höhnte: „‚Good-bye Media Man’, Tom Fogertys erste Single als Solokünstler, ist musikalisch nicht außergewöhnlich, textlich simpel und Tom singt nicht allzu gut. Teil II ist besser als Teil I, wenn sie es zufällig in einer Jukebox in Lodi finden; er ist kürzer und hat weniger Gesang.“ Vernichtend! Brutal formulierte auch „Billboard“ im November Toms Bedeutung als Musiker im Vergleich mit seiner alten Band: „Ich wünsche Tom Fogerty nur das Beste, aber es ist eine Tatsache, dass Creedence Clearwater Revival ohne Tom als Trio besser klingen.“ Tatsache ist aber auch, dass Creedence ohne Tom auf dem Album „Mardis Gras“ enttäuschend klangen. Das lag allerdings nicht an Toms Abwesenheit. Craig Werner sah den Grund in den Demokratie-Bestrebungen von Doug und Stu: „Die Probleme mit ‚Mardi Gras’ erwachsen direkt aus Fogertys Verzicht auf die kreative Kontrolle.“ John selber nahm auch kein Blatt vor den Mund. Dem „Melody Maker“-Reporter Todd Tolces erläuterte er: „Bei ‚Mardi Gras’ haben wir alle abwechselnd produziert, und das Ergebnis zählt nicht zu meinen Favoriten. Zu viele Köche verderben den Brei... Drei musikalische Direktoren in einer Band mit drei Mitgliedern, das funktioniert nicht.“

„In der Zukunft wird man sich an ‚Mardi Gras’ als Fogertys Rache erinnern“, ätzte Jon Landau, späterer Produzent von Bruce-Springsteen, im „Rolling Stone“ im Mai 1972 über das Ergebnis der Demokratie-Bewegung in der Band Creedence Clearwater Revival. Und Landau wurde noch konkreter: „Drei Titel von Bassist Stu Cook sind so schlecht, dass sie als beleidigend gewertet werden können.“ Und: „Doug Clifford macht es etwas besser … Sein ‚What Are You Gonna Do’ ist hörbar genug, und man fragt sich, wie gut der Song hätte sein können, hätte ihn jemand mit einer guten Stimme und einer unverwechselbaren Herangehensweise gesungen – jemand wie Fogerty selbst." Während Stu Cook und Doug Clifford fortan behaupteten, John Fogerty habe ihnen ein Ultimatum gestellt, entweder jeder trage ein Drittel zu „Mardi Gras" bei oder er höre auf, verwies Fogerty auf die zuvor in der Presse erschienenen Artikel, in denen Stu und Doug jeweils ihren künstlerischen Anspruch verkündet hatten. Beide hatten dem „New Musical Express" von ihren Selbstverwirklichungs-Ideen erzählt, und Stu hatte ja bereits anlässlich Door To Door gesagt: „John schlug vor, dass ich den Song singen solle, und ich war froh, denn ich hatte es immer im Hinterkopf, ihn singen zu wollen." Natürlich hatte hatte Fogerty kein Interesse daran, noch mit seiner Stimme in seinen Augen minderwertige Song zu retten.

Jon Landau schloss seine Kritik im „Rolling Stone" mit den Worten: „Das Ergebnis ist, berücksichtigt man den erreichten Qualitäts-Level der Band, das schlimmste Album, das ich je von einer der führenden Rockbands gehört habe."

1. Lookin' For A Reason

John Fogerty war bei seiner Frau Martha und den Kindern ausgezogen, hatte sich der Öffentlichkeit und den Medien, soweit es ging entzogen, sich ein kleines Studio eingerichtet und begonnen, an einem Projekt zu arbeiten, das ihn schon eine Weile beschäftigt hatte: eine Soloplatte mit Country-Stücken. Das färbte auf den Eröffnungs-Song von „Mardi Gras" ab, der mit Pedal-Steel-Gitarre ein echtes Country-Feeling vermittelt. Wie schon drei Titel auf der vorangegangenen Platte ließ auch die Deutung von Looking For A Reason Selbstreferenzen erkennen, die doppeldeutig interpretiert werden konnten: Zum einen ließ sich der Song auf das Scheitern seiner Ehe beziehen, zum anderen aber auch auf das Auseinanderbrechen seiner Band. „Ich suche nach einem Grund zu bleiben", heißt es da, und dann folgt die bittere Erkenntnis, einem Tagtraum erlegen gewesen zu sein. Im Fogerty-Kanon war das eher ein mittelmäßiges Stück und sicherlich kein idealer Titel, um ein Album zu eröffnen. Bis auf den erstmaligen Einsatz einer Pedal Steel hatte es keine besondere musikalische Qualität. Es fehlte die Energie, die sonst die Musik von Creedence Clearwater ausmachte.

2. Take It Like A Friend

Schlicht, sehr schlicht! Stu Cooks Stimme bricht, während er angestrengt unverständlich und zugleich unverblümt seine Anklage gegen John Fogerty vorbringt – er solle doch weichen und jemand anderem eine Chance einräumen. Der Mix ist so angelegt, dass sowohl Schlagzeug als auch Bass gleichwertig neben der von Fogerty gespielten Rhythmusgitarre stehen. Die Leadgitarre von Stu Cook ist nicht zielführend, aber angeblich hat John sich ja auch geweigert sie zu spielen oder gar für Stu zu singen. Allerdings bleibt die Frage, ob es diesen Song hätte verbessern können.

3. Need Someone To Hold

Doug Clifford und Stu Cook haben diesen Titel gemeinsam erarbeitet, Doug hat ihn gesungen und Stu die Backing-Vocals beigesteuert. Der Text scheint vom Tourleben mit der Band zu handeln, von den einsamen Momenten, in denen sich der Musiker verloren fühlt, wenn er morgens in sein Hotelzimmer zurückkehrt. Vielleicht soll es auch wieder eine Klage gegen John sein, aber eindeutig ist hier nur neuerlich die Belanglosigkeit. Inhaltlich an Rainy Night In Georgia angelehnt, das Tony Joe White während der Tournee mit der Band gesungen hatte, reichen jedoch weder Melodie noch Gesang an Whites Hit heran. Im Hintergrund plätschert das Klavier, scharf, vielleicht zu scharf hackt John die Rhythmusgitarre, die Leadgitarre von Stu ist hübsch, aber ohne Idee.

4. Tearin' Up The Country

Doug Clifford gelang der fröhlichste und unbeschwerteste Titel von „Mardi Gras". Zwar ist sein Gesang nicht wirklich gut, aber zumindest ist es das Thema: die Beschreibung der Konfliktsituation eines angehenden Musikers mit den Eltern, die wollen, dass man etwas „Anständiges" wird und zur Schule geht. Der Aufnahmeleiter Russ Gary berichtet: „Ich meine John hat das Solo auf ‚Tearin' Up The Country', Dougs Lied, gespielt." Und so schwingt diese Country-Musik-Nummer mit Wechselbass und treibendem Rumtata-Schlagzeug so gut, dass sie es auf die Rückseite der Single Someday Never Comes geschafft hat, die zeitgleich mit der LP erschien. Tearin' Up The Country hätte den Vergleich zu einem Ringo-Starr-Titel auf einer Beatles-LP nicht scheuen müssen, besser war er aber keinesfalls.

5. Someday Never Comes (Billboard Platz 25)
Das Highlight auf „Mardi Gras"! Fogerty rekapitulierte eine Analogie aus seiner Kindheit und aus dem Leben seiner Kinder: Der Vater hatte die Familie verlassen und versprochen, dass die Kinder es eines Tages verstehen würden. Nun hatte Fogerty selber seine Familie verlassen. „Der Song war für Josh", erzählte Jake Rohrer, „John und Martha hatten sich entfremdet und lebten getrennt, als das zwischen John und Lucy lief. John kämpfte mit sich." Passend zur insgesamt eher melancholischen Abschiedsstimmung von „Mardi Gras" hob sich der Song dennoch wohltuend musikalisch ab, auch wenn Jon Landau das in seiner Kritik anders sah: „‚Someday Never Comes' ist der einzige hinreichend befriedigende Song des Albums, ein guter Song, der unter einem langweiligen und phantasielosen Arrangement leidet." Stu Cook sagte: „Ich fand immer, dass ‚Someday Never Comes' Johns bester Song war. Er hat mich zu Tränen gerührt." Und Doug Clifford befand: „Es war ein sehr, sehr tiefgründiger Song. Es war der persönlichste Song, den John jemals geschrieben hat. Ich finde es ist ein wunderschöner Song, der nie die gebotene Beachtung gefunden hat, weil das Album so merkwürdig war."

Zum ersten Mal hörte man Fogerty mit echtem Fingerpicking. 2013 hat er den Song mit der Band The Dawes neuerlich für sein Album „Wrote A Song For Everyone" aufgenommen, und die Aufnahme wirkt erheblich lebendiger. Im Booklet dazu schrieb Fogerty über das Stück: „Als ich diesen Song geschrieben habe, war mein Leben ziemlich chaotisch. Mir war klar, dass meine Ehe zerbrechen würde. Meine Band fiel auseinander. Ich begann die Dunkelheit zu sehen, die Fantasy Records bedeutete. Dieser Titel war von der Trennung meiner Eltern inspiriert, als ich noch ein kleiner Junge war und davon, welche Wirkung das auf mich hatte. Damals haben sie mir gesagt: ‚Eines Tages wirst du verstehen.' Die Wahrheit ist, dass das niemals passiert, und als Elternteil stand ich vor derselben Situation. Die Ironie war schmerzhaft und unausweichlich."

6. What Are You Gonna Do
Will die Liebste zurück zur Mutter? Egal! Ein öder, durch und durch überflüssiger Song aus der Feder Doug Cliffords, der nichts mit Creedence zu tun hatte, höchstens mit dem „Ultimatum" John Fogertys an seine Band-

kollegen. Einer von Millionen Songs über eine Trennungssituation, der hundertfach gehörte Phrasen wiederkäut.

7. Sail Away

Wäre Stu Cooks Gesang nicht so fürchterlich, hätte dies fast ein guter Song werden können. Allerdings war Sail Away auch eins der Stücke mit direktem Bezug zum Zerwürfnis in der Band. Stu besang den Kapitän zur See, der Befehle bellte, die nur er hörte. Zugleich war es sein Plan, vom Rest des Lebens weg zu segeln. „Fogerty hat mir mal gesagt, dass er ‚Sail Away' wirklich mochte", behauptete Stu Cook einst belustigt, und zumindest der Titel hatte es Fogerty wohl angetan, denn 1986 verwendete er ihn als Abschlusssong seines Albums „Eye Of The Zombie". Allerdings handelte es sich hier um einen völlig anderes Stück, das eher nach einer Weltraumvision klang. Aber bei Stu Cooks Sail Away gab es interessante Elemente wie etwa die Slide-Gitarre, die sich Cook dem eigenen Bekunden nach extra beigebracht hatte, sowie ein Gitarrensolo, das fast gleichlautend 2007 bei John Fogertys Song Don't You Wish It Was True wieder auftauchte.

8. Hello Mary Lou

Eine tiefe Verneigung vor Ricky Nelson, einem der großen Helden John Fogertys, mit dem er 1985 sogar noch ein Album zu produzieren plante, bevor Nelson bei einem Flugzeugabsturz im selben Jahr ums Leben kam. 1961 hatte Ricky Nelson mit seiner Version des Titels aus der Feder von Gene Pitney einen großen Charterfolg gehabt. Besonders eindrucksvoll: das Rockabilly-Chicken-Picking-Gitarrensolo von James Burton. Offensichtlich wollte John nun beweisen, dass auch er dieses Gitarrensolo spielen konnte, und so kopierte er den ganzen Nelson-Song Ton für Ton. Allerdings war das Tempo bei Creedence leicht angezogen, und alles, was bei Nelson swingte und rollte, war bei Creedence glatt gebügelt. Fogerty hatte das Solo zu Tode perfektioniert, und sein Gesang verschwand in einem Hallraum. Außerdem mussten ja in der neuen Demokratie Bass und Schlagzeug genauso laut sein wie Leadgitarre und Gesang. Hello Mary Lou war zwar einer der wenigen Lichtblicke auf „Mardi Gras", reichte aber in keiner Weise an die Vorgabe von Ricky Nelson heran. Eher war es ein Vorbote für das, was Fogerty auch in Zukunft immer wieder betreiben sollte: rasenden Perfektionismus.

Jon Landau im „Rolling Stone“: „Die Cover-Version von ‚Hello Mary Lou‘ ist eine der lächerlichsten, die er (Fogerty) je versucht hat. Sein Versuch, James Burtons hervorragenden Gitarrenritt aus Ricky Nelsons Original zu kopieren, war hoffnungsloser Pfusch.“

9. Door To Door

Bereits zum Auftakt der Europatournee im Juli 1971 war Stu Cooks Song als Rückseite der Single Sweet Hitch-Hiker erschienen. Stu war froh, seinen eigenen Song selber singen zu dürfen, den er aus den Erfahrungen seines Freundes Doug Clifford als „Tür-zu-Tür“-Vertreter komponiert hatte. Er war vermutlich der Einzige, der darüber glücklich war, denn seine Stimme konnte dem Vergleich mit Johns nicht standhalten. Zu dem Text ergänzte Stu Cook damals stolz: „Andere Teile der Inspiration waren obskur: Die Phrase ‚wenn man es locker gefaltet benutzt‘ stammte von der Produktinformation zu Reinigungstüchern für Kodak-Linsen... Der Text ist voller mystischer Enthüllung und sexueller Anspielung.“ Später, als Stu bei einem Konzert im Hamburger Stadtpark vom Autor gefragt wurde, warum die Neuformation Creedence Clearwater Revisited den Song nicht auch spielten, antwortete Cook nur, dass das ja keine glücklichen Zeiten gewesen seien. Vielleicht war ihm zwischenzeitlich bewusst geworden, wie wenig seine Selbsteinschätzung dem allgemeinen Qualitätsanspruch entsprach. Das Gitarrensolo auf dem Song stammte von John, der sich also nicht geweigert hatte, diese Aufgabe zu übernehmen, wie Stu immer behauptet hatte. Doch das alles rettete den Titel nicht.

10. Sweet Hitch-Hiker (Billboard Platz 6)

John Fogerty als Motorrad-Rocker – das war sicherlich der energiegeladenste Song des Albums. Die Single hatte ihren Zenit in den Charts bereits überschritten, als „Mardi Gras“ im Mai 1972, also fast zehn Monate später, erschien. Offensichtlich geht es darin um die Erlebnisse eines Motorradfahrers, der eine schöne Anhalterin am Straßenrand sieht, aber letztendlich ist der Text nichtssagend. Ein offizielles Live-Video zu Sweet Hitch-Hiker zeigte John im Leisure Suit mit Stetson, begleitet von Doug und Stu als Trio, wie auf der Tour. Dazwischen waren Szenen geschnitten, in denen mal John auf seinem Motorrad zu sehen war, dann Frauen auf Motorrädern und Doug als Sozius auf Johns Honda. Die Straßenszenen wirkten wie vom Motorrad aus gefilmt.

Jon Landau hatte auch für Sweet Hitch-Hiker nur vernichtende Worte: „‚Sweet Hitch-Hiker' wird von der Steifheit versaut, die so charakteristisch für die späteren Creedence seit Willy And The Poor Boys ist." In Deutschland gelang der Band damit die letzte Top-10-Notierung. Die Single-Hülle zeigte das Trio vor einer Adler-Skulptur.

Zwischen den Aufnahmen und der Veröffentlichung von „Mardi Gras" waren Creedence noch einmal auf Tour gegangen. In ausverkauften Hallen spielten sie vor einem begeisterten Publikum in Australien und Japan. Und direkt im Anschluss an „Mardi Gras" war eine sechswöchige US-Tour geplant. Die Kritik aus dem „Rolling Stone" prallte zwar an Fogerty ab, aber die Band musste nun zu Johns Entsetzen auch ihr neues Material vorstellen: „Das einzige was schlimmer war, war auf Tour zu gehen und diese Songs live zu spielen. Das Publikum hat das gemerkt. Wir waren so schlecht, dass das Publikum anfing, uns mit Geld zu bewerfen. Ich mache keine Witze. Ich habe noch immer eine Quarter-Münze von der Show aus Denver. Doug sang, was immer er sang, und ich wurde beworfen. Ich fühlte mich selber auch so, als wollte ich mit Geld werfen."

Am 22. Mai 1972 spielten Creedence Clearwater Revival ihr letztes Konzert in Denver, Colorado. Dann war die Band Geschichte.

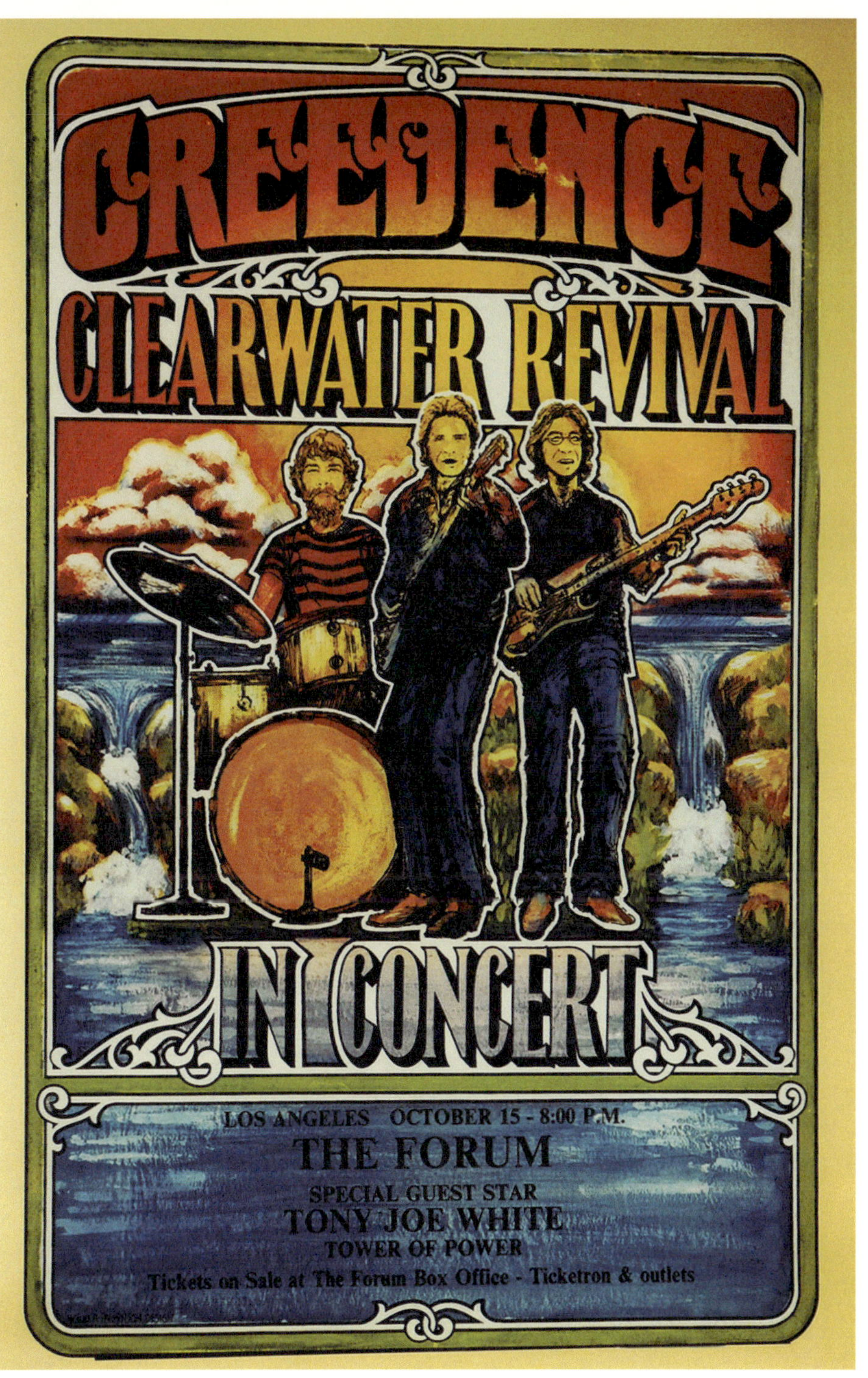
CREEDENCE
CLEARWATER REVIVAL
IN CONCERT
LOS ANGELES OCTOBER 15 - 8:00 P.M.
THE FORUM
SPECIAL GUEST STAR
TONY JOE WHITE
TOWER OF POWER
Tickets on Sale at The Forum Box Office - Ticketron & outlets

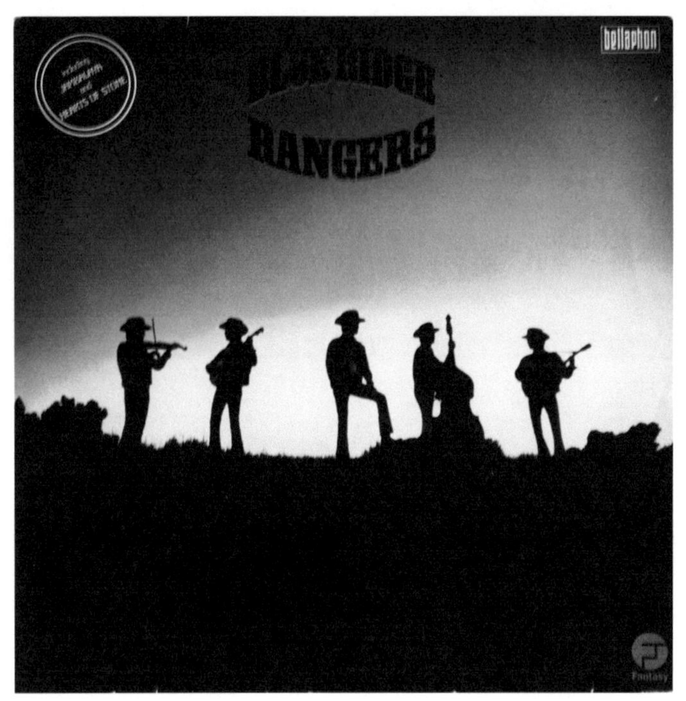
bellaphon
RANGERS
Fantasy

The Blue Ridge Rangers (Billboard Platz 47)

Aufgenommen im Studio A bei Fantasy in Berkeley 1972

1. Blue Ridge Mountain Blues 2:30 – (Traditional)

2. Somewhere Listening (For My Name) 2:39 (Archie Brownlee)

3. You're The Reason 3:31 (Edwards/Henley/Imes/Fell)

4. Jambalaya (On The Bayou) 3:13 (Hank Williams)

5. She Thinks I Still Care 2:55 (Lipscomb/Duffy)

6. California Blues (Blue Yodel # 4) 3:04 (Jimmie Rodgers)

7. Workin' On A Building 4:35 (Traditional)

8. Please Help Me, I'm Falling 2:48 (Don Robertson/Hal Blair)

9. Have Thine Own Way, Lord 2:59 (Stebbins/Pollard)

10. I Ain't Never 2:51 (Mel Tillis/Webb Pierce)

11. Hearts Of Stone 2:10 (Ray/Jackson)

12. Today I Started Loving You Again 3:17 (Merle Haggard/Bonnie Owens)

Es sollte ein Neustart werden, frei von lähmenden Diskussionen mit den Band-Mitgliedern, ohne ständigen Rechtfertigungszwang. Er würde niemandem mehr sagen müssen, wie der sein Instrument zu spielen habe. Denn John Fogerty hatte wie besessen daran gearbeitet, alle Instrumente, die er für seine Aufnahmen brauchte, selber zu erlernen. Da war zunächst die Pedal-Steel-Gitarre, mit der er schon 1971 auf Tournee mit Tony Joe White nach den Konzerten im Hotel Country-Songs gespielt hatte. Hinzu kam das Banjo, das er – ebenfalls auf Tournee – in Asien eingeübt hatte. Klavier und Saxophon hatte er ja schon vorher im Studio eingesetzt. Tuba und Kornett kamen hinzu. Am schwierigsten fand er, einigermaßen gut Country-Fiddle zu beherrschen. Jetzt würde er für seine erste Solo-Platte alle Instrumente selber spielen. Blieb nur die Frage: bei welchen Songs? Er hatte seit „Mardi Gras“ nichts Neues geschrieben, war dazu auch nicht in der Lage. Toms Ausstieg, die nervigen Szenen mit Doug und Stu hatten ihn erschöpft. Ehe er selbst so etwas Kritikwürdiges wie das letzte Album noch einmal produzieren würde, griff er lieber auf Vorhandenes zurück.

Dass er ausgerechnet Country-Musik wählen würde, entspricht nicht gerade dem Bild, das man in Deutschland von einem Rock-Musiker hat. In Amerika aber gibt es, zumindest in Musiker-Kreisen, solche Vorbehalte nicht. John Fogerty war mit Rock ’n’ Roll, Rockabilly, Blues, Folk und Country aufgewachsen. Dass er ein Faible für Country-Musik hatte, kam zwar immer mal zum Vorschein, zum Beispiel bei seiner Version von Cotton Fields. An diese Idee der Verbindung von Country-Elementen mit rockgeprägter Interpretation knüpfte er jetzt an. „Ich wollte sie mit den Augen eines Rock ’n’ Rollers arrangieren.“ Allerdings kam er mit dem Richtungswechsel im Jahr 1972 in der Pop-Welt als Nachzügler an. Seit Ray Charles in den 60er Jahren seine „Modern Sounds In Country And Western Music“ veröffentlicht hatte, gehörte es schon bald zum guten Ton, den Katalog der Country-Musik auszubeuten. Sogar Crooner wie Dean Martin fügten ihrem Namen jetzt ein „Texas“ hinzu, setzten sich einen Stetson auf und interpretierten Don Gibson, Jim Reeves und Hank Williams auf ihre Weise. Auch die junge Generation entdeckte den Reiz der Musik aus Nashville. Bob Dylan, The Band, The Byrds und Gram Parsons mit den Flying Burrito Brothers werteten den alten Kanon mit modernen Interpretationen auf oder spielten wie Ringo Starr neue Kompositionen ein. Das war alles vor „The Blue Ridge Rangers“.

Umso erstaunlicher wirkte John Fogertys Kehrtwende: Ihm kam es gerade darauf an, dicht an den Originalen zu bleiben. Das entsprach derselben Methode, mit der er bei Creedence die Rock ’n’ Roll- und Rockabilly-Stücke wiederbelebt hatte. Damals hatte er sich gegen den Strom der aktuellen

Pop-Musik über ein Jahrzehnt zurückorientiert. Auch diesmal stemmte er sich deutlich gegen den Trend der Zeit und holte Songs wieder ans Tageslicht, die zum großen Teil schon Jahrzehnte in den Archiven begraben lagen. Vergleichbares machte damals nur die Nitty Gritty Dirt Band, die allerdings für ihr Album „Will The Circle Be Unbroken" einige Größen aus Nashville mit ins Studio geholt hatten. Dem „Melody-Maker" erläuterte John Fogerty seine Sicht: „Die meisten Bluegrass-Aufnahmen wurden vor 20 Jahren gemacht, aber sie machen mich heute noch genauso an, wie es Jerry Lees Whole Lotta Shakin' tat." Im selben Interview gab er Einblick in seine Seelenlage, die ihn nichts Eigenes schreiben ließ: „Ich hatte eine Menge Probleme, ich war ein bisschen verwirrt oder so, und ich konnte mich nicht konzentrieren. Ich konnte die Dinge nicht so hinkriegen, wie ich es wollte, und in gewisser Weise verlor ich den Zugang zu meinem musikalischen Vokabular."

Dafür fand er den Zugang zu Kompositionen, deren Wurzeln bis in die 20er Jahre zurückgingen. Sein Manager Jake Rohrer erinnerte sich: „Er schickte mich in die Bibliothek der Universität Berkeley, damit ich versuchen sollte herauszufinden, woher diese alten Songs alle kommen, so zum Beispiel als er Have Thine Own Way aufnehmen wollte... John verliebte sich geradezu in Jimmie Rodgers, Hank Williams. Er war tatsächlich an all diesen traditionellen Wurzeln interessiert." Unter den ausgewählten Stücken seiner Solo-LP fanden sich Gospels, deren Herkunft als „Traditional" angegeben wird, und Titel von Jimmie Rodgers und Hank Williams. Heute werden Alben mit derartiger Rückbesinnung unter Roots oder Americana eingeordnet. Dass John Fogerty diesen Hintergrund hatte, lag vor allem an dem Einfluss seiner Mutter in seiner frühen Jugend. Aber daraus hatte sich auch sein eigenes Interesse an Country-Musik entwickelt, das ihn als Teenager prägte. Zu der Zeit standen noch Rock 'n' Roll-Platten und Country-Scheiben nebeneinander in den Jukeboxes, und Country-Sänger wie Webb Pierce („I Ain't Never") orientierten sich am Rock 'n' Roll, um zeitgemäß zu bleiben.

Wie andere Jugendliche auch kaufte sich John damals Singles oder spielte sie in der Musikbox. In solch einem chromblitzenden und neonleuchtenden Apparat entdeckte er 1961 Bobby Edwards' You're The Reason. Aus jener Zeit, als noch phantastische Produzenten wie Chet Atkins und Owen Bradley für Qualität dieser Musik sorgten, stammen auch Hank Locklins' Please Help Me, I'm Falling und George Jones' She Thinks I Still Care. Die Songs waren für John genauso mit Erinnerungen verbunden wie die Platten von Elvis Presley, Carl Perkins oder Roy Orbison. Dem „Tennessean“ bekannte er: „Die frühen Rock-Typen wirkten alle in gewisser Weise wie Country: Elvis, Carl Perkins, Jerry Lee Lewis und Roy Orbison. Und dann hörte ich Mister Guitar, Chet Atkins, der ein Riesenvorbild für mich war.“ Noch heute betont er: „Ich bin ein großer Fan von Merle Haggard und Buck Owens und dem traditionellen Sound der Goldenen Ära der Country-Musik. Für mich stehen sie gleichwertig neben Hank Williams und Jimmie Rodgers.“

Da verwundert es, dass er sich ein Pseudonym wählte, statt die Solo-Platte unter seinem eigenen Namen zu veröffentlichen. Seine Begründung dafür war so eigenwillig wie viele seiner Karriereentscheidungen. „In meiner Vorstellung zählt die Musik am meisten – was auf der Platte ist. Ich wollte nicht aus dem Namen Fogerty Kapital schlagen. Hätte ich meinen Namen benutzt, hätte ich nie gewusst, ob die Musik akzeptiert wird.“ Erst spätere Auflagen des Albums stellten den Namen Fogerty groß heraus. Mit dem Band-Namen „Blue Ridge Rangers“ hatte er mehr Verwirrung erzeugt als Begeisterung. Auch wenn man bei genauem Hinsehen auf dem Album-Cover erkennen konnte, dass es sich fünfmal um Fogerty – mit verschiedenen Instrumenten und dem der Country-Konvention entsprechenden Stetson – handelte, erkannten nur die wenigsten, dass hier der Star der Super-Band Creedence Clearwater Revival mit einem neuen Werk angetreten war. Robert Christgau merkte an: „John Fogertys aktuelles Projekt ist es, eine siebenköpfige Band zu produzieren, die Blue Ridge Rangers heißt. Seltsam nur, dass alle sieben Gestalten auf der Plattenhülle genau wie John Fogerty aussehen.“

Schon auf der Tournee im Vorjahr war aufgefallen, dass John mit Western-Hut und Cowboy-Kostüm aufgetreten war. Zum erstenmal hatte er auch sein kariertes Hemd nicht an. Als der „Billboard“ am 4. November 1972 die Vorausveröffentlichung der Single Jambalaya ankündigte, entdeckte er darin eine „top 40-MOR-country“-Platte, schrieb dann aber, Fogerty sei „Leader“ dieser neuen Gruppe. Sinnigerweise hatte Fantasy in derselben Ausgabe eine ganzseitige Anzeige für die ausgekoppelte Single geschaltet mit dem Album-Cover als Foto-Motiv. Als Werbespruch stand zu lesen: „J. C. Rides Again“. Nur Insider konnten wissen, dass J. C. für John Cameron (Fogerty) stand. Erklärungsbedürftig wäre auch der Name „Blue Ridge Rangers“ gewesen. Die Blue Ridge Mountains liegen als Teil der Appalachen in in den Südstaaten, einer Gegend, in der die Begründer der Country-Musik angesiedelt waren. Bisher unentdeckt ist die Tatsache, dass es schon in den 40er Jahren in South Carolina eine Country-Gruppe mit dem Namen „Blue Ridge Rangers“ gab. An der Spitze dieser Gruppierung standen Jim und Bob Edwards, die noch 1954 mit der Band auftraten. Es ist allerdings anzunehmen, dass auch John Fogerty von dieser Gruppe nichts gewusst hatte.

Zum ersten Mal interpretierte er eine Reihe von Liebesliedern, darunter auch den frühen Rock-Song Hearts Of Stone. Interessanterweise wählte der Fan von Railroad-Songs bis auf ein Stück von Jimmie Rodgers keine der unzähligen Country-Stücke aus, die die Eisenbahn-Vergangenheit Amerikas romantisieren. Es ging ihm mehr um persönliche Favoriten. Jambalaya machte zwar Eindruck bei den Radio-DJs, aber die zuvor veröffentlichte Single Blue Ridge Mountain Blues war gefloppt. Auch die dritte Single, Hearts Of Stone, auf deren Erfolg John alles gesetzt hatte, erfüllte nicht seine Erwartungen. Wie er und Fantasy das Projekt „Blue Ridge Rangers“ gehandelt haben, kann man nur von einem PR-Desaster sprechen. Daran änderte auch nichts, dass Ralph J. Gleason, Jon Landau und Robert Hilburn das Album positiv bewertet hatten. Nur ein Kritiker des „Stereo Review“ entdeckte eine gewisse Unsicherheit, „wenn er versucht, reine Country-Songs zu singen“. John bekam Glückwünsche von Hank Williams' Musikverlag Acuff-Rose, und Buck Owens schrieb ihm, um zu gratulieren. Aber von Fantasy kam nach Johns Meinung gar nichts. Wenn man den großen Aufwand betrachtet, den die Plattenfirma mit Tom Fogertys Single betrieben hatte, konnte er nur frustriert reagieren. Jake Rohrer: „Hearts Of Stone würde in Johns Wunschvorstellung ein 'Killer“ werden. Es sollte die Blue Ridge Rangers in die Schlagzeilen bringen... Verbittert gab er Fantasy die Schuld daran, dass die Veröffentlichung durchfiel. In meiner Erinnerung war das einer der Momente, in dem er total sauer auf Fantasy war.“

1. Blue Ridge Mountain Blues 2:30 – (Traditional)
Ausgerechnet das komplizierteste Stück des Albums bildet den Auftakt. In den 90er Jahren betonte John Fogerty mehrfach, wie schwierig die Anforderungen der Bluegrass-Musik zu bewältigen seien, wie sehr er die talentierten Musiker dieser Country-Sparte bewundere. Und wie so oft, wenn er mit dem Ergebnis früherer Aufnahmen nicht mehr zufrieden war, nahm er auch diesen Song später noch einmal auf: 2001 sang er den Blue Ridge Mountain Blues mit swingender musikalischer Unterstützung durch Bluegrass-Cracks unter der Leitung von Banjospieler Earl Scruggs. Im Vergleich der beiden Versionen wird deutlich, warum er 1972 scheiterte: Sein simples Schlagzeug zerhackt das Stück geradezu. Zwar wird ihm klar gewesen sein, dass Bluegrass-Bands ohne Drummer auskamen, aber der Rocker in ihm wollte wohl nicht auf den gewohnten Beat verzichten. Erkennbar war auch, dass seine Fähigkeiten an Banjo und Fiddle noch nicht ausgereift waren. Im September 2008 gab er live bei Austin City Limits eine Kostprobe davon, wie der Song eigentlich klingen sollte. Da vermittelte Jason Mowery, der an der Fiddle den Bogen raus hat, dem nostalgischen Stück das richtige Feeling. Konsequenterweise hatte John ihn für „The Blue Ridge Rangers Rides Again“ verpflichtet.

Der Text besingt das Heimweh nach dem Landleben in den Carolinas. Joseph Emmett Mainer, dessen Interpretation Fogerty als Vorlage diente, stammte aus North Carolina. In den 30er Jahren nahm der Banjo- und Fiddle-Spieler eine Reihe von Bluegrass-Platten auf dem Bluebird-Label auf. Kurz vor seinem Tod im Jahr 1971 wurden viele seiner Aufnahmen wiederveröffentlicht. „John war stark an J. E. Mainer interessiert, dem Typen, der Blueridge Mountain Blues aufgenommen hatte“, erinnerte sich Jake Rohrer, „überhaupt wollte er mehr von einigen dieser alten Hillbilly-Familien erfahren.“ Jon Landau bezeichnete das Stück als „perfect theme song for this kind of album“, hielt sich aber mit einer Wertung zurück. Das Interesse des Publikums hatte sich aber Anfang der 70er weg von den Oldtimern hin zu Crossover-Country entwickelt. Die Single schaffte es deshalb noch nicht einmal in die Country-Charts. In der Bundesrepublik erschien sie mit einem Picture-Cover des LP-Bildes. Der einzige Hinweis auf den Ex-Creedence-Chef fand sich quasi als Fußnote am unteren Rand der Hülle: „Arranged and Produced by John Fogerty“. Das beeindruckte aber niemanden. Auch die deutschen Plattenkäufer konnten mit der Single nichts anfangen.

2. Somewhere Listening (For My Name)

Der Gegensatz könnte nicht größer sein: Mit dem zweiten Stück des Albums coverte John einen Gospel-Song der schwarzen Gesangsgruppe Five Blind Boys Of Alabama. Deren Mitglied Archie Brownlee hatte das Kirchenlied eines zu Gott Bekehrten 1953 geschrieben. In der Tonlage hielt sich Fogerty genau an das Vorbild. Während die Blind Boys aber nur auf den Harmoniegesang wertlegten und sich in der Begleitung mit Gitarre, Klavier und Schlagzeug begnügten, gelang dem Blue Ridge Ranger im Zusammenspiel von Hammondorgel und Klavier die Illusion eines Südstaaten-Gottesdienstes. Vor allem sein Kirchenchorgesang als Untermalung des Gospels braucht den Vergleich mit einer schwarzen Gemeinde nicht zu scheuen. Jon Landau: „Fogerty widmet dem Lied eine eindrucksvolle Interpretation, gibt den Nuancen des Genres aber ausreichend Beachtung, um seine Autorität zu verdeutlichen.“ Tatsächlich scheint er sich in diesem Umfeld besonders sicher zu fühlen, was zur Authentizität seiner Version beiträgt. Somewhere Listening wurde als Rückseite von Hearts Of Stone veröffentlicht. Im Mai 2014 trat er beim Jazz And Heritage Festival in New Orleans auf, mit dabei: die Blind Boys Of Alabama.

3. You’re The Reason

Nach all den Übungsstunden mit der Pedal-Steel-Gitarre kam hier nach Lookin’ For A Reason die nächste Möglichkeit, das Gelernte einzusetzen. Interessant daran ist, dass die Vorlagen aus dem Jahr 1961 ohne das Instrument ausgekommen waren, das in der damaligen „Countrypolitan“-Phase – wie auch die Fiddle – als nicht mehr zeitgemäß erschien. Das Thema von You’re The Reason, unerwiderte Liebe, war typisch Country. Dem Autor und Sänger der Original-Version, Bobby Edwards aus Alabama, gelang damit ein Hit in den Country- und Pop-Charts. John kannte zwar das Original, orientierte sich allerdings stärker an Hank Locklins Cover-Version, die moderner auf den Pop-Markt ausgerichtet war. Wie Locklins Please Help Me, I’m Falling, George Jones’ She Thinks I Still Care und Webb Pierces I Ain’t Never zählt es zu seinen Jugenderinnerungen, die er hier rockig auffrischte.

4. Jambalaya (On The Bayou) (Billboard Platz 16)

Ebenfalls 1961 schaffte Fats Domino mit Jambalaya einen Achtungserfolg, zehn Jahre nach Hank Williams' Original. Die Idee, dass der Klassiker einen guten Rock-Song abgab, wird von Domino beeinflusst gewesen sein. Die Idee, Jambalaya aufzunehmen, entstand allerdings auf der 71er Tournee mit Tony Joe White. Während der Hotel-Sessions nach den Konzerten, bei denen sich Creedence als „Shit-Kickers" bezeichneten, war Country angesagt. Fogerty: „Jambalaya war eins der Stücke, die zu spielen Spaß machte. Und wenn ich mit ‚Well, Jambalie' loslegte, war ich locker vier- oder fünfmal lauter als die Instrumente, weil wir ja akustische Instrumente benutzten und leise Pedal-Steel-Gitarre." John fand Freude daran, „Jambalie" zu kreischen, aber gerade das gefiel White besonders und er forderte: „John, Junge, das solltest du aufnehmen!"

Auch Fogerty selbst war der Meinung, dass der Südstaaten-Song auf eine der Creedence-Platten gepasst hätte. Hank Williams aus Mount Olive, Alabama, beschrieb darin die idyllische Welt der Cajuns in Louisiana, indem er deren Jargon aus Französisch und Englisch verwendete. So reimte er den Begriff „Bayou" (für die Binnenseen) auf „gay-o" und „cher amio". 1951 war Jambalaya einer der größten Country-Hits, der unzählige Pop-Covers nach sich zog. Die Nitty Gritty Dirt Band kam damit sogar im Frühjahr 1972 in die Billboard-Charts. Fogerty ging seine Interpretation mit seinem „rock & roll excitement" an. So, dass der Song buchstäblich „ins Herz von Creedence" traf. Jon Landau gefiel besonders, wie er Bass-Drum und Snare-Drum zur „Quelle des ungewöhnlichen Drives dieser Version machte". Das „Rock 'n' Roll-Treatment" verhalf der Single Ende des Jahres zu einer Top-20-Notierung, und auch in den Country-Charts (Platz 66) machte Jambalaya eine Stippvisite. In der Bundesrepublik erschien die Single mit einem Fogerty-Bild und dem Hinweis „Featuring John C. Fogerty".

5. She Thinks I Still Care

Für die Entwicklung der Country-Musik spielte Hank Williams eine unschätzbare Rolle. Er war einer der Ahnherren, an denen sich mehrere Generationen von Nachfolgern orientierten. Den Anspruch, sein direkter Erbe zu sein, konnte George Jones erheben, der den Nashville-Sound jahrzehntelang prägte. In den 60er Jahren nahm er zwei LPs mit Hank-Williams-

Songs auf. 1962 hatte er einen Nummer-1-Country-Hit mit She Thinks I Still Care. Seine glatte Interpretation der ironischen Liebeskummer-Nummer zielte auf den Pop-Markt, der sich gerade für die Country-Sänger öffnete. Auch hier drehte Fogerty die Entwicklung zurück. Er verlangsamte das Tempo, verzichtete auf den Chor der Vorlage und setzte stattdessen die Pedal-Steel-Gitarre ein. Nur das plätschernde Klavier übernahm er. Jon Landau lobte Johns Gabe, Stücke mit eindrucksvollen Texten zu wählen, und die Ernsthaftigkeit, mit der er sich dem Material annäherte. Vielleicht wäre aber ein bisschen mehr Lockerheit auch nicht schlecht gewesen.

6. California Blues (Blue Yodel # 4)

Jimmie Rodgers aus Meridian, Mississippi, war neben Hank Williams die übergroße Autorität des Genres. Seine Anfänge gehen bis zu den Blackface-Minstrel-Shows zurück. Als „Waterboy" bei der Eisenbahn lernte er die Worksongs der Schwarzen kennen und erlebte die Not der Hobos. 1927 war er einer der ersten, die von Ralph Peer in Bristol, Tennessee, für die Victor Talking Machine Company aufgenommen wurden. Seither gilt er als „father of country music". Das Jodeln, das zu seinem Markenzeichen wurde, übernahm er von Schweizer Sängern, die durch die Südstaaten tourten. Im Lauf seiner kurzen Karriere schrieb er eine Reihe von Blue Yodels auf, die er bis # 12 durchnumerierte. Für John Fogerty aus El Cerrito lag der California Blues thematisch nahe. Im Grunde bot Jimmie Rodgers aber auch den idealen Stoff für Johns Recherchen zu den Wurzeln amerikanischer Musik. Neben Blues-Leuten wie Leadbelly verkörperte Rodgers die ursprüngliche Musikwelt der Südstaaten. Country war bei Jimmie Rodgers eine Mischung aus Hillbilly der Blue Ridge Mountains, Blues und Jazz aus New Orleans. So verwundert es nicht, dass ihn bei seinem Blue Yodel # 9 im Studio Louis Armstrong auf der Trompete begleitete. Jon Landaus Kritik im „Rolling Stone" hebt hervor, dass Fogerty dem Blue Yodel # 4 „eine Dixieland-ähnliche Interpretation widmet". Das ist zwar richtig, aber auch selbstverständlich, denn die Bläserbegleitung konnte man schon auf der Aufnahme von 1928 hören. Jimmie Rodgers war als Bremser der „New Orleans And Northeastern Railroad" ständig zwischen New Orleans und Meridian unterwegs und kannte die Musikszene der Stadt am Mississippi.

Das Hobo-Lied („Ich habe keine Fahrkarte für den Zug“) verbindet den Blues des enttäuschten Liebhabers mit dem Traum vom paradiesischen Kalifornien. Fogertys Gesang erreicht hier die Qualität seiner Creedence-Aufnahmen. Er fühlt sich offensichtlich mit dem Blues-Schema des Blue Yodel auf sicherem Terrain, sicherer als bei den moderneren Country-Stücken, bei denen er bemühter klingt. Den Reiz seiner swingenden Version macht auch die Dobro-Untermalung aus. Bei seinen Bläser-Parts braucht er keinen Vergleich mit Musikern der Bourbon Street zu scheuen. Der California Blues wäre als Single sicherlich eine bessere Wahl gewesen als der Blue Ridge Mountain Blues.

7. Workin' On A Building

Der Gospel-Klassiker der Stanley Brothers aus Virginia bot eine ideale Vorgabe für Fogertys musikalische Vorstellung von Bluegrass-Musik als Rock 'n' Roll. Allein die Stimmlage der Stanleys, die er zu erreichen versuchte, forderte ihm einiges ab. Bereits Elvis Presley hatte Workin' On A Building auf seinem Gospel-Album „His Hand In Mine“ zu einem Rock-Stück verarbeitet. Obwohl John sich mit Elvis' Repertoire auskannte, entschied er sich, die ursprüngliche Fassung auf seine Weise zu interpretieren. Dabei reizte ihn die Herausforderung, mit dem Banjo einen rockigen Sound zu erreichen. Anders als beim Blue Ridge Mountain Blues machte er auch gar nicht erst den Fehler, mit den Cracks aus den Blue Ridge Mountains musikalisch konkurrieren zu wollen. Das Schlagzeug treibt den Song im Dialog mit der Gitarre voran und holt ihn aus der frömmelnden Ecke heraus. Mit dem Chorgesang lässt er ohnehin eher die exaltierte Stimmung einer schwarzen Gemeinde aufkommen als die einer puritanischen Sekte.

8. Please Help Me, I'm Falling

Ausgerechnet bei dem erfolgreichsten Song der 60er-Country-Szene ist der Blue Ridge Ranger kläglich gescheitert. Er quält sich damit, das richtige Country-Feeling nachzuempfinden und wirkt dabei steif wie sein Stetson. Wieder hatte er, wie Jon Landau bemerkte, einen Song mit originellem Text ausgewählt, dessen Reiz in den doppelten Bedeutungen der Wendungen lag. Bei Hank Locklin kam der Song glaubhaft rüber, so dass er sich in den Country-Charts Platz 1 und in den Pop-Charts Platz 8 eroberte. Die

Komposition von Don Robertson und Hal Blair gab 1960 Produzent Chet Atkins den Anstoß zu einer gründlichen Erneuerung des „Nashville Sounds“. Die Idee dazu hatte er von der Demo-Platte Robertsons bekommen, der darauf zum ersten Mal seinen „Slip-Note“-Klavierstil spielte. Atkins ließ seinen Pianisten Floyd Cramer diese neue Technik kopieren und verwendete sie – wie auch Floyd Cramer auf seinen Solo-Alben – bei unzähligen Platten. Wieder setzte John ein Jahrzehnt später mit der Pedal-Steel-Gitarre eher auf eine Rückbesinnung in die 50er als auf eine moderne Interpretation und deutete den „Slip-Note-Style“ nur an, statt ihn voll auszuspielen. Da sein Gesang eher wie eine Parodie wirkte als wie eine ernst gemeinte Darbietung, hatte auch Landau nur den Kommentar übrig, die Version sei „a bit too understated“.

9. Have Thine Own Way, Lord

Das dritte Gospel des Albums erinnert inhaltlich an Paul Gerhardts „Befiehl du deine Wege“. Tatsächlich klingt es auch wie ein europäisches Kirchenlied. Johns Inspiration dazu kam von den Country Gentlemen aus Washington, D. C., deren Version er kopierte, ohne etwas hinzuzufügen. Interessant ist, dass Jerry Douglas 1973 Mitglied der Country Gentlemen wurde und in der Formation Dobro spielte. Douglas wurde Fogertys großes Vorbild an diesem Instrument, und er verpflichtete ihn Jahrzehnte später für Live-Auftritte und für das Album „Deja Vu“.

10. I Ain’t Never

Mel Tillis, einer der Autoren von I Ain’t Never, hatte im August 1972 einen Top-Country-Hit mit seiner Komposition. Seinem Co-Autor Webb Pierce war das bereits 1959 gelungen. Möglicherweise wurde John an diesen Song aus seiner Jugend durch Tillis wieder erinnert, aber er orientierte sich an der ursprünglichen rockigeren Version von Pierce, der damit damals sogar in den Pop-Charts Platz 24 erreicht hatte. Damals stand diese Platte neben Elvis Presleys Big Hunk O’ Love und Wilbert Harrisons Kansas City in den Plattenläden. Fogerty übernahm sogar die Zeile „My friends say, Webb what’s wrong with you?“ anstatt „John, what’s wrong with you?“ zu singen. Als Pierces I Ain’t Never auf LP in Stereo wiederveröffentlicht wurde, hieß das Album „Webb With A Beat“. Tatsächlich fällt der für eine Country-Aufnahme ungewöhnlich harte Beat auf. Und genau darauf setzte auch John mit seiner ansonsten originalgetreu nachgespielten Fassung. Rhythmusgitarre, Bass und Schlagzeug hätten Tom, Stu und Doug nicht besser spielen können. Der Song über eine unzuverlässige Geliebte hätte auch auf eine der frühen Creedence-LPs gepasst und wäre noch 1973 eine hitverdächtige Single gewesen.

11. Hearts Of Stone (Billboard Platz 37)

Die Single, die dann wirklich 1973 aus dem Album ausgekoppelt wurde, demonstrierte, dass der Blue Ridge Ranger sein Herz in Memphis, Tennessee, gelassen hatte. Wie schon bei „Cosmo's Factory" kehrte er in Gedanken in die Union Avenue zum Sun Studio zurück, wohin er sich schon als Johnny Corvette geträumt hatte. Aus dieser Zeit, 1954, stammt Hearts Of Stone von den Jewels, einer Rhythm-And-Blues-Band. In die Charts kam im selben Jahr eine Cover-Version der Charms, einer weiteren schwarzen Gruppe, und der weißen Fontane Sisters. Auch die weiße Band The Goofers staubte vom Erfolg der steinernen Herzen ab. Fast 20 Jahre später hauchte Fogerty ihnen mit Rockabilly-Gitarre wieder Leben ein. Das heißt, er hauchte nicht: Er schrie ins Mikrofon wie bei Sweet Hitch-Hiker. Der Pop-Markt, der jetzt auf Lieder wie Tie A Yellow Ribbon Round The Ole Oak Tree abfuhr, ließ sich davon nicht beeindrucken. In der Bundesrepublik, wo auf der Single-Hülle zum Bandnamen Blue Ridge Rangers wieder Johns Bild abgedruckt war – dasselbe wie bei Jambalaya – und dazu als Bildzeile „Featuring John C. Fogerty", notierte Hearts Of Stone auf Platz 33.

12. Today I Started Loving You Again

Nach einem Merle-Haggard-Konzert war John mit dem Country-Sänger ins Gespräch gekommen und hatte ihm – animiert von dem charismatischen Musiker – zugesagt, auch einen Song von ihm aufzunehmen. Die Auswahl war perfekt: Today I Started Loving You Again zählt zu den eindrucksvollsten Liebesliedern des Genres. Zugleich war es das modernste Stück, das der Blue Ridge Ranger interpretierte, Haggard hatte es 1970 auf einer LP herausgebracht. Das sehr persönliche Lied war in Zusammenarbeit mit seiner Frau Bonnie Owens entstanden. Statt die Liebeserklärung schwülstig zu überladen, hatte Haggard es mit minimalistischer Gitarren-

Begleitung aufgenommen. Fogerty betonte dagegen den Country-Charakter, indem er seine Pedal-Steel-Begleitung in den Vordergrund stellte. Sein Gesang fügte sich herrvorragend in die damalige Tendenz des Genres ein. Gleichzeitig schloss er aber auch den Kreis zu der Oldtime-Eröffnung seines Albums. Mit Haggard, der neben Buck Owens die Country-Szene der Westküste dominierte, zollte er einem aktuellen Musiker Anerkennung, der sich, wie er selbst, mit Jimmie Rodgers auf die Goldene Zeit dieser Musik bezog. „The Blue Ridge Rangers“ war ein künstlerisches Bekenntnis zur Country-Musik, obwohl er sich durch die Wahl des Pseudonyms öffentlich nicht damit identifizierte.

Je weniger der Misserfolg des Albums zu verheimlichen war, desto mehr dämmerte es John, dass er vielleicht doch nicht alle Instrumente hätte selbst spielen sollen. Besonders beim Schlagzeug hätte Doug Cliffords Unterstützung einen Gewinn bedeuten können. Craig Werner zitiert Fogerty: „Ich liebe die Musik. ‚Blue Ridge Rangers' war eine wirklich coole Idee. Das Ganze war nur limitiert durch die Tatsache, dass John Fogerty alle Instrumente spielte. Das war eine dumme Idee.“ Anlässlich der Fortsetzung „The Blue Ridge Rangers Rides Again“ sah er das im Interview mit dem „Wall Street Journal“ 2009 inzwischen humorvoll. Mit einem Lachen sagte er: „Das ist etwas, was ich nicht wieder machen werde!“ Aber 1973 kämpfte er noch verbissen mit dem Plan, ein besseres Country-Folgealbum hinzukriegen. Ermutigend könnte die Kritik von Jon Landau gewirkt haben, der ja noch „Mardi Gras“ in den Boden gestampft hatte: „Blue Ridge Rangers funktioniert besser, als ich erwartet hatte, und zwar deshalb, weil Fogerty ein talentierter Musiker ist und obendrein ein ungewöhnlich reifer.“ Allen, die die Platte ohne Vorbehalte hörten, konnte nicht verborgen bleiben, welchen wesentlichen Weg für die Zukunft er hier eingeschlagen hatte. Da war die Besessenheit, mit der er alle für seine Musik in Frage kommenden Instrumente perfekt beherrschen wollte, da war die totale Hingabe an die Musikhistorie und da war das Bekenntnis, dass er ebenso sehr in der Country-Tradition zu Hause war wie im Rock 'n' Roll und Blues.

Optimistisch lud er Journalisten ins Studio ein. Didi Zill hatte schon ein Foto-Shooting für „Bravo“ gemacht, als Jambalaya in die Charts kam. Dafür ließ John sich mit jedem Instrument ablichten, das er als Ranger gespielt hatte. Todd Tolces vom „Melody Maker“ weihte er in sein Vorhaben ein, eine Band für Live-Auftritte zusammenzustellen, Traveling Rangers, für die er am liebsten Donald „Duck“ Dunn und Al Jackson von Booker T. abgeworben hätte. Und im Dezember 1973 wollte er das nächste Ranger-Album fertig haben. Er ließ den Reporter sogar erleben, wie ein neuer Song entstand. Tolces: „Die Melodie, ohne die Worte, erinnerte ein wenig an ‚Who'll Stop The Rain'. John spielte zunächst alle Tonspuren ein, um dann den Text zu schreiben.“ Möglicherweise entstand hier gerade Back In The Hills. Was vom geplanten Album tatsächlich noch fertig wurde, brachte Fantasy als Single heraus. In Deutschland erschien You Don't Owe Me mit der Rückseite Back In The Hills in einem Art-Cover, das das Symbol-Wappen zeigte, das John für die Rangers entworfen hatte: Banjo und Fiddle vor stilisierten Blue Ridge Mountains. Die beiden von John selbst geschriebenen Titel blieben ohne Resonanz. Die Blue Ridge Rangers verschwanden in der Versenkung.

Aber selbst wenn John behauptete, eingesehen zu haben, dass die Musik einer Band auch besser von einer Band gespielt würde, blieb er bei seinem Ein-Mann-Konzept. Der unbefriedigende Vertrag mit Fantasy bedrückte ihn, denn er hatte eine erdrückende Zahl von Songs für die Plattenfirma zu produzieren. Die tat zwar nichts, um die Musik ihres Goldesels zu promoten, aber zugleich erkannte sie die „Blue Ridge Rangers“ nicht als John-Fogerty-Platte an. Schnell entschied sich John also, unter seinem eigenen Namen zu produzieren. Neuerlich im Alleingang spielte er zwei Titel ein. Comin' Down The Road war ein krachender Rock 'n' Roll im Stil von Travelin' Band, It Came Out Of The Sky und Sweet Hitch-Hiker. Obwohl John auch wie bei der Country-Platte Bass und Schlagzeug spielte, war die Aufnahme kaum von Creedence zu unterscheiden, nur die übersteuerte und grelle Abmischung des Titels wirkte dünn und pfuschig. Auf der Rückseite, dem Instrumental Ricochet, zeigte John vor allem sein Saxophonspiel vor. Allerdings fiel auch hier auf, dass er kein guter Schlagzeuger war, und die Komposition war auch eher dürftig. Vielleicht hätte dem Song ein Text noch ein bisschen Leben eingehaucht. So war es nur ein stampfendes undefiniertes Etwas, weder Blues, noch Rock 'n' Roll, noch Country oder Soul oder Funk.

Dem „Melody Maker“ erzählte Fogerty zum Erscheinen des „Shep“-Albums über diese Phase: „Ich wünschte, ich hätte aufgehört, bevor ich diese letzten beiden Singles (Back In The Hills und Comin' Down The Road, von denen es keine in die US-Charts geschafft hat) produziert habe. Ich schäme mich, weil ich ein bisschen zu spät aufgehört habe. Diese Platten waren überhaupt nicht ich. Das war mein größter Tiefpunkt." War es die Musik, zu der er 1975 nicht mehr stehen mochte oder vielleicht nur der ausbleibende Erfolg? Jahrzehnte später jedenfalls, 2009, spielte Fogerty Comin' Down The Road auf Drängen seiner Fans erstmalig live bei seinen Konzerten.

Was Fogerty aber 1975 noch nicht wissen konnte, war, dass er seinen persönlichen Tiefpunkt noch lange nicht erreicht hatte.

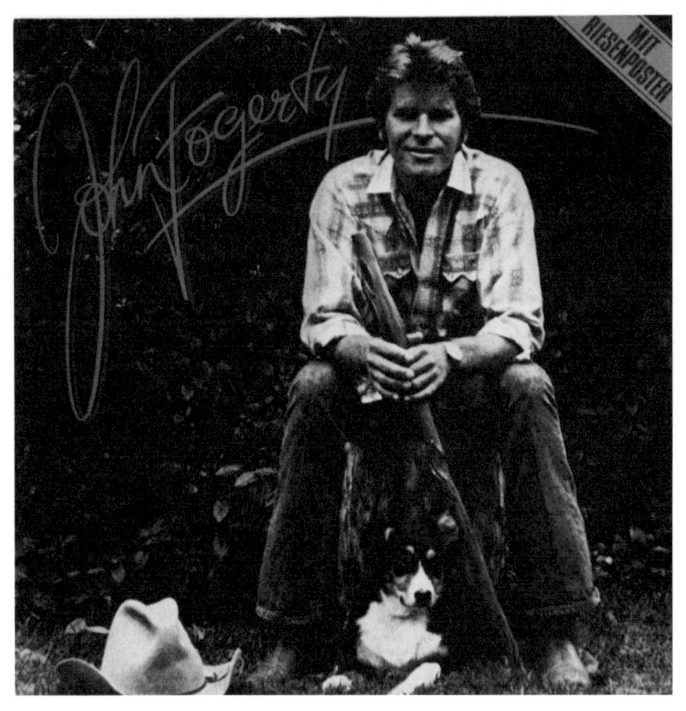
John Fogerty
MIT RIESENPOSTER

John Fogerty („Shep-Album“) (Billboard Platz 78)

1. Rockin' All Over The World 2:50 – (John Fogerty)

2. You Rascal You 2:37 – (Sam Theard)

3. The Wall 2:55 – (John Fogerty)

4. Travelin' High 3:15 – (John Fogerty)

5. Lonely Teardrops 4:25 – (Berry Gordy, Tyran Carlo)

6. Almost Saturday Night 2:27 – (John Fogerty)

7. Where The River Flows 2:28 – (John Fogerty)

8. Sea Cruise 3:11 – (Huey Piano Smith, John Vincent)

9. Dream/Song 3:07 – (John Fogerty)

10. Flying Away 4:21 – (John Fogerty)

Nach den relativen Misserfolgen seiner ersten Soloschritte sah Fogerty die Ursache hierfür vor allem bei seiner Plattenfirma Fantasy. Zum einen fühlte er sich durch den Vertrag noch mehr geknebelt als noch zu Zeiten von Creedence Clearwater Revival, und zum anderen fühlte er sich von Saul Zaentz sträflich vernachlässigt. PR war etwas, das Fantasy aber auch bei Creedence nicht geleistet hatte, vielleicht auch einfach, weil das explosionsartig gewachsene Label gar nicht wusste wie. Als Konsequenz hatte Fogerty in der Musikindustrie laut kundgetan, dass er von Fantasy weg wollte. Und der Superstar war begehrt in den Chefetagen der großen Labels. Mo Ostin, der Boss von Warner und David Geffen von Elektra/Asylum waren beide interessiert, und David Geffen wollte sogar kurzerhand einfach Fantasy kaufen, wovon Fogerty ihm abriet. Stattdessen erstand Geffen die Rechte an kommenden John Fogerty Alben für die USA und Kanada, während Fantasy weiterhin die Rechte für den Rest der Welt ausübte. Der Deal kostete Geffen eine Million US-Dollar. Die LP, die aus der Zusammenarbeit entstand, trug nur den Namen „John Fogerty". Er selber bezeichnet die Platte als „Shep-Album", weil er auf dem Cover mit seinem Hund Shep abgebildet ist.

1. Rockin' All Over The World (Billboard Platz 27)

In Europa ist Rockin' All Over The World vor allem als größter Hit von Status Quo bekannt, die in Deutschland damit 1977 immerhin auf Platz 7 der Charts landeten (Fogerty 1975 nur auf Platz 40), und die 1985 damit das große Live-Aid-Event im Wembley-Stadion eröffneten. Status Quo haben seither immer wieder versucht, mit John Fogertys Kompositionen Hits zu landen. Doch der große Nachfolger blieb bisher aus. Rockin' All Over The World wurde aber auch noch von vielen anderen ins Programm gehoben, darunter Bruce Springsteen, die Beach Boys und Bon Jovi. 2009 kam es dann zur Begegnung von Status Quo und John Fogerty beim Jazz-Festival in Montreaux. Es sollten Fotos geschossen werden, aber wie Francis Rossi erzählte: „Wir trafen uns beim Jazz-Festival in Montreaux. Es sollte gemeinsame Fotos geben und so. Es gab Differenzen. Es wurde nichts daraus. Wir sind keine guten Freunde."

Als Opener für seine erste echte Solo-Rockplatte mit stampfendem Piano, schneidender Gitarre und Fogertys Stimme in Bestform war Rockin' All Over The World eigentlich ein echter Knaller, ein Signal, dass der große Rock 'n' Roller zurück war. Er hatte einen Rock-Klassiker geschrieben, nur dass das 1975 keiner so recht merkte. Seit 1998, als Fogerty sein zweites Comeback erlebte, war der Song fest im Live-Programm integriert. Eine eher an Status Quo angelehnte Version erschien auf dem Live-Album „Premonition". 2012 spielte Fogerty – mit Bruce Springsteen als Gast – eine krachende Version im Londoner Hyde Park und brachte das Publikum zum Toben.

2. You Rascal You

Der Song von Sam Theard aus dem Jahre 1931 war bereits ein Klassiker, bevor Fogerty ihn sich 1975 zu eigen machte. Eigentlich hieß der Titel I'll Be Glad, When You're Dead, You Rascal You – etwas sehr lang. 1932 hatte Louis Armstrong eine Version aufgenommen, die zur Titelmelodie in einem Kurzfilm der Comicfigur Betty Boop umfunktioniert wurde. Etwa aus der gleichen Zeit stammt eine Version des 7-jährigen Sammy Davis jr. Auch Fats Domino und Louis Prima haben den Titel auf Platten herausgebracht. Und 2011 hat Hanni El Khatib aus Kalifornien eine sehr rohe und eigenständige Version aufgenommen.

John Fogertys Version beginnt mit ein paar Takten von Auld Lang Syne, dem Traditionslied, das in den USA zu Silvester gesungen wird. Die Anklage gegen eine niederträchtige Frau ist in ihrer emotionalen Intensität und sehr kräftigen Instrumentierung sicher als Vorbild für Hanni El Khatibs Interpretation zu sehen. Woher Fogertys Groll und Wut rührten, lässt sich nur erahnen. Aber sicher trugen die Instabilität seiner ersten Ehe, das Scheitern von Creedence und der relative Misserfolg der „Blue Ridge Rangers" ihren Teil dazu bei. Aus der swingenden Nummer der 30er hat er ein Rock 'n' Roll-Stück gemacht, wie es in den 50er Jahren nicht hätte besser sein können, inklusive Klavier und Saxophonsolo, Tamburin und Bläsersatz. Die Inspiration kam von Louis Armstrong, schrieb Robert Hilburn in seiner Kritik zum Album im „Melody Maker": „... das wunderbar sarkastische ‚You Rascal You', ein Song, den Fogerty auf einer alten Aufnahme von Louis Armstrong gehört hatte." Und Bud Scoppa hat im „Rolling Stone" noch mehr als Sarkasmus in dem Titel gehört: „Das harsche Intro zu ‚You Rascal You' (dem dritten Cover-Song auf dem Album) kombiniert mit Fogertys bitterem Gesang dreht den Song von einem Witz zu einer ätzenden, geradezu psychotischen Drohung."

3. The Wall

Ein stampfender Shuffle von Bass und Schlagzeug, eine beißende Gitarre mit einem scharfen Delay, so dass jeder Ton doppelt erklingt, und eine bluesige Mundharmonika bilden das Fundament von The Wall. Die zufällige Übereinstimmung des Titels mit Pink Floyds Album zeigt, wie weit er von deren Musik und 70er-Jahre-Moden entfernt war. Fogerty entwirft ähnlich wie bei Effigy, Run Through The Jungle oder Bad Moon Rising ein mystisches düsteres Szenario, eine Katastrophen-Atmosphäre und ein Kriegsszenario. Die Mauer wird immer höher, während der Protagonist bereits knietief im Wasser steht und einem Unwetter ausgesetzt ist. Das Wasser steigt, es donnert und dröhnt, die Erde beginnt zu beben ... Fogerty ist mit diesem drohenden Rock 'n' Roll in seinem Element. Robert Hilburn im „Melody Maker": „The Wall ist ein etwas ominöser Kommentar der Nach-Watergate-Ära über staatliche Verschwiegenheit." The Wall war die Rückseite der Rockin'-All-Over-The-World-Single, die ihn in der Bundesrepublik auf einem Bild-Cover mit seiner Les-Paul-Custom-Gitarre zeigte. Dasselbe Motiv hatte Bellaphon für ein Poster gewählt, das der LP beigelegt wurde.

4. Travelin' High

Wie ein wehmütiger Rückblick auf seine Zeit mit Creedence wirkte Travelin' High. Bereits in der ersten Zeile schien Fogerty seinen Hit Travelin' Band von „Cosmo's Factory" zu beschwören und dazu die Tage, als die Band noch im eigenen Flugzeug durch die Welt reiste. Im Gespräch mit „Melody Makers" Robert Hilburn erklärte Fogerty auf die Frage, ob die Zeile „It's been a long, long time" sich auf Creedence bezöge: „Ja, ich denke schon. Aber ich habe persönlich so zunächst nicht gedacht. Ich habe den Song zunächst so verstanden, dass er über Rock 'n' Roll selbst sei. Ich sprach über die Musik, die ich wirklich mag und dass es sehr lange her ist, dass ich diese Art Musik gehört habe. Aber natürlich trifft das auch auf mich zu. Es ist sehr, sehr lange her." Selbst 20 Jahre nach Elvis Presleys Anfängen in Memphis, jetzt als sich die ersten Vorboten der Disco-Welle ankündigten, war er innerlich noch immer mit dem Rock 'n' Roll beschäftigt. Musikalisch lebt Travelin' High von dem treibenden Bläsersatz, der sich mit einzelnen Tönen auf der Gitarre duelliert. Eine grandiose Komposition, die nie die Beachtung bekommen hat, die sie verdient hätte.

5. Lonely Teardrops

Jackie Wilsons Interpretation verschaffte Berry Gordy, dem Autor des Songs, 1958 mit Lonely Teardrops seinen ersten kommerziellen Erfolg. Darauf konnte er sein Motown-Imperium bauen. Das Liebeskummer-Lied blieb ein Highlight im Repertoire von Wilson, der auch als „der schwarze Elvis“ oder „Mr. Excitement“ bekannt wurde. Ende September 1975 brach er 41jährig mit einem Herzinfarkt bei einer Show zusammen, während er Lonely Teardrops sang. Bis 1984 lebte er in einem Wachkoma, kam jedoch nie wieder auf die Beine. Ein makabrer Zufall, dass auch im September 1975 John Fogertys Remake von Wilsons Hit erschienen ist. Während Wilson, der für seine stimmliche Bandbreite bekannt war, den Song wie eine frühe Soul-Nummer darbot, machte Fogerty einen knallenden Rock ’n’ Roll aus dem Titel. Nahtlos fügt sie sich mit Bläsersätzen, kleinen Gitarren-Fills und einem gospelartigen Orgelpart in das „Shep“-Album ein. Wieder einmal vertonte er hier seine Jugenderinnerungen. Fogerty phrasierte Lonely Teardrops so, wie es Fats Domino oder Lloyd Price getan hätten. Der Titel ist nicht auf einer Single ausgekoppelt worden und hat so auch nie gesondert Beachtung erfahren, wobei er auch nicht an Jackie Wilsons Original heranreichen konnte.

6. Almost Saturday Night (Billboard Platz 78)

Die Vorfreude, endlich aus dem Alltag ausbrechen zu können, die Erwartung eines aufregenden Wochenendes, – solch optimistische Gefühle hatte John Fogerty seit Up Around The Bend nicht mehr zum Ausdruck gebracht. Kein Summertime Blues mit jugendlichem Frust, sondern ein unbändiges Freiheitsverlangen, endlich tun zu können, was man möchte, wenn nur der Sonnabend schon da wäre. Nicht an den nächsten Tag denken, „bye bye tomorrow“, auszubrechen aus der Routine, zum Rodeo zu fahren, „das Auto steht bereit“ – die ganze Szenerie amerikanischer Freizeitvergnügungen. Die Aneinanderreihung von Wunschbildern, sei es die Lokomotive des Zuges nach Hause, sei es die Musik aus dem Radio, die alle Wolken verdrängt, – das alles verdichtet sich zu einem kraftvollen Statement über jugendliche Träume an der Schwelle zum Erwachsensein.

Wie bei den meisten großen Fogerty-Kompositionen eröffnet Almost Saturday Night mit einem markanten Gitarrenriff. Doch erstmals klang wie eine irische Folkmelodie, was Fogerty auf seiner Fender Telecaster zu Gehör brachte. Die Entstehungsgeschichte von Almost Saturday Night lässt erahnen, warum sich John hierbei nicht richtig zwischen Rock ’n’ Roll und Country entschied. Wie er den Song noch zu „Blue-Ridge-Rangers“-Zeiten konzipiert hatte, konnte er ihn auf dem Rock-Album „Shep“ nicht unterbringen. Die mehrstimmig eingesungenen Strophen erinnern an seinen Hit Hey Tonight. Nicht zuletzt wegen der Frage, ob es eher Rock oder Country sei, ließ ihn das Lied, das zum Besten gehört, was er geschrieben hat, in den kommenden Jahrzehnten nicht los.

Schon 1975 war Robert Hilburn von der besonderen Qualität des Songs überzeugt: „Auf der schnellen Seite hat ‚Rockin' All Over The World' die größte Energie, und es ist die US-Single, aber ‚Almost Saturday Night‘, das etwas von der Fröhlichkeit von Creedence' ‚Hey Tonight‘ und ‚Lookin' Out My Back Door‘ kombiniert, ist noch mitreißender. Es wird bestimmt die nächste Single.“ Und so war es, aber ohne große Wirkung. Der Platz 78 in den US-Charts war enttäuschend. Auch in der Bundesrepublik ging die Single unter. Dort hatte sie ein Cover, das ihn auf er 1971er Tournee zeigte – identisch mit Coming down The Road. Etwas erfolgreicher war dann der britische Rocker Dave Edmunds mit seiner Version. Auch Johns Idol Rick Nelson nahm den Song auf und The Searchers ebenfalls. Einen Erfolg in den Country-Charts hatten damit die Flying Burrito Brothers 1984, als sie auf Platz 49 landeten.

Auch Bud Scoppa vom „Rolling Stone“ war von Fogertys Almost Saturday Night begeistert: „Die dröhnenden Beatles-ähnlichen Gitarrenriffs werden durch ein zartes Läuten abgesetzt, das die schmerzlich schöne Qualität von Fogertys Gesang und Text vertieft.“ Einen neuen Versuch, Almost Saturday Night richtig zur Geltung zu bringen, unternahm John 1998 bei den Aufnahmen zu „Premonition“, diesmal nicht als Multi-Instrumentalist, sondern mit Band und Chor. Das treibende Schlagzeug unterstrich den kraftvollen rockigen Charakter, trotzdem blieb die Frage offen, was das Stück eigentlich sein sollte. Wie immer, wenn er unzufrieden mit einem Ergebnis war, beschäftigte er sich weiter damit. Im Jahr 2013 nahm Fogerty den Song im Duett mit Keith Urban für sein Album „Wrote A Song For Everyone“ erneut auf. Und jetzt war endlich klar, dass er schon immer Country-Rock im Sinn gehabt hatte. Urban spielte auf dieser sehr countryfizierten Aufnahme ein dynamisches Banjo und auch das Gitarrensolo. Im Klappentext erzählt Fogerty von seinen Gefühlen, als er Almost Saturday Night geschrieben hat: „Ich habe an dem Song gearbeitet, als ich noch bei Fantasy Records war, nach dem „Blue Ridge Rangers“-Album. Ich fühlte mich nicht sehr gut. Die Band hatte sich gerade aufgelöst, und mir wurde klar, was für einen schrecklichen Vertrag ich hatte und dass alle meine Songs durch diesen Vertrag verloren waren. Irgendwie schrieb ich inmitten dieser düsteren Zeit einen sehr fröhlichen Song. Man muss eine Menge von einem kleinen Jungen in sich tragen, um Rock 'n' Roll zu spielen. Jeder liebt den Samstagabend. Er hat etwas ganz Besonderes und Befreiendes an sich. Und das ist es, was er für mich bedeutete."

7. Where The River Flows

Das reichste Land der Welt hat ein Armutsproblem, das von der Öffentlichkeit gern verdrängt wird. Nur in der Musik, im Blues, in Folk und Country, wird es immer wieder thematisiert. Beggars, Hobos und Drifters bevölkern die Pop-Musik seit der 1929 beginnenden Great Depression. Als Thema blieb es auch nach Jimmie Rodgers' Songs weiter erhalten – in Liedern von Merle Haggard bis zu Johnny Cash. Bob Dylan, mittlerweile Fogertys Label-Kollege bei Asylum, hatte in Drifter's Escape auf seinem 1968er Album „John Wesley Harding" vom Leid eines aus der Gesellschaft Ausgestoßenen erzählt. Mit Where the River Flows wies jetzt auch Fogerty auf die Kehrseite der amerikanischen Gesellschaft hin. Im Text hilft er einem Mann, der am Rand der Straße liegt, im Gefängnis war und jetzt auf der Flucht ist. Ein wunderschöner, melodiöser Folksong mit Nachklängen der „Blue Ridge Rangers".

8. Sea Cruise

Wieder ein Rückgriff auf die 50er Jahre: Der Rock 'n' Roll-Klassiker aus New Orleans hat eine ungewöhnliche Entstehungsgeschichte. Der schwarze Musiker Huey „Piano" Smith hatte seine eigene Komposition mit seiner Band The Clowns aufgenommen. Der Produzent überspielte dann aber die Gesangsspur mit der Stimme des Sängers Frankie Ford. Der damals 20-jährige Ford, ein Weißer, schaffte damit 1959 einen internationalen Hit. Während er eher jugendlich kieksend sang, legte Fogerty in derselben Tonlage seine gesamte Stimmgewalt in diesen Song. Seine Cover-Version übernahm sehr genau das Arrangement des Pianisten Huey Smith – Schiffshorn und -glocke inklusive. Besonders die Bläserbegleitung erinnert an die talentierten schwarzen Musiker aus New Orleans. Fogerty gelang bei der sentimentalen Sea Cruise zurück in seine 50er-Jahre-Jugend ein perfektes Zusammenspiel zwischen dröhnendem Klavier, Bläsersatz und seiner Stimme.

9. Dream/Song

Eskapismus ist ein ungewöhnliches Thema für John Fogerty – das Äußerste in dieser Richtung waren bisher Songs wie Up Around The Bend oder Almost Saturday Night, in denen er eine Gegenwelt zur Alltagsroutine ausgemalt hatte. Jetzt aber begibt er sich auf esoterisches Terrain mit dem Bild vom Piraten, der aufs Meer hinaus fährt. Oder einer Fantasy-Phantasie vom Ritter, der den Drachen besiegt, um die Geliebte zu erobern. Noch weiter verstieg er sich nur 1987 mit dem Science-Fiction-Song Sail Away. Fogertys Komposition ist stark, geht aber im Gesamtbild des Albums unter, denn sein Ansatz, schön zu singen, meist zweistimmig, oft auch als Chor, fällt gegen seine sonst sehr kräftige Stimme und die allgemein sehr laut ausgepegelten Arrangements ab. Mit dem Bild von der Dixieland-Band kehrte er in die Realität, in seine favorisierte Südstaaten-Welt, zurück. Musikalisch ist das auch der Höhepunkt des Songs durch die versetzten Bläser, die er in ähnlicher Form auch beim California Blues auf dem „Blue-Ridge-Rangers"-Album eingesetzt hatte. Robert Hilburn im „Melody Maker": „‚Dream/Song' rangiert neben ‚Someday Never Comes' als einer der melancholischsten Songs, die Fogerty je geschrieben hat. Aber seine Stimmung ist anders als beim Letztgenannten positiv." Und Bud Scoppa vom „Rolling Stone" meinte gar in Dream/Song einen echten Klassiker neben Almost Saturday Night zu erkennen. Dream/Song fand jedoch keine weitere Beachtung und wurde auch nie zum Bestandteil von Fogertys Live-Programm.

10. Flying Away

Listen To The Music hieß 1972 ein großer Hit für die Doobie Brothers. Das Intro von Flying Away ist, wenn auch ungewollt, wie Fogerty beteuerte, eine gute Kopie des Doobie-Brothers-Songs. Musikalisch setzte Fogerty Effekte ein, die er bislang vermieden hatte, so lief die Rhythmusgitarre über einen langsamen Phaser, und der Titel endet mit den sphärischen Klängen eines Moog-Synthesizers. Wie schon bei Dream/Song singt er hier von einer Stimmung der Weltflucht. Weit weg sein, auf Wolken schweben, statt sich der Realität zu stellen. Lyrisch schien Flying Away eine Vorahnung auf die kommenden Jahre zu sein, auf die desolate Situation, als ihm nichts mehr gelang. Denn dies sollte für fast zehn Jahre der letzte Albumtitel sein, den man von John Fogerty zu hören bekam.

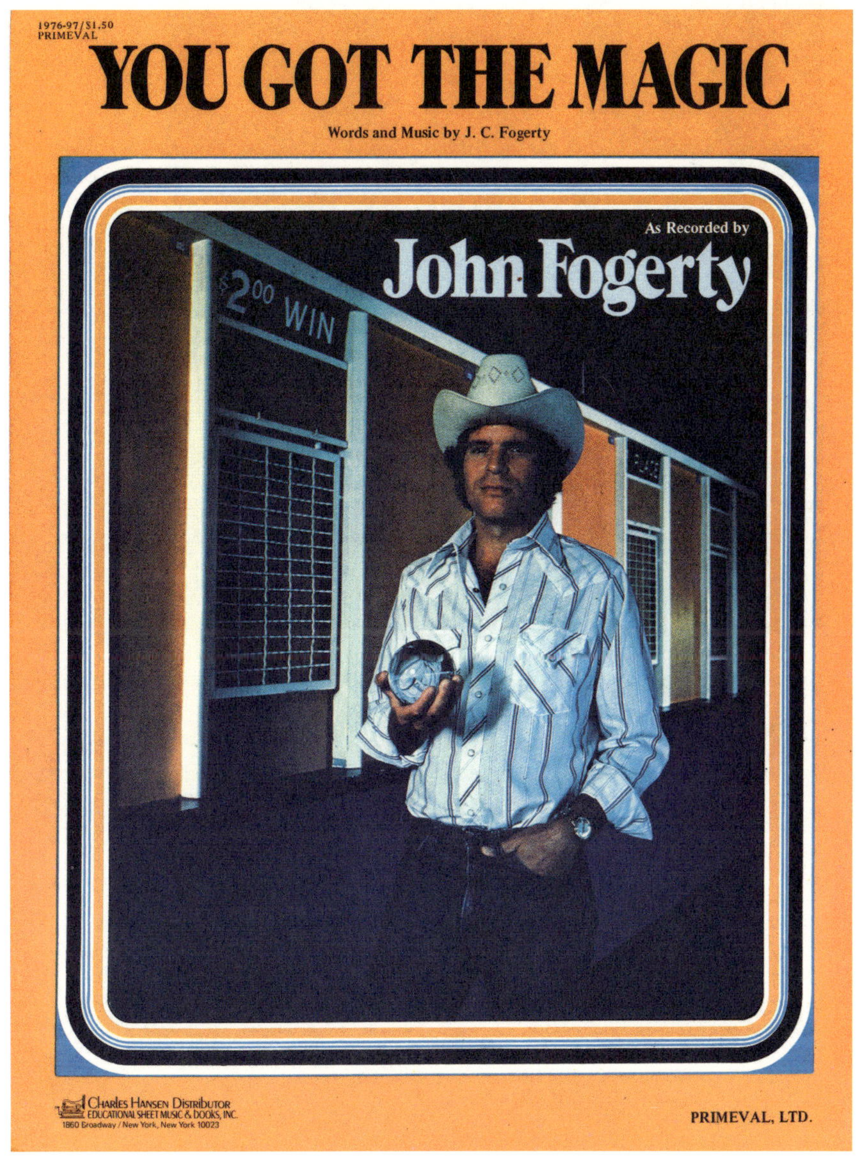

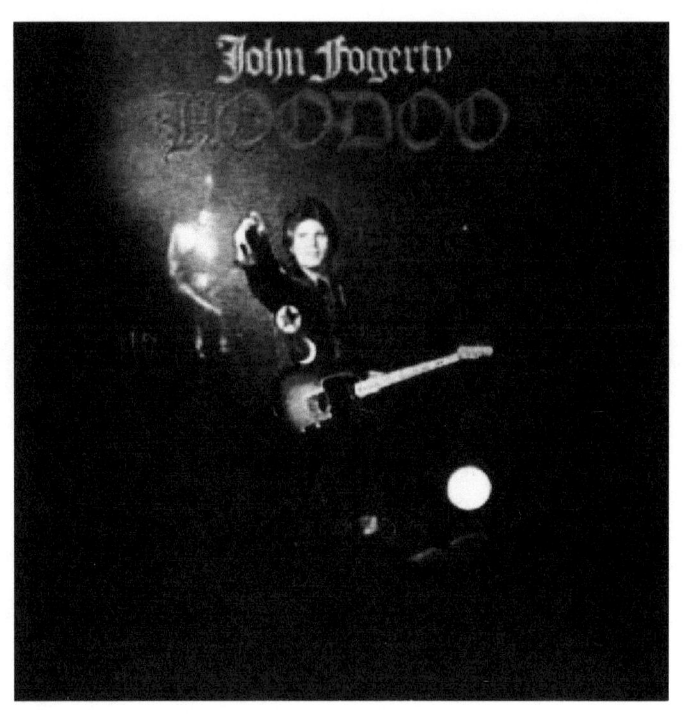
John Fogerty

Hoodoo (1976, unveröffentlicht)

1. You Got the Magic 3:43 – (John Fogerty)

2. Between the Lines 3:40 – (John Fogerty)

3. Leave My Woman Alone 3:09 – (Ray Charles)

4. Marchin' to Blarney 3:18 – (John Fogerty)

5. Hoodoo Man 2:55 – (John Fogerty)

6. Telephone 2:55 – (John Fogerty)

7. Evil Thing 3:40 – (John Fogerty)

8. Henrietta 2:58 – (James 'Jimmy Dee' Fore and Larry Hitzfeld)

9. On the Run 3:32 – (John Fogerty)

Mit dem „Shep"-Album hatte John wieder seinen Arbeitsrhythmus gefunden. Er machte nicht sofort eine Phase des Zweifels durch wie nach den „Blue Ridge Rangers", als die gewohnten Erfolge ausgeblieben waren. Zwar hatte das „Shep"-Album sein Ziel verfehlt, in die Top 10 der Charts zu gelangen, aber das konnte man auch dem Zeitgeschmack anlasten. Der Disco-Boom steckte 1976 noch in den Kinderschuhen, doch dass Disco der Sound der 1970er werden würde, musste Fogerty geahnt haben. Wie später auch bei „Eye Of The Zombie" sah er das Allheilmittel in der Orientierung an Trends. Im Studio abbeitete er wieder allein, um weiterhin Diskussionen mit Mitstreitern aus dem Wege zu gehen und vielleicht auch, um schneller neues Material auf den Markt werfen zu können. Zugleich wuchs seine Unsicherheit. Hank Bordowitz zitiert Fogerty: „Etwas war falsch. Ich wusste nicht was. Ich war sehr misstrauisch, etwas lief falsch. Das war der Zeitpunkt als ich begann, mich zu fragen: ‚Worauf arbeitest du hier hin?‘ Ich bekam große Schlafstörungen, und was alles noch so damit einhergeht… Ich nahm die Platte für Asylum auf, so gut ich konnte. Aber zurückblickend muss ich sagen, dass eine Menge der Schalter, die bei mir klick, klick, klick aus gegangen waren, aus geblieben sind. Die Fähigkeit, sich selbst zu hinterfragen und brutal gegen sich selbst zu sein, war in jedem Fall weg. Da gibt es eine Reihe guter Songs auf dem Album, aber es ist kein gutes Album. Das Songwriting war nicht wie zuvor. Als ich meine Dreißiger erreicht habe, begann ich auszutrocknen. Ich versuchte es immer weiter, und die Ergebnisse waren armselig. Plötzlich hatte ich das Gefühl, dass ich nicht besser dazu in der Lage war, einen Hit zu landen als der Typ am Ende der Straße mit einem Presslufthammer. Es ist einfach weggegangen, ich wusste, dass es weg war. Die Kreativität war weg, und ich wusste dass sie weg war. Und das war ein schreckliches Gefühl für jemanden, der mal so gut war.“

Doch wie schon zuvor bei den Singles You Don’t Owe Me / Back In The Hills und Comin’ Down The Road / Ricochet wollte John Fogerty trotz all dieser wachsenden Zweifel unbedingt liefern. Während er ins Studio zurückkehrte, arbeiteten seine ehemaligen Bandkollegen ebenfalls an neuem Material. Tom veröffentlichte mit seiner Band Ruby auf seinem eigenen Ginseng-Label zunächst eine Single in kleiner Auflage und dann auch eine erste LP. Stu Cook und Doug Clifford gründeten mit Don Harrison, einem musikalisch unbeschriebenen Blatt, und dem Gitarristen Russel Da Shiell die Don Harrison Band. Damit kamen sie bei Atlantic Records unter Vertrag.

Im April 1976 erschien auf Asylum die Vorabsingle You Got The Magic / Evil Thing. Auf dem Cover war John Fogerty im „Leisure Suit“ zu sehen mit einem Banjo in der Hand, ein Live-Foto von der letzten Creedence-Tournee. Das Bild hätte zu Blue Ridge Mountain Blues gepasst, doch nicht zu der aktuellen Single, denn die Musik darauf war Disco. Von einem Banjo war nichts zu hören. Stattdessen ein Clavinet, ein funkiger Bass und Moog-Klänge, dazu Fogertys Stimme. Das war mehr als gewöhnungsbedürftig. Die alten Creedence-Fans konnte das nicht erreichen, und für das weichgespülte Disco-Publikum, das Donna Summer und Gloria Gaynor gewohnt war, kam Johns Stimme sicher zu rau rüber. Trotzdem erreichte die Single Platz 87 in den US-Charts.

Das fertige Album, das er Joe Smith, dem neuen Boss von Asylum vorstellte, spiegelte nicht nur in der Songauswahl Johns Zerrissenheit wider. Aus jeder erdenklichen musikalischen Schublade hatte er sich bedient. Es begann mit You Got The Magic, eben jener weißen, kraftlosen Version des Funk. Einziger Glücksmoment für Fogerty-Fans war, als John zu einem Gitarrensolo ansetzte. Es folgte Between The Lines, eine eher langsame und nachdenkliche Ballade. Dieser Song hätte sicher eine Chance gehabt, lehnte er sich doch musikalisch mit Orgel und Gitarre ein bisschen an die Pendulum-Produktion an. Leave My Woman Alone war eine mit damals modernen Funk-Elementen versetzte Cover-Version eines Ray-Charles-Klassikers. Allerdings war sie weit von der Intensität des anderen Ray-Charles-Covers The Night Time Is The Right Time von Creedence entfernt. Eine Wah-Wah-Gitarre nervte eher, und der Gesang wirkte kraftlos und heruntergeleiert. In einem TV-Special nahm Fogerty den Song 1985 noch einmal mit einer besonders gut besetzten Band auf. Duck Dunn am Bass und Prairie Prince am Schlagzeug, Booker T Jones an der Hammond-Orgel und Albert Lee an der zweiten Gitarre sowie Ry Cooders Background-Sänger wie Bobby King und Terry Evans machten den Song zu einem Erlebnis, und Fogerty war der Aufgabe auch selber stimmlich gewachsen.

Instrumentals waren nie wirklich seine Stärke, aber vollkommen überflüssig war Marchin' To Blarney, eine Art irische Volksweise, auch wenn Fogerty das Arrangement und damit das mittelalterliche irische Schloss Blarney nach Schottland verlegt hatte, wie er Marchin' To Blarney kommentierte: „Die Songs funktionierten nicht. Einiges auf dem Album war einfach Kokolores. Ich habe letztendlich sogar eine Art schottisches Trommelregiment-Instrumental drauf gepackt, weil mir nichts Besseres eingefallen ist." Bereits 1973 war er an einem Instrumental gescheitert. An diesem Single-Stück, Ricochet, hatte er sich jetzt beim Titelsong Hoodoo Man rhythmisch orientiert, doch statt Saxophoneinlage griff Fogerty wieder zur Gitarre, jagte sie durch Effekte wie Phaser und Wah-Wah. Das Bedrohliche, das ein Hoodoo, ein mystischer Unglücksbote, mit sich bringen würde, spiegelte sich nicht wirklich in der Melodie und auch nicht im Beat. Das gelang zehn Jahre später viel besser bei Eye Of The Zombie. Soviel zu den Schwächen des Albums. 1990 erschien eine Album-Kritik in „Vox", in der einige wenige Stücke hervorgehoben wurden: „'Hoodoo Man' ist ein treibendes Rock-Stück im CCR-Stil, in dem Fogerty von 'moondogs on the prowl' faucht, während 'On The Run' klingt, als würde es leicht zwischen 'Down On The Corner' und 'HaveYou Ever Seen The Rain' passen... 'Between The Lines' ist eine von Fogertys besten grüblerischen Balladen."

Auf der Plus-Seite sind Between The Lines, der Cover-Song Henrietta, On The Run und Telephone zu nennen. Telephone ist sicher einer der gelungeneren Songs des Albums. Fogerty singt kraftvoll, und zugleich phrasiert er kunstvoll die Zeilen, die seine Sehnsucht nach der Geliebten ausdrücken. Das Saxophonsolo unterstreicht dieses Gefühl fast wie bei Long As I Can See The Light. Der Bass-Sound und auch das Schlagzeug waren aber jetzt weitaus moderner und dem Zeitgeist angepasst. Evil Thing: Die Rückseite der Vorabsingle ist ein echter Discosong. Die Basslinie, gespielt auf einem Clavinet, ersetzt dabei die für Fogerty sonst üblichen Hooklines – Gitarrenriffs, die den Zuhörer ködern und die Unverwechselbarkeit seiner Songs ausmachen, wie etwa die Anfangstöne von Green River oder Proud Mary. Lyrisch ist der Song eine Anklage gegen eine Frau, die den Sänger bis in den Schlaf verfolgt. Der Rockabilly-Titel Henrietta, im Original aus dem Jahr 1957, stammt von Jimmy Dee And The Offbeats aus San Antonio. Der damals 13-jährige Jimmy Dee hatte mit dieser pubertären Phantasie einen wahren Klassiker geschaffen, der es 1958 bis auf Platz 47 der US-Charts brachte. Für Jimmy Dee blieb es der einzige Hit, der später in den 60ern von den Trashmen und in den 70ern von Doug Sahm gecovert wurde. Fogertys Version war mal wieder eine recht exakte Kopie des Originals, wirkte nur aufgrund der besseren technischen Möglichkeiten weitaus kraftvoller als das Original.

Der letzte Song des Albums, On The Run, klingt angelehnt an Almost Saturday Night und Dream/Song und hätte – besser abgemischt– auch auf das „Shep"-Album gepasst. Das Thema entstammt wieder dem klassischen Folk- und Country-Songbook: Der „lonesome fugitive", der vor der Staatsmacht auf der Flucht ist, typischerweise wie ein Hobo im Zug. Das mag Fogertys Gefühlswelt zu der Zeit entsprochen haben: Er thematisiert seine Sehnsüchte, seine Erinnerungen, die unwiederbringlich verlorene Zeit, die Flucht vor den bösen Geistern, die er bei Fantasy hinter sich gelassen hatte. Mit der Amsel auf der Telefonleitung gelang ihm eine Metapher der künstlerischen Freiheit, die er wieder erlangen wollte. Er hat es nicht vermocht. Das Scheitern war in dieser Phase seines Lebens die wahrscheinlichere

Entwicklung. Die Verzweiflung darüber ließ John Fogerty für neun Jahre in der Versenkung verschwinden.

Ein Anruf hatte seine Träume von einer aufsehenerregenden Rückkehr in die Popwelt beendet. Joe Smith, der neue Boss von Elektra/Asylum meldete sich bei ihm, nachdem die Vorab-Single bereits ihren Höhepunkt überschritten hatte. Smith bot ihm an, das Album zu veröffentlichen, sagte ihm aber zugleich: „John, das ist kein gutes Album." Gemeinsam beschlossen sie, das bereits mit Bestellnummer angekündigte „Hoodoo"-Album nicht auf den Markt zu bringen. Es kursiert seither nur als Bootleg. Die Formel, auf die man sich in dem Gespräch einigte: John Fogerty sollte erst mal einen Weg zurück zu seiner Songwriter-Kunst finden. Fünf Jahre nach dem letzten Album von Creedence Clearwater Revival hatte er sein Leitmotiv von der nostalgischen Welt des Bayou Country aus den Augen verloren.

Was folgte waren Jahre voller Bitterkeit, Prozesse und Selbstzweifel. Als John Fogerty jetzt Geld von seinem Steuersparkonto auf den Bahamas abheben wollte, stellte er fest, dass sich die Bank im Nichts aufgelöst hatte. Die Geschäftsführung von Fantasy Records, die dort ebenfalls Gelder geparkt hatte, hatte diese kurz zuvor abgehoben. So waren die ehemaligen Bandmitglieder von Creedence – im Unterschied zu Saul Zaentz– sämtlich um ihre Ersparnisse beraubt. Die Suche nach den Verantwortlichen dauerte nicht lange: 1978 reichte John Fogerty Klage gegen die Gründer der Bank sowie seine Finanzberater und den ehemaligen Anwalt der Band ein. Seiner Klage schlossen sich 1980 schließlich auch die übrigen Bandmitglieder an. Die Castle Bank And Trust war von prominenten Hollywood- und Mafiagrößen genutzt worden, aber auch die CIA bediente sich der Bank, um Operationen etwa in Kuba zu finanzieren.

Die vier von Creedence waren annähernd bankrott. John Fogerty hatte zwar noch Einnahmen aus seinem Songwriting, und Doug und Stu verdienten weiter als Produzenten und Musiker, doch Tom Fogerty stand vor dem Aus. Bei ihm und Stu Cook zerbrachen die Ehen. Während John sich permanent mit Anwälten auseinandersetzte, versuchte, endgültig aus dem Vertrag mit Fantasy raus zu kommen und zugleich herauszufinden, was seine Songwriter-Blockade verursachte, arbeiteten die übrigen Creedence-Musiker weiter an verschiedenen Projekten. Tom produzierte sein letztes Soloalbum „Deal

It Out", spielte in Bars und Clubs in und um San Francisco, hatte Probleme mit Alkohol und Drogen und mit der Realität. Er sah sich noch immer als Star in der Musikszene. Wie alle Solo-Versuche Tom Fogertys scheiterte auch „Deal It Out" beim Publikum. Die Don Harrison Band und auch die Produktionen von Doug Clifford mit Doug Sahm waren ebenfalls kommerziell nicht mit den früheren Kassenschlagern zu vergleichen. Es ließ sich nicht mehr verheimlichen, dass die einst so erfolgreichen CCR-Musiker bei ihren Alleingängen scheiterten. Sämtlichen Versuchen von Tom, Doug und Stu, Creedence wieder zusammenzubringen widersetzte sich John Fogerty aber mit Vehemenz.

Am 19. Oktober 1980 heiratete Tom Fogerty seine zweite Frau Patricia Clapper, und bei der Feier spielten alle vier Mitglieder von Creedence Clearwater zum letzten Mal zusammen. Zeitgleich setzte Fantasy die Ausbeutung des alten Creedence-Katalogs fort. Nach zahlreichen „Best Of"-Zusammenstellungen und „Live in Europe" mit dem Trio veröffentlichte die Plattenfirma im Oktober 1980 das zweite Live-Album von Creedence – das erste mit dem vollständigen Quartett. Titel: „The Royal Albert Hall Concert". Dabei unterlief der Plattenfirma ein großer Irrtum. Das Konzert, das sie rausgebracht hatte, war 1970 im Oakland Colisseum aufgenommen worden, jenes Konzert, das auch für das TV-Special gefilmt worden war. Doug Clifford machte Fantasy auf den Fehler aufmerksam, und spätere Auflagen des Albums erschienen unter dem Titel „The Concert". Creedence landeten zehn Jahre nach der Aufnahme neuerlich in den Album-Charts, auf Platz 62, und auch diese Scheibe erlangte einige Jahre später noch den Platin-Status mit über einer Million verkauften Exemplaren.

Im Frühjahr 1983 kam es schließlich zur Entscheidung im Prozess mit der Castle Bank. John wurden über 4 Millionen Dollar zugesprochen und den anderen drei Bandmitgliedern je rund anderthalb Millionen. Obwohl die gegnerische Partei in Berufung ging und keine Gelder flossen, fühlte John Fogerty sich als moralischer Gewinner und begann mit dem Songwriting für ein neues Album, das bei Warner Brothers erscheinen sollte. Die hatten zwischenzeitlich das Label Elektra/Asylum gekauft.

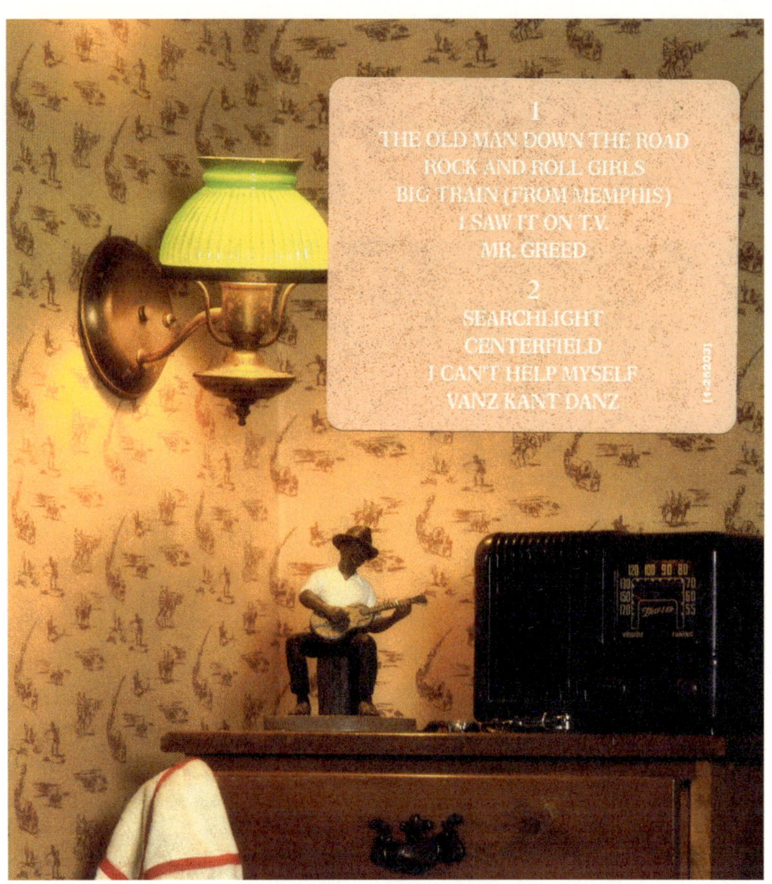

Das überklebte Cover von „Centerfield"

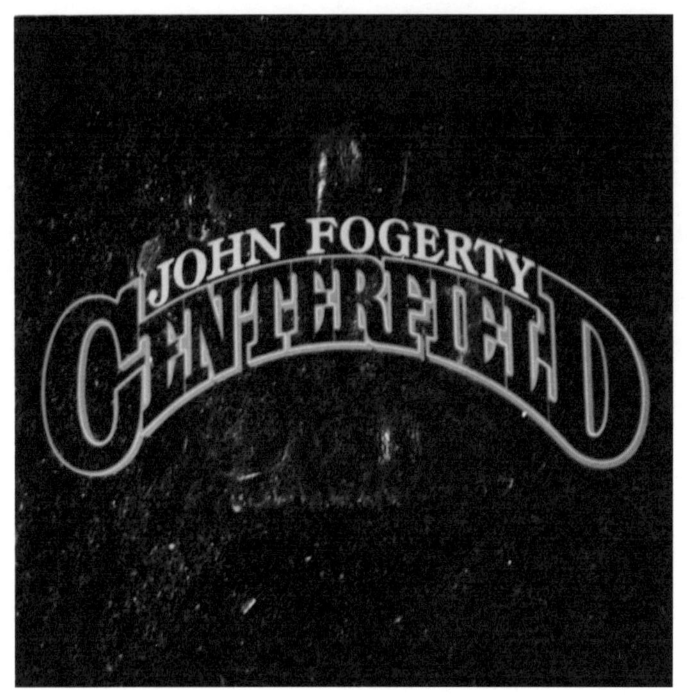
JOHN FOGERTY
CENTERFIELD

Centerfield (Billboard Platz 1)

Aufgenommen in den Plant Studios in Sausalito von Mai bis September 1984

1. The Old Man Down The Road 3:32 – (John Fogerty)

2. Rock And Roll Girls 3:26 – (John Fogerty)

3. Big Train (From Memphis) 2:58 – (John Fogerty)

4. I Saw It On T.V. 4:19 – (John Fogerty)

5. Mr. Greed 4:05 – (John Fogerty)

6. Searchlight 4:29 – (John Fogerty)

7. Centerfield 3:50 – (John Fogerty)

8. I Can't Help Myself 3:11 – (John Fogerty)

9. Zanz Kant Danz 5:30 – (John Fogerty)

Mit dem Rückschlag von „Hoodoo" im Nacken, dem Erwartungsdruck der Plattenfirma auf den Schultern und den eigenen Ansprüchen im Kopf war Fogerty Tag für Tag im Studio, um an seinem Comeback zu arbeiten. Was ihm in den Creedence-Zeiten wie von selbst zugeflossen war, musste er sich jetzt müham erarbeiten. Das tat er mit einer Verbissenheit, die seine Bandmitglieder damals so gehasst hatten, als er sie an den Tag gelegt hatte, um die Band voranzutreiben. Die spontane Kreativität – das hat er mehrfach in Interviews geäußert – war wie mit einem Schalter „klick, klick, klick" abgeschaltet. Das ließ sich nicht zurückdrehen. Für ihn gab es daher nur einen Weg: Er musste analysieren, was ihm zu Creedence-Zeiten so großartig gelungen war, um es dann wie ein Puzzle aus den Versatzstücken der Vergangenheit zu rekonstruieren. Dafür legte er sich einen Baukasten der Kreativität an, damit er mit einzelnen Elementen daraus wieder Songs schaffen konnte, die an die Hits der 60er Jahre anschließen könnten. Damals, so bekannte er dem „Guardian“ 2013 in einem Interview, „war ich am besten in meinem ganzen Leben“. War er früher emotional genial, blieb ihm jetzt nichts anderes, als intellektuell theoretisch bemüht zu sein. Dafür gab es nur eine Fogerty-typische Lösung: Er musste alles total unter seiner Kontrolle haben, alle Songs selber schreiben, alle Instrumente selber spielen. Bei so viel Kalkül bestand die Gefahr, dass das Ergebnis sachlich kühl ausfallen könnte.

Dagegen stand Fogertys subjektive Definition von Rock ’n’ Roll und sein erklärter Wille, wieder eine Rock ’n’ Roll-Platte aufzunehmen: „Es gibt nur einen Schauplatz, von dem der Rock ’n’ Roll ausgeht, und das ist ein junger Schauplatz. Von diesem Standort aus schreibt man Songs und singt sie. Es ist ein isolierter naiver kleiner Schauplatz. Mein Lieblingsort.“ Die Besinnung auf die Kindheit als Konzept, das würde aber nur relevant sein, wenn die Aussage auch mit den Erinnerungen des Publikums übereinstimmte – und mit dessen Werten. Ein starkes Statement in diese Richtung war das Cover des Albums, dessen Gestaltung von Johns Bruder Bob konzipiert war. Zum ersten Mal bei einer John-Fogerty-Platte zeigte die Hülle kein Porträt des Künstlers. Stattdessen war ein Baseball-Handschuh abgebildet – für Amerikaner ein emotionales Symbol ihrer Identität. Und das Foto der Rückseite bildete das Zimmer eines jugendlichen Baseballfans aus den 50er Jahren ab. Sorgfältig mit Devotionalien eingerichtet, erweckt es den Eindruck eines Museums der Kindheitserinnerungen. Weitere wichtige Details am Rand: ein Cowboy, die Figur eines Blues-Sängers und ein Radio.

Auf der CD-Hülle wie auch im Booklet fehlt dieses aussagestarke Foto unverständlicherweise. John widmete das Album auf der inneren LP-Schutzhülle „Gossimer Wump“ und Träumen, die überleben. Tatsächlich hieß die Comic-Figur Gossamer Wump, eine Gestalt aus Johns Kindheit, die er von einer 78er-Schallplatte kannte. Gossamer sah eine Straßenkapelle, war begeistert und konnte sich nicht entscheiden, welches Instrument er erlernen wollte. Schließlich entschied er sich für den Triangel, und nach einigen erfolglosen Versuchen in Orchestern perfektionierte er Jahre später sein „tingle“. Für Außenstehende war zwischen seinem ersten „jingle“ und dem späteren „tingle“ kein Unterschied, aber Gossamer hörte ihn. Fogerty sah sich selbst darin: „Das ist es, was ich an dieser Geschichte mag: Nach zehn Jahren, die ich allein in meiner Garage spielte. Andere mögen den Unterschied nicht hören, aber ich höre es. Gossamer blieb seinem Traum treu, deshalb habe ich das Album Gossamer Wump gewidmet.“ Außerdem bedankte er sich auf der Innenhülle bei Joe (Smith), Lenny (Waronker) und Mo (Ostin), den Bossen seiner Plattenfirma, dafür dass sie nicht aufgehört hatten, an ihn zu glauben. Auf der Schutzhülle, die mit einem Tapetenmuster aus Motiven des Wilden Westens gestaltet war, sind die Texte der Songs abgedruckt und auch ein Foto von John im karierten Hemd mit Strohhut.

„Centerfield“ wurde wie die Rückkehr des verlorenen Sohnes aufgenommen. Der „Rolling Stone“ prophezeite unter der Überschrift „Fogerty still hits with power“, dass er nach zehn Jahren Abwesenheit eine völlig neue Generation als treue Anhänger gewinnen würde. Das Album sah der Rezensent Kurt Loder als fast nahtlose Fortschreibung des Creedence-Sounds. Den definierte er als Konglomerat aus den „ehrwürdigsten stilstischen Elementen des Rock: Delta Blues, Louisiana Swamp Rock, Memphis Rockabilly – und doch brannte er mit einem eigenen Feuer“. Dahinter stand für Loder die „Prämisse, dass Rock ’n’ Roll, echter Rock ’n’ Roll – nie sterben werde“. Einen Wermutstropfen lieferte aber die Besprechung in „Record“. Sie legte den Finger in die offene Wunde. Die nahe liegende Kritik: „Kindheits-Sehnsüchte, musikalische Selbstzitate, besessene Nostalgie.“ Das war etwas, was John Fogerty nicht von der Hand weisen konnte. Seine Selbsteinschätzung: Er war etwas altmodisch, hatte die 70er Jahre wie in einer Zeitkapsel in die 80er transponiert. Auch die gut gemeinten Ratschläge des „Rolling Stone“ zielten in diese Richtung: Er möge doch mal häufiger das Haus verlassen, den Rand der Glasglocke, unter der er Musik macht, etwas anheben, um Luft hereinzulassen. Er mache zwar großartigen Rock ’n’ Roll, doch „für Fogerty ist die Vergangenheit offensichtlich ein sehr komfortabler Standort, aber er ist natürlich auch sehr voraussagbar. Und das ist ‚Centerfield‘ zum größten Teil auch“.

Der erste Song, den er für „Centerfield“ geschrieben hatte, war I Saw It On T.V. Er erinnerte sich an seine Kindheit und setzte bewusst musikalische Phrasen ein, die ihn mit seiner Vergangenheit in Verbindung brachten. Ähnlichkeiten des neuen John-Fogerty-Materials mit dem, was er für Creedence geschrieben hatte, waren also durchaus beabsichtigt. Und diesmal war man bei Warner Records begeistert, als er die ersten Ergebnisse seiner neuen Kreativität präsentierte. Mit sechs Titeln seines neuen Albums war Fogerty angereist, um sie Lenny Waronker vorzuspielen. Er war hoch verunsichert: „Nun Lenny, wie kann dich ein 39-jähriger ehemaliger Rock 'n' Roll-Sänger dazu bringen, sich seine Aufnahmen anzuhören?“ Waronker antwortete: „Ich denke, wir hören sie uns einfach an.“ Das bekam er zu hören:

1. The Old Man Down The Road (Billboard Platz 10)

Am Anfang war da dieses Gitarrenriff, das John im Kopf hatte, ein typischer Fogerty-Sound. Ein Riff, das direkt aus einer Creedence-Platte hätte stammen können. Wie üblich machte er sich erst später Gedanken über den Songtext. In seinem kleinen Notizbuch, das mit seinen spontan aufgeschriebenen Titel-Ideen schon die Anregung für Proud Mary und Bad Moon Rising enthalten hatte, fand John die Zeile „Somewhere Down the Road“. „Ich habe die gesamte musikalische Struktur des Songs aufgeschrieben, und dann habe ich mit der Arbeit am Text begonnen..., aber er schien nicht so stark wie die Musik zu sein...“, beschrieb er 1985 in der Zeitschrift „Musician“ seine Arbeitsweise. Langsam fügten sich die Bilder aneinander, und der Song entstand. Mit dem Titel war er aber unzufrieden: „Der war doch eher abstrakt, nicht powervoll genug... Übrig blieb der Teil über den Typen mit seinem Schlangenhaut-Koffer, der mitten auf der Straße steht. Ich überarbeitete das wieder, daraus wurde schließlich 'The Old Man Down The Road', was ein viel stärkeres Bild ist und zur Musik passt.“ Heraus kam eine Spukgeschichte.

Schon früh war er sich über die Bedeutung von Song-Titeln bewusst geworden: „Robert Hilburn (von der „Los Angeles Times“) fragte mich einmal, ‚Was ist das wichtigste für einen Hit?' Ich sagte: Der Titel!“ Verglichen mit der Leichtigkeit des Jahres 1969, als die Ideen und Songs scheinbar schneller seiner Genialität entsprangen, als sie aufgenommen werden konnten, war Old Man Down The Road das Ergebnis harter Arbeit. Zwar haben Doug Clifford, Stu Cook und Saul Zaentz den Song für eine Kopie von Run Through The Jungle gehalten, weitaus größer jedoch ist die Ähnlichkeit zu Green River und Suzie Q. Deutlich erkennbar wird, wie er im Baukastenprinzip viele Songs des neuen Albums zusammengefügt hat. So hätten viele Zeilen aus Old Man Down The Road von Bo Diddley stammen können und der Beat von Honky Tonk Women der Stones. Walter Dawson schrieb im „Commercial Appeal": „The Old Man Down The Road ist der vielleicht beste Voodoo-Rock-Song, seit Bo Diddley fragte ‚Who Do You Love?'". Als die erste Single vorab im Dezember 1984 mit Old Man Down The Road und Big Train (From Memphis) veröffentlicht wurde, war John Fogerty zurück an der Spitze der Charts. Die Hülle der in Deutschland von Bellaphon veröffentlichten Single zeigte das Schwarz-weiß-Bild einer Straße.

Ein Jahr zuvor hatte Michael Jacksons Musikvideo „Thriller" Furore gemacht. So war es nur logisch, dass auch Warner Bros. die Rückkehr des einstigen Superstars mit einem Video unterstrichen: Der Sänger wird erst in der letzten Einstellung erkennbar, nachdem ein langes Gitarrenkabel als roter Faden durch den Film führt – von einem kleinen Tweed-Amp im Wald, an Baustellen entlang und durch eine Stretchlimousine. Am Ende des Kabels steht John Fogerty ganz in Schwarz gekleidet und spielt eine rote Stratocaster-Gitarre. Er selbst stand nicht hundertprozentig hinter der Idee, ein Video zu produzieren. Dem „Musician" sagte er: „Als Autor stelle ich das Ganze in Frage: Du gibst jemandem eine Visualisierung vor, der eigentlich sein eigenes Bild in seiner Phantasie bilden könnte. Es gibt für mich ein großes Fragezeichen, ob ich noch mal ein Video machen werde." Der „Rolling Stone" schrieb in seiner Vier-Sterne-Kritik: „‚The Old Man Down the Road' mit seinem scharfen Gumbo-Gitarrenriff und seinen rollenden Rhythmen könnte als bisher unentdeckter Goldklumpen aus dem klassischen Creedence-Kanon durchgehen."

2. Rock And Roll Girls (Billboard Platz 20)

Für Kurt Loder löste auf dem Album ein starkes Stück das andere ab: „Das Jodel-gefärbte ‚Rock And Roll Girls', das heiß auf den Spuren des Grooves von ‚Old Man Down the Road' folgt, ist eine recht spektakuläre Demonstration, was man noch immer mit drei simplen Akkorden und einem dröhnenden Saxophon machen kann." Fogertys zündende Idee dahinter: Es gibt eine Zeit im Leben, die von überwältigenden Gefühlen bestimmt wird – erweckt durch Liebe und Musik. Er verbindet dabei in den Versen seine

Rock ’n’ Roll-Erinnerungen mit der ersten Verliebheit seiner damals 14-jährigen Tochter Laurie. Daher auch der Titel. „Es ist ein einfacher Song... Aber für mich hat er große Bedeutung. Dieses bestimmte Alter, durch das alle Mädchen müssen. Für sie ist es diese wunderbare Zeit zwischen dem Dasein als Kind und dem als Frau. Ganz genau dazwischen, aber immer noch die Zeit der Unschuld. Ich habe eine Tochter, und man schaut ihr in die Augen und man weiß, dass die Zeile ‚Secrets on the telephone‘ wahr ist.“ Das Ganze erzählt er aus der vermeintlich weisen Rückschau des Erwachsenen (typisch amerikanisch: „Life is just a rodeo“), der sich danach sehnt, nur in Buffalo am See zu sitzen, Radio zu hören, die Welt vorbei ziehen zu sehen. Nicht zu Unrecht bemängelt Kurt Loder veraltete lyrische Wendungen wie „A rainbow in my mind“. Fogerty bringt es sogar fertig, sich im Text selbst zu zitieren: „Hey let’s go all over the world“ („Here we go, rockin’ all over the world“).

Musikalisch („Es sind nur diese drei großartigen Akkorde“) war Rock And Roll Girls die Umkehrung der Akkorde von Lynyrd Skynyrds Sweet Home Alabama. Statt eines Gitarrensolos spielte Fogerty ein klassisches Rock ’n’ Roll-Saxophon ein. Rock And Roll Girls war die A-Seite der zweiten Single, die aus dem Album ausgekoppelt wurde. Ein Video dazu wurde live aus einem TV-Special des Senders „Showtime“ mitgeschnitten. Für das Konzert am 31. Januar 1985 hatten Warner Brothers rund 200 Gäste zur Chaplin Stage in Hollywood eingeladen. Und Fogerty hatte für seinen ersten öffentlichen Auftritt seit über zehn Jahren endlich wieder Spitzenmusiker engagiert. Mit dabei waren die Background-Sänger von Ry Cooder um Bobby King und Terry Evans, Donald „Duck“ Dunn am Bass und Booker T. Jones an der Orgel, Prairie Prince von den Tubes am Schlagzeug und Albert Lee an der Gitarre. Eine besondere Reminiszenz für Fogerty war die Verpflichtung des Saxophonisten Steve Douglas, der schon für Duane Eddy, Elvis Presley, die Beach Boys und Willy DeVille gespielt hatte. So stellte er eine Allstar-Band auf die Beine, wie sie nur wenige Musiker je um sich scharen können. Rock And Roll Girls war der einzige Song aus Fogertys Feder, der an diesem Abend gespielt wurde. Das übrige Programm setzte sich aus Gospel-, Blues- und Rock ’n’ Roll-Klassikern zusammen. Das Konzert wurde im Juni 1985 auch über Radio in die gesamten USA übertragen. Obwohl es musikalisch brillant war, ist es nie von Fogerty als Album oder Video veröffentlicht worden. Nur Rockin’ Sidneys Titel My Toot-Toot, den er mit dessen Band aufnahm, entwickelte kurze Zeit später noch ein Eigenleben und wurde zum Hit.

3. Big Train (From Memphis)

Zum ersten Mal seit den „Blue Ridge Rangers“ gelang es John Fogerty, mit Big Train (From Memphis) wieder in die Country-Charts einzuziehen. Mit dem formelhaften Titel, der sowohl Rockabilly-Anleihen bot, als auch Country-Floskeln nutze, landete er auf Platz 44. Der Text war, wie so oft, eine Erinnerung an seine Jugend, als Elvis Mystery Train aufnahm und in den Sun-Studios Carl Perkins, Jerry Lee Lewis und Johnny Cash ihre ersten Hits produzierten. Die Akkordfolge sowie das musikalische Gefühl glichen Elvis' Mystery Train. Der „Rolling Stone“ erkannte: „‚Big Train (From Memphis)‘ ist die klarste und direkteste Hommage, eine bis ins letzte Detail perfekte Wiederbelebung des sparsamen hallbetonten Rockabilly Sounds, der aus den Sun-Studios kam. Der Song beklagt sowohl den Verlust durch Elvis Presleys Tod als auch das Versiegen der originellen Kraft, die Rock einst besaß. (‚Now he's gone, gone, gone‘, singt Fogerty.)“ Die Metapher des Zuges verbindet die nostalgische Rückbesinnung auf eine vergangene Epoche mit der Huldigung des großen Vorbilds aus Memphis: „Als jener Zug aus Memphis durchfuhr, blieb diese alte Welt nicht mehr dieselbe.“ So bezieht sich der „Roar“, dem der kleine John in seinem Bett nachhorchte, auf die Dampflokomotive und auf Elvis' Stimme. Zum Ausklang der Melodie zitierte John Fogerty noch den klassischen Train-Blues Freight Train, den die schwarze Sängerin und Gitarristin Elizabeth Cotten Anfang des 20. Jahrhunderts geschrieben hatte.

Gleichzeitig spielte er damit auf sein Gitarristen-Idol Duane Eddy an, der Freight Train 1969 aufgenommen hatte. Dessen „cool sound“ hatte ihn fasziniert, als er ihn 1959 live im Oakland Auditorium gesehen hatte. „Es ist eine großartige Erinnerung für mich“, erzählte er Eddy, als die Zeitschrift „Musician“ 1991 die beiden zu einem Gespräch zusammenbrachte. Eddy gehörte für ihn in die Reihe seiner frühen Einflüsse: „Scotty Moore, James Burton, Duane Eddy, The Ventures.“ Bedeutender als die Positionierung in den Charts war für Fogerty sicher, dass der Produzent Chips Moman den Titel für seine Produktion „Class Of '55“ wählte. Im September 1985 kamen in den Sun-Studios die alten Stars Roy Orbison, Carl Perkins,

Johnny Cash und Jerry Lee Lewis zusammen, um gemeinsam noch einmal Aufnahmen zu machen, des Kings of Rock ’n’ Roll Elvis Presley zu gedenken, aber sicher vor allem, um ihren lahmenden Karrieren neuen Schub zu verleihen. Zum Abschluss der Aufnahmesession versammelten sich weitere Musiker, um gemeinsam Big Train (From Memphis) zu singen. Bei der Aufnahme, die auch gefilmt wurde, stand Fogerty zwischen Roy Orbison und Johnny Cash am Mikrofon. Zugleich war dies die letzte Aufnahmesession von Ricky Nelson, der in der Silvesternacht 1985 – nur 45 Jahre alt – mit einem Flugzeug abstürzte. Den Chor der Stars bildeten bei dieser Gelegenheit: Toni Wine, Paul Davis, Dan Penn, June Carter Cash, Rebecca Evans, Chips Moman, Reba Russell, Sam Philips, Dave Edmunds und The Judds. Fogerty war zurück, er war unter seinesgleichen angekommen, und sie alle sangen sein Lied: Big Train (From Memphis)!

4. I Saw It On T.V.

Wieder griff John Fogerty tief in seinen Baukasten: musikalische Zitate aus Who’ll Stop The Rain und die Erinnerung an seine Kindheit. Die Szenen, die er in I Saw It On T.V. beschrieb, waren überwiegend historische Momente aus den 1950er und 1960er Jahren – seine „gemeinsamen Emotionen mit Millionen anderen meiner Generation“. Von Eisenhower bis zur Furcht vor der Atombombe, von Elvis Presley bis Annette Funicello, vom Auftritt der Beatles in den USA, über Kennedys Ermordung bis hin zur Berichterstattung über den Krieg in Vietnam. Auffallend ist, dass ausgerechnet Ronald Reagan – damaliger Präsident und Vertreter der rechten Republikaner – mit keinem Wort erwähnt wird. Durch die hintergründige Formulierung „Ich weiß, dass es wahr ist, weil ich es im Fernsehen gesehen habe“ waren andeutungsweise kritische Töne herauszuhören, wie er sie einst in Fortunate Son und Who’ll Stop The Rain verwendet hatte, und wie sie immer wieder bis in die Gegenwart seine Musik bestimmen, – auch wenn er sich nicht als politischen Künstler verstehen wollte, sondern eher als sozialkritischen. Doch die Banalität der Aufzählung und die „lazy melody“ („Rolling Stone“) hinterlassen eher einen schalen Nachgeschmack.

I Saw It On T.V. ist der erste Song, den er nach dem Prozess mit der Castle Bank für sein neues Album schrieb. Er war auf einem See bei El Sobrante unterwegs zum Angeln gewesen: „Dann kam mir die erste Zeile in den

Sinn: ‚They sent us home, to watch the show, comin' on the little screen. A man named Ike was in the White House, big black limousine.' Das ist mir tatsächlich passiert. Kaum einer hatte damals in den 50er Jahren einen Fernseher. Ich erinnere mich daran, wie ich in der zweiten oder dritten Klasse nach Hause kam und diese Phalanx großer schwarzer Limousinen auf dem Bildschirm sah. Das war das erste Bild, das mir in den Sinn kam." Ausführlich beschrieb er die Entstehungsgeschichte im Songbook zum Album: „Es war eine der schwierigsten Sachen, die ich je getan hatte, mich daran zu erinnern, wie es wirklich war, als ich zwölf Jahre alt war. Ich hatte mir schon eine Struktur für den Song aufgeschrieben, so schreibe ich die meisten meiner Songs. Ich weiß, dass es ernst wird, wenn ich eine Struktur aufschreibe. Wie in einem englischen Literatur-Seminar. … Ich habe den ganzen Tag keinen Fisch gefangen, was vermutlich gut war. Um 6 Uhr hatte ich dann anderthalb Verse und ich wusste, wohin sich der Rest entwickeln würde. Als ich schließlich aus dem Boot gestiegen bin, habe ich zu mir selbst gesagt: ‚Ich hab' es geschafft. So kann ich es machen.' Es war das erste Mal in ungefähr neun Jahren, dass der Schalter angegangen war. … Ich wartete auf dieses Gefühl in meinem Solar Plexus, und das ist mit ‚T.V.' passiert. Es hat mich wie eine Ladung Backsteine getroffen. In diesem Moment sind 12 bis 14 Jahre von mir abgefallen. Es bedeutete: ‚Los geht's! Es ist zurück! Du kannst arbeiten!' Jenseits der Geburten von Kindern oder des Heiratens war dies einer der wichtigeren Momente in meinem Leben."

Dieser Moment hatte im Mai 1983 stattgefunden, also gute anderthalb Jahre, bevor das Album „Centerfield" John Fogerty selbst wieder ins Rampenlicht und ins Fernsehen bringen sollte. 13 Jahre nach dem ungleich besseren Who'll Stop The Rain, mit dessen Melodie I Saw It ON T.V. ausklingt.

5. Mr. Greed

Wie eine Art Bewältigungsstrategie bastelte Fogerty sich einen Hardrock-Song und machte seiner Wut Luft über die Gier seines ehemaligen Plattenfirmenbosses und all jener, die ihn umgaben und dessen Spiel mitspielten. Bei Mr. Greed, also der personifizierten Gier, war er aber noch klug genug, den Übeltäter nicht beim Namen zu nennen. Allerdings geht Fogerty so weit, Mr. Greed den Tod zu wünschen und ihm Mord zu unterstellen. Textlich ist das eher zu Papier gebrachte Wut als lyrische Sublimierung. Sein Dauerthema des „Kampfes zwischen einem Künstler und einer gierigen Plattenfirma“ (John Fogerty) eignete sich nicht gerade als kreative Inspiration. Der Song lebt von der Sologitarre und der Wucht des Gesangs, ist aber sicher eher Füllmaterial für das Album gewesen oder hatte den Hintergrund, auch im modernen Hardrock-Genre neue Fans zu finden. Kurt Loder, der sich von Fogerty für die Zukunft etwas mehr frische Impulse wünschte, äußerte sich im „Rolling Stone“: „Noch ungewöhnlicher (als der Song Centerfield), musikalisch gesprochen, ist ‚Mr. Greed‘, was mit seinen quasi emphatischen Powerakkorden und dem kreischenden Gesang eine bisher unbekannte Verbindung zwischen Swamp-Funk und geradem Heavy Metal andeutet. Eine Headbangerband wie Grim Reaper könnte diesen Song covern, ohne einen Schrei auszulassen.“ Auf dem Label der deutschen Ausgabe der LP ist der Titel fälschlicherweise als Mr. Speed angegeben – „Schnelligkeit“ statt „Gier“.

6. Searchlight

Feeling Blue? Born On The Bayou? Searchlight hatte wieder diesen Sound, die tiefe, schwere Tremolo-Gitarre, den Swampsound der Creedence-Jahre. Der Text könnte direkt aus einem Rock ’n’ Roll-Stück der 50er Jahre stammen. Im „Musician“ schilderte Fogerty, wie er zum Titel kam: Gedanklich mit Midnight Special beschäftigt, versuchte er, Töne in Worte zu fassen, sang „Oh, the midnight“, dann „need a searchlight“. Das blieb haften. Einzelne Zeilen von Searchlight erinnern stark an Jody Reynolds’ Endless Sleep aus dem Jahr 1958. Das war kein Zufall, Fogerty wählte diese Analogie bewusst. „Für mich ist das kein Kopieren, sondern ein Aufgreifen von etwas Gutem aus der Vergangenheit.“ Mit zwölf oder dreizehn hatte er Endless Sleep auf seiner Stella-Gitarre nachgespielt. Später nahm er den Song auch als Single auf und brachte ihn sogar im Live-Programm. Inhaltlich gestaltete er das Lied wieder als Gleichnis: der verzweifelte Ausruf eines Suchenden. Er brauchte eine Taschenlampe, einen Suchscheinwerfer, um sich selbst wieder zu finden, die Verbindung zwischen sich und seiner Vergangenheit herzustellen. Am steinigen Strand hatte er sich verloren, und am Ende begegnete er seiner Reflexion im Wasser. „Searchlight ist einer von Fogertys meisterhaft schaurigen Songs“, befand Jay Cocks in seiner Besprechung des Albums im „Time Magazine“.

7. Centerfield (Billboard Platz 44)

Amerikanische Sportjournalisten haben sich mit der Frage beschäftigt, welche Vorbilder John Fogerty für den Titelsong des Albums gehabt haben mag. Dazu muss man wissen, dass Baseball in den USA eine fast mythische Rolle spielt. Namen wie Babe Ruth, Joe DiMaggio (zeitweise mit Marilyn Monroe verheiratet), Mickey Mantle und Willie Mays haben dort einen Heldenstatus. Historische Sammelbilder von Baseball-Spielern erzielen in Auktionen Phantasiepreise. Jugendliche spielen in der so genannten Little League, und in nicht wenigen Kinderzimmern werden immer noch Figuren stehen wie die auf der Rückseite des Albums gezeigte. In einem Interview mit der Website MLB.com (Major League Baseball) blickte Fogerty zurück: „Ich hörte von Ruth und DiMaggio, und während mein Vater und die älteren Brüder über Babes Heldentaten sprachen, bekamen sie riesige Augen." Und der „New York Times" erzählte er 2010: „Im Grunde habe ich mich nur an die spezielle Begeisterung erinnert, die ich als Kind für Center Fielder hatte... Ich hatte das Gefühl, dass der Center Fielder der König war..." Tatsächlich wird von den Baseball-Mannschaften für diese zentrale Position des Schlagball-Spieles der beste Allround-Athlet ausgewählt. So liegen Fogertys Motive für diesen Song auf der Hand: Er wollte zurück aufs Spielfeld, wieder die Hauptrolle spielen, den Sieg nach Hause tragen.

Ausgerechnet diese Metapher für sein Comeback wurde nicht sofort zum Superhit, sondern landete als Rückseite der Single Rock And Roll Girls nur im Mittelfeld der Hot 100 und auf Platz 6 der Rock-Charts. Das Bildcover der Single zeigte auf einer Seite Fogertys Porträt auf der anderen den Baseball-Handschuh. Baseball-Songs oder Erwähnungen des Sports hatte es schon mehrfach gegeben, so zuletzt in Bruce Springsteens Glory Days 1984. Den Begriff „Centerfield" hatte aber bislang nur der Brite Van Morrison 1974 in seinem Song Bulbs lyrisch verarbeitet. Langsam aber sicher hat Centerfield seit 1985 einen festen Platz auf den Baseball-Courts der USA gefunden. Es ist zur Hymne verschiedener Clubs geworden und hat Fogerty als bisher einzigen Musiker in die „Baseball Hall Of Fame" einziehen lassen. Dort ziert jetzt seine Gitarre in Form eines Baseballschlägers, mit der er den Song immer spielte, eine Vitrine. Centerfield ist sicher für John Fogerty mittlerweile zu einer der größten Tantiemen-Einnahmequellen überhaupt geworden.

In dem offiziellen Musikvideo zum Song werden Autogrammkarten ehemaliger Baseball-Topstars im Rhythmus des Beats szenisch montiert, anschließend werden Szenen vom Frühjahrstraining der New York Yankees, Red Sox und anderer in Schwarzweiß-Sequenzen gezeigt. Zu sehen ist auch, wie Präsident Eisenhower mit dem ersten Wurf ein Spiel eröffnet. So war es Fogerty mit Centerfield perfekt gelungen, seine Jugenderfahrungen mit dem Mainstream Amerikas in Einklang zu bringen. Im Songbook zu der LP bekannte er sich demonstrativ zu seinem amerikanischen Erbe: „Ich weiß, es klingt sentimental, aber mein Land war immer der Grand Canyon, die Niagara-Fälle, Montana, Elvis, Chicago Blues und Patrick Henry (Politiker der Unabhängigkeitsbewegung)." Baseball und Rodeo hätte er auch noch anführen können – und Rock 'n' Roll und Chuck Berry, dessen Brown-Eyed Handsome Man er zitiert. Kurt Loder im „Rolling Stone": „Im textlich beeindruckenden Titelsong des Albums pfropft Fogerty ein ratterndes Gitarrenriff, das an Ritchie Valens' ‚La Bamba' angelehnt ist, auf ein Rockstück im Stil Chuck Berrys auf. Es feiert die Liebe eines Kids aus den fünfziger Jahren zum Baseball (der ‚Brown Eyed Handsome Man' hier ist Willie Mays) und seiner ebenso glühenden Liebe zum Rock 'n' Roll (‚Put me in, coach, I'm ready to play')." Berry hatte nicht wirklich „brown-eyed" im Sinn, sondern „brown-skin". Daher widmete Fogerty die Song-Zeile auch keinem weißen Spieler, der auf dem „home run" ist, sondern Jackie Robinson, dem ersten schwarzen Profi in der Major League: „Der Brown Eyed Handsome Man ist wohl Jackie Robinson, auch wenn Chuck das nicht ausdrücklich gesagt hat, habe ich mir das vorgestellt."

8. I Can't Help Myself

Aufbruchstimmung, Start in eine neue aufregende Welt: Die Aussage des Songs ist diffus, zumindest eine positive Unruhe ist in jeder Zeile zu hören. Die Bilder, die er verwendet deuten alle in eine Richtung: Pins and needles, runaway truck, the wild stampede. In I Can't Help Myself klingt die Dynamik von Almost Saturday Night nach. In der Kritik fand der Song kaum Beachtung in Anbetracht der vielen weitaus besseren Kompositionen, wohl aber tauchte die Zeile Ride The Wild Stampede immer wieder als Überschrift auf, als Fogerty 1986 endlich auf Tour ging.

9. Zanz Kant Danz

Fogerty nannte den Song einen niedlichen Kinderreim, aber kaum ein Kinderreim hat je einem Autor so viel Ärger bereitet wie dieses Lied. Saul Zaentz, Chef von Fantasy Records, erkannte sich darin wieder und fühlte sich übler Nachrede ausgesetzt. Als Konsequenz strengte er einen Prozess über 144 Millionen Dollar gegen seinen Goldesel an. Vorsichtshalber baten Warner Brothers Fogerty, einen neuen Text einzusingen, was der auch tat. Allerdings waren bereits 700 000 Platten mit dem Titel Zanz Kant Dance verkauft. Bei einer kleinen, noch nicht in den Vertrieb gegangenen Auflage überklebte die Plattenfirma die Titel: Aus Zanz war jetzt Vanz Kant Danz geworden. Aber das reichte Saul Zaentz nicht, er dachte nicht daran, seine Diffamierungsklage zurückzuziehen. Die nächste Auflage der LP erschien dann mit neuer Hülle, auf der Zanz endgültig zu Vanz mutiert war.

Schließlich einigte man sich außergerichtlich. Burton Kantor, der Boss der Castle Bank, für den das Kant im Reim steht, hatte offensichtlich keine Lust, sich gegen Fogerty zu wehren. Inhaltlich ging es um einen Jungen namens Billy, der in der Straße tanzte und dessen Begleiter ein kleines Schwein namens Zanz war. Das Schwein zog Schaulustigen heimlich das Geld aus der Tasche. Der Vergleich, den Fogerty mit Charles Dickens' Oliver Twist zog, war allerdings unglücklich gewählt. Die neue Version mit dem Titel Vanz Kant Danz wurde als Video des Knetmassenkünstlers Will Vinton animiert, der schon mal einen Oscar erhalten hatte. Zwar wurde das Video bei MTV gezeigt, aber eine zeitgleiche Veröffentlichung des Titels als Singleauskopplung blieb letztendlich aus. Jenseits des Rechtsstreites, der sich an diesem Song entzündete, war Zanz Kant Danz auch so bemerkenswert. Mit fast fünfeinhalb Minuten ist er der längste und mit Abstand modernste Titel des Albums. Synthesizer und Drum Machine bildeten das Fundament. Das wirkte eher so, als wären Prince oder Michael Jackson zu Werk gegangen. „Und dann ist da ‚Centerfields' herausragende Anomalie, ‚Zanz Kant Danz', ein schräger, aber eigenartig atmosphärischer Reggae-Sprechgesang, der mit seinen eingebetteten Jüngster-Tag-Hörnern eine Ähnlichkeit mit alten Burning-Spear-Titeln aufwies," urteilte Kurt Loder im „Rolling Stone". „Und ein Gefühl persönlicher Rache, das nahezu biblische Ausmaße hat in seiner gnadenlosen Intensität. ‚Zanz' ist das wütende Porträt eines stereotypen Musik-Business-Haifisches (ein ‚kleines Schwein' in Fogertys Worten)."

Bei Willie Nelsons Farm-Aid-Konzert, dem ersten öffentlichen Auftritt Fogertys vor einem großen Publikum im September 1985, spielte er den Titel begleitet von John Mellencamps Backingband mit dem Drummer Kenny Aronoff, den er später dauerhaft verpflichtete. Hier ersetzte er das Drum-Machine-Solo in der Mitte des Songs durch ein wunderschönes Gitarrensolo, das auch Eric Clapton nicht hätte schöner spielen können. Live mussten die Stücke des Albums – auch The Old Man Down The Road testete er vor dem Farm-Aid Publikum – erst noch ihre Feuerprobe bestehen. Schließlich waren sie wie in der Retorte in seiner abgeschotteten Studiowelt entstanden. In Kontakt mit der Außenwelt waren sie nur gekommen, wenn er sie in seinem Autoradio abspielte, um ihre Publikumstauglichkeit zu überprüfen. Auch das war Teil seiner Strategie, mit der er „Centerfield" von A bis Z geplant hatte. Als wäre Erfolg tatsächlich berechenbar, ging sein Plan in Erfüllung. Aber schon bei seinem nächsten Schritt kam er wieder vom Weg ab.

John Fogerty war zurück im Geschäft, aber jetzt gingen die großen Schwierigkeiten mit der alten Plattenfirma erst richtig los. Mit Zanz Kant Danz und Mr. Greed hatte er zu unverhohlen auf den Plattenfirmenboss angespielt. Und die Missgunst seiner ehemaligen Mitstreiter von Creedence tat ihr Übriges: John Fogerty wurde von Saul Zaentz wegen übler Nachrede und vor allem wegen Selbstplagiats angeklagt – angeblich sei The Old Man Down The Road eine Kopie von Run Through The Jungle, das mittlerweile Zaentz gehörte. Der Tipp war von Doug Clifford oder Stu Cook gekommen. Zeitgleich versuchte Saul Zaentz, Johns Bruder Tom Fogerty als Trittbrettfahrer von John zu einem Erfolg zu verhelfen: Er veröffentlichte eine Best-Of-Zusammenstellung zweier Alben, die Tom in den 70er Jahren mit seiner erfolglosen Band Ruby auf seinem eigenen Label veröffentlicht hatte: „Precious Gems". Fantasy bewarb Toms Album, das in Deutschland bereits 1984 beim Line Label erschienen war: „Die Aufnahme vom Gründungsmitglied und Originalsänger von Creedence Clearwater Revival … Tom Fogerty." Das war zwar nicht wahr, denn Tom Fogerty hatte nie bei Creedence Clearwater Revival gesungen, aber das war John offensichtlich egal. Am 14. Juni 1985 wurde sein Konzertmitschnitt vom Januar als „Showtime Special" in den ganzen USA gezeigt. Nicht einmal einen Monat später eröffneten Status Quo mit seinem Rockin' All Over The World das weltweit übertragene Live-Aid-Spektakel. Zufrieden schaute er in eine vermeintlich leuchtende Zukunft und machte sich daran Songs für sein nächstes Album zu schreiben. Aber dabei saß ihm Zaentz als Bedrohung bereits im Nacken.

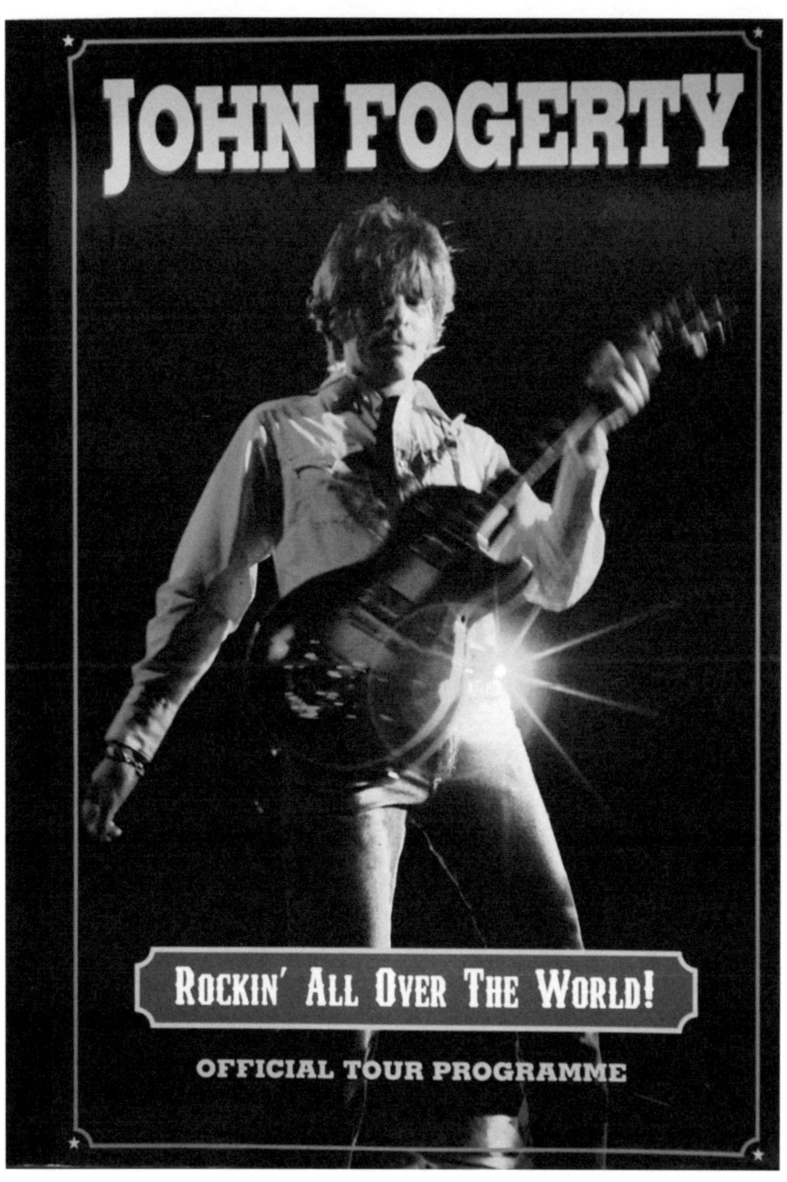

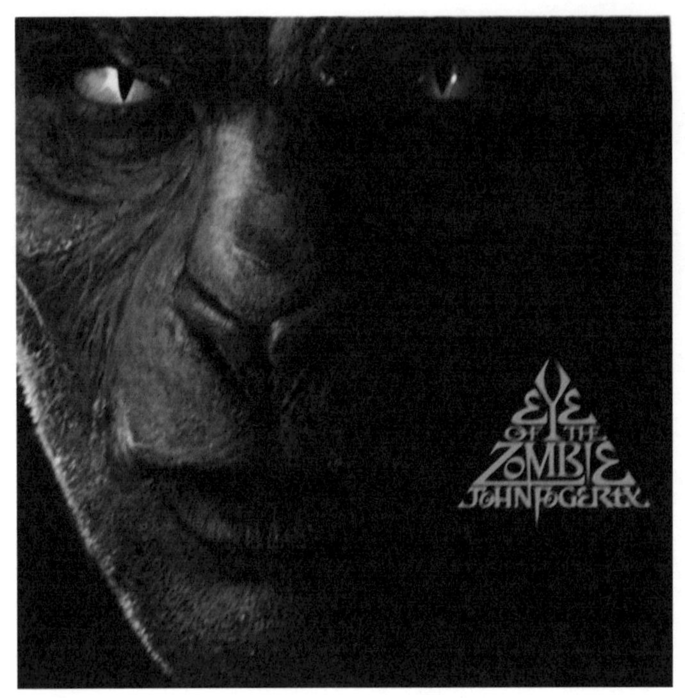
EYE
OF THE
ZOMBIE
JOHN FOGERTY

Eye Of The Zombie (Billboard Platz 26)

Aufgenommen 1986 im Lighthouse Studio in North Hollywood.

1. Going Back Home 3:25 – (John Fogerty)

2. Eye Of The Zombie 4:35 – (John Fogerty)

3. Headlines 4:30 – (John Fogerty)

4. Knockin' On Your Door 4:35 – (John Fogerty)

5. Change In The Weather 6:50 – (John Fogerty)

6. Violence Is Golden 5:21 – (John Fogerty)

7. Wasn't That A Woman 4:13 – (John Fogerty)

8. Soda Pop 5:53 – (John Fogerty)

9. Sail Away 4:45 – (John Fogerty)

John Fogerty hatte mit „Centerfield“ das Comeback des Jahres geschafft, und es befiel ihn der Tatendrang fast so wie 1969, damals mit Creedence Clearwater Revival. Er wollte schnell ein neues Album nachlegen und sich eine Band für eine Tour zusammenstellen. Gleichzeitig stiegen auch die Verkaufszahlen der alten Creedence-Aufnahmen wieder: Die „Chronicle“-Zusammenstellung erhielt Platin-Status, und das Live-Album „The Concert“ erreichte den Gold-Status. Nicht zuletzt, weil „Rolling Stone“ und andere Medien John Fogerty als in der Vergangenheit verhaftet dargestellt hatten, als „Centerfield“ erschienen war, versuchte er mit „Eye Of The Zombie“ endgültig die Brücke zu den 80er Jahren zu schlagen. Zwar hatte er für die neue Produktion noch drei der vier Background-Sänger aus seiner TV-Show verpflichtet, nämlich Bobby King, Willie Green Jr. und Terry

Evans, aber die übrigen Positionen besetzte er mit neuen Hochkarätern: Am Schlagzeug nahm John „JR“ Robinson Platz, der bereits für Michael Jackson, Quincy Jones, Kenny Loggins, George Benson oder beispielsweise Steve Winwood die Sticks gewirbelt hatte. Am Bass positionierte sich Neil Stubenhaus, der in der Popwelt unter anderem bei Barbra Streisand, Julio Iglesias, Neil Diamond, Dionne Warwick, Patti LaBelle und Quincy Jones für die tiefen Töne gesorgt hatte. Und Alan Pasqua, ebenfalls von Quincy Jones' Produktionen bekannt, hatte bereits für Bob Seger, Aretha Franklin, Bob Dylan, Ry Cooder, Santana, die Temptations und einige mehr die Tasten seiner Keyboards gedrückt. Sie alle waren studierte Studiomusiker allerersten Ranges. Und bis auf Terry Evans, den Fogerty durch Donny Gerrard ersetzte, gingen sie auch mit ihm auf seine erste Live-Tournee nach 15 Jahren. Für die Bühne hatte John noch Marty Walsh als zweiten Gitarristen verpflichtet. Die „Rockin' All Over The World“-Tour begann am 26. August in Memphis, also über einen Monat vor der Veröffentlichung des neuen Albums. Die Aufmerksamkeit in den Medien war riesig.

Bonnie Raitt eröffnete die Shows, bei denen Fogerty sich wieder weigerte, die alten Creedence-Songs zu spielen, weil er Fantasy keine weiteren Tantiemen zukommen lassen wollte. So entstand ein Dilemma: John hatte die Songs vom „Centerfield“-Album für die Auftritte zu Verfügung, und er präsentierte zusätzlich die Songs des unveröffentlichten Albums. Das Material reichte aber nicht für ein volles Konzertprogramm, dehalb ergänzte er es durch eine Reihe bekannter Klassiker wie Eddie Floyds Knock On Wood, den Gospelsong Mary Don't You Weep und Sam Cookes Soothe Me. Seltsamerweise berücksichtigte er das „Shep“-Album nicht – bis auf ein Stück: Als einzigen älteren Song aus seiner Solo-Karriere brachte er Rockin' All Over The World als Zugabe. Ein weiteres Problem stellte sich nach den ersten Konzerten der Tour ein: Fogertys Stimme war angeschlagen. Doch obwohl sich die Fans auf sein neues Material einließen, berichtete die „Chicago-Tribune“ nach seinem Konzert in Pittsburgh: „John Fogerty hatte die Hälfte seiner Show hinter sich. Die Lieder seines neuen Albums ‚Eye Of The Zombie' waren positiv aufgenommen worden, aber mit jedem ausklingenden Titel begann der Chor aufs Neue und wurde lauter und lauter: , 'Creedence ..., Creedence ..., Creedence,' rief das Publikum immer insistierender. Zwei Nächte zuvor in Memphis hatte Fogerty seine erste Tour seit der Auflösung von Creedence Clearwater Revival begonnen.

Diese Show war ein rasender Erfolg, aber hier beim zweiten Zwischenstopp der Tournee wurde das Publikum wütend!“ Fogerty blieb stur, unbeirrbar in seiner Haltung und vollkommen überzeugt, den richtigen Weg zu beschreiten: „Ich will kein Oldies-Act sein, der bis zu seinem Tod ‚Rollin' on the river' singt. Ich will nicht in eine Schublade gesteckt werden, ich will weiter wachsen. Ich denke, das neue Album kann sehr wohl das Beste sein, was ich je gemacht habe.“ Und er ging noch weiter in seiner Begründung, die zugleich offenbarte, wie er sich damals selbst einschätzte: „Wenn ich mich zwischen den alten Creedence-Fans und den neuen entscheiden müsste, nähme ich die neuen. Ich weiß, dass das hart klingt, aber ich will ein Künstler der Gegenwart sein. Lasst jemand anderen die Flagge des Roots-Rock tragen.“

Warner Bros. hatte „The new album arranged and produced by John Fogerty“ im „Billboard“ vom 13. September 1986 mit einer ganzseitigen Anzeige beworben. Und am 27. 9. folgte eine Besprechung in dem Branchenblatt. Darin hieß es: „Seine aktuelle Tour, die erste in mehr als einer Dekade, stützt sich stark auf das Material dieses feurigen („Centerfield“)-Nachfolgers. Die Single Eye Of The Zombie machte sich durchschnittlich in den Charts, aber Knocking On Your Door und das heiße Change In The Weather im Stil von Bad Moon Rising könnten als 45er Umsätze anheizen. Dieses all-American Original bleibt ein andauernder Sieger.“ Am 1. Oktober erschien „Eye Of The Zombie“, und schon die ersten Töne des Albums verrieten, dass hier wirklich ein völlig neuer John Fogerty am Werk war.

1. Going Back Home

Ein Synthesizer imitiert die Stimmen eines Engels-Chores, hymnenhaft, ein Triangel erklingt – man könnte eine Assoziation mit der „Centerfield“-Widmung an Gossamer Wump vermuten. Erst nach über zwei Minuten quälender Erwartung setzen die ersten Töne ein, die auch nur im entferntesten an John Fogerty erinnern: Eine vollkommen verzerrte Gitarre mit unendlichem Sustain, vermutlich mithilfe eines Kompressors erreicht, spielt über den falschen Chor, doch Goin' Back Home bleibt beliebig. Fast dreieinhalb Minuten plätschert es belang- und beat- und gesanglos dahin. Beim ersten Hören blieb nur die Frage: Ist das John Fogerty?

2. Eye Of The Zombie (Billboard Platz 81)
Der Titelsong des Albums war auch nicht gerade typisch für ihn, eher ein typischer 80er-Jahre-Song, und der „Rolling Stone“ fand einen vernichtenden Vergleich: „Dann zerstört plötzlich ‚Eye of the Zombie', eine Art drittklassiker ‚Thriller' die Ruhe (‚A beast already dead/Comes to join the dance of the zombie').“ Michael Jacksons Thriller wirkte in der Popwelt auch 1986 noch nach. Und es ist nicht abwegig, Fogerty zu unterstellen, dass er sich daran orientiert hatte. Da war zum einen die Auswahl der Musiker aus Quincy Jones’ Umfeld, der ja Thriller produziert hatte. Hinzu kam das Thema, das eine Szene aus einem Horrorfilm sein könnte. Die Verwandlung Michael Jacksons in einen Untoten im „Thriller“-Video von John Landis hat sogar möglicherweise Pate gestanden. Anknüpfungspunkte an Fogertys eigene Vorstellungswelt waren allein durch die Verbindung des Zombie-Mythos im Voodoo gegeben und die Anlehnung an die Bildwelt in Old Man Down The Road.

Knallendes Schlagzeug, ein hämmernder Bass und Fogertys kraftvollste Stimme, dazu ein schneidendes Gitarrensolo – eigentlich schienen die Zutaten zu stimmen. Doch was er zu Gehör brachte, war zwar handwerklich erstklassig, aber weder lyrisch wertvoll, noch zeitlos wie seine Kompositionen einst mit Creedence Clearwater Revival. Es ist zu befürchten, dass der Song wie am Reißbrett entworfen wurde: Dafür spricht die Verpackung des Albums, von der absurden Zombie-Darstellung auf der Cover-Vorderseite bis zu den Geisterfiguren auf der -Rückseite und dem Poster, das Fogerty neben dem Zombiekopf zeigte. Der glutrote Himmel der Hülle taucht sogar auf dem Label wieder auf. Zu allem Überfluss wurde der an Gothic-Darstellungen erinnernde Schriftzug des Albumtitels in einem mystischen Dreieck angeordnet, das sich auf der Cover-Rückseite wieder findet. Für die Gestaltung zeichnete er selbst mit Laura LiPuma verantwortlich. Das alles hat den Anschein von Berechnung. Er entwarf formelhaft düsterste Szenarien, um die Faszination der amerikanischen Jugendlichen mit der Welt der Untoten anzusprechen.

Die erste Single-Auskopplung des Albums, Eye Of The Zombie (in Deutschland mit dem mystischen Titeldreieck auf dem Cover und der Rückeite I Confess), zielte mit einem Video deutlich in diese Richtung. Da waren in einer neblig-düsteren Wüsten- und Waldlandschaft in Laken gehüllte Figuren zu sehen, die um ein Lagerfeuer tanzten. Ein paar Sequenzen sahen aus, als jagte jemand durchs Gebüsch. John Fogerty, der sich ja eigentlich gegen Videos ausgesprochen hatte, war nicht zu sehen. Der Film passte mit seiner vermeintlichen Spannung hervorragend zur Inhaltsleere des Songs. Die Klasse von Thriller und dessen Regisseur Landis wurde noch nicht einmal in Ansätzen erreicht. Anthony Decurtis hatte sicherlich diese Zusammenhänge im Blick, als er im „Rolling Stone" brutal urteilte, Fogerty habe „apoklyptische Paranoia" und „Wasser im Kopf".

3. Headlines

John Fogertys Weltbild 1986 war schrecklich und erschreckend. Seine Ehe mit Martha war endgültig zerbrochen, und er führte das haltlose Leben eines Rockstars. „Ich lebte das Leben eines unverheirateten Rock 'n' Roll-Party-Tieres. Keine Verantwortung, ins Bett gehen und aufstehen, wann immer ich wollte, mich betrinken und so weiter, wann immer ich wollte. Ich zechte und verbrachte viel Zeit in Bars auf der Suche nach Cocktail-Kellnerinnen. Ich tat alles, was ich glaubte, tun zu müssen, um mich wie ein Rockstar zu fühlen", erzählte er über diese Phase seines Lebens. Vielleicht konnte das als Erklärung für die Schwäche seiner Poesie herhalten. Wo seine Songs früher mit Metaphern und Allegorien gespickt waren, fröhliche Melodien auf böse Vorahnungen trafen, fand Fogerty jetzt keine Bilder mehr, sondern gab das Gesehene ungefiltert wider. Headlines war ein Boogie, wie ihn ZZ Top in den 80er Jahren auch zuhauf produzierten. Anthony Decurtis in seinem Verriss des Albums im „Rolling Stone": „'Headlines' ist ein wiederaufgewärmtes Boogie-Riff, das so tut, als sei es ein Song, in dem Fogerty kreischt, dass Nachrichtensendungen, 'eine Millionen Varianten haben, um zu sagen, es sei ein weiterer irrer Tag'." Nicht wirklich originell!

4. Knockin' On Your Door

Diese Soulnummer war eines der wenigen Highlights des Albums. Es verband Fogertys musikalisches Erbe aus der Creedence-Zeit oder zumindest seine Wurzeln, die er bei Booker T. & The MGs hatte, mit dem Synthiepop-Sound der 80er Jahre, ohne unnatürlich zu wirken, ohne dass Fogerty sich verleugnen musste. Ein Manko war seine Selbstverpflichtung, zeitgemäß zu musizieren, und so ersetzte er einen Bläsersatz durch künstlich erzeugte Hornsätze. Und auch wenn Fogerty immer behauptete, er habe nie einen Liebessong vor Joy Of My Life geschrieben, so ist Knockin' On Your Door zumindest ein Herzschmerz-Song. Er bittet die Angebetete, ihn zurück in ihr Leben zu lassen. Ging es vielleicht sogar um Martha, seine Ex-Frau? Und auch in der Kritik war Knockin' On Your Door einer der wenigen Songs des Albums, der auf Wohlwollen stieß. So sah „Billboard" gar Chancen für einen Hit, und der „Rolling Stone" wertete Knockin' On Your Door als am „bezauberndsten".

5. Change In The Weather

Der große Retter des Albums! Angelehnt im Sound an die Jam von I Heard It Through The Grapevine gelang es Fogerty, wieder auf eine Reihe seiner alten Formeln zurückzugreifen. So wurde auch hier das Wetterthema zur Metapher für individuelle und gesellschaftliche Bedrohungen. Das durchzieht sein Werk von Bad Moon Rising, über Who'll Stop The Rain, Have You Ever Seen The Rain und The Wall bis hin zu Walking In A Hurricane. Hinzu kommt der Dschungel als eine Allegorie für die Verworrenheit der Gesellschaft wie einst in Run Through The Jungle. Statt einem dröhnenden Popschlagzeug mit zu viel Hall, wie es in den 80er Jahren üblich war, kommt hier der Rhythmus von einem richtigen Rockschlagzeug, dazu ertönt statt des Synthesizers der Klang eines „Fender Rhodes"-E-Pianos. Und ein schönes bluesiges Gitarrensolo wird auf einer halbakustischen Gitarre gespielt. Schließlich rundet der Gospelgesang der hervorragenden Sänger Bobby King, Terry Evans und Willie Green Jr. das Ganze ab. Zur Mitte des Albums schien Fogerty zu sich gefunden zu haben. Ein Video, aufgenommen in einem Loft, zeigte ihn mit den Sängern um ein Mikrofon gruppiert – Fogerty mit einer alten „Gibson ES 335"-Gitarre. Change In The Weather wurde als Maxi-EP ausgekoppelt, auf der es dann neben der fast siebenminütigen auch eine auf 3:16 gekürzte Radioversion gab und zusätzlich den Titel My Toot Toot im Duett mit dessen Autor Rockin' Sidney, dazu eine ebenfalls gekürzte Radioversion von Eye Of The Zombie. Das Cover zeigte die Fogerty-Fotos, die auch auf dem Heft zur „Rockin' All Over The World"-Tour abgebildet waren. Sie wurden ebenfalls für die Single Change In The Weather/My Toot Toot verwendet. Den erhofften Chart-Erfolg brachten aber auch diese Bemühungen nicht.

6. Violence Is Golden

Wohl jeder moralisch denkende Mensch regt sich über Kriegstreiber und Geschäftemacher auf, die mit Waffenhandel das Leben anderer zerstören. Und auch Fogerty, der einst die USA für ihre lockere Waffenpolitik in Run Through The Jungle kritisiert hatte, ist da keine Ausnahme. Sicher ist es auch nicht falsch, das Thema klar und direkt anzusprechen und zu brandmarken. Aber ob das in einem Song sein muss, der ja eben doch nur die Oberfläche ankratzen kann, ist die Frage. Und auch, ob es angebracht ist, im Text Waffen zu einem Menü zusammenzustellen, das serviert wird. Fogerty ist wütend, und er ist hilflos bei diesem Thema. Seine frühere Bildsprache und Subtilität ließ er jedoch vermissen, als er diesen hämmernden Song mit seinen angedeuteten Bombeneinschlägen schrieb. Das wirkt ein bisschen wie ein Remake der Interpretation vom Star-Spangled Banner à la Hendrix in Woodstock, geht aber nicht darüber hinaus. Der Männerchor klingt eher wie ein atonaler Fußballchor. Im „Orlando Sentinel", wo Fogertys Album noch recht positiv besprochen wurde, fand man den Text von Violence Is Golden etwas „schwerfällig", und der „Rolling Stone" betonte diese Schwäche noch ungleich härter: „‚Violence Is Golden' thematisiert einige treffende Verbindungen zwischen militärischem Wutgeschrei, sexuellen Macho-Gesten und Profitgier, aber der knallige Chor und die albernen Lebensmittelmetaphern (‚Reich noch einen Teller Schrapnell rüber/ Würz ihn mit TNT/ Möchte noch einen Granaten-Salat haben') überbetonen das Offensichtliche."

7. Wasn't That A Woman

Fogerty versuchte sich in diesem Song auf banalste Weise als Rapper. Einzige Rettung war seine pfeifende Gitarre. Die sonst so großartigen Background-Sänger hatte er neuerlich zum Fußballchor arrangiert. Dieser über vierminütige Titel war es auch den härtesten Kritikern nicht wert, ihn zu erwähnen, schrammte er doch inhaltlich hart an der Grenze zum Sexismus entlang.

8. Soda Pop

Als Karikatur der Plastik-Popwelt der 80er Jahre war Soda Pop nicht schlecht, obwohl Fogerty sich eben genau der Mittel bediente, die die Unerträglichkeit mancher Prince- oder Michael-Jackson-Songs ausmachte: sterile Beats, Synthesizer-Klänge, ein bisschen Funky-Gitarre und ein pumpender Bassbeat. Alles so künstlich, wie es auch bei seinen Zeitgenossen klang, deren Ausverkauf der Würde zu Lasten der Jugend er hier so bitterlich beklagte. Mit Soda Pop war Fogerty zwar auf der Höhe der Zeit, ein „contemporary artist", wie er sagte, – aber das konnte man sich wirklich nicht wünschen. Zudem war Soda Pop durchaus auch als überhebliche Geste eines Superstars zu verstehen, der es ja bereits zwei Jahrzehnte zuvor zu Ruhm und Reichtum gebracht hatte, jetzt also aus einer sehr bequemen Situation heraus das Verhalten anderer verurteilte. Der „Rolling Stone" war auch über Soda Pop unglücklich: „‚Soda Pop' ist so eine bittere Denunziation der Gier im Musikbusiness – grausam gegen Fogertys Pop-Star-Kollegen gerichtet, statt gegen die Firmenstrukturen, die deren Ausschweifungen ausnutzen –, dass man sich automatisch fragt, ob sich Fogerty nicht zu viel beschwert."

9. Sail Away

Wie das Album mit Eye Of The Zombie begonnen hatte, so endete es auch: mit einer Konzession an den Zeitgeschmack, nur dass hier nicht das Horrorgenre bedient wurde, sondern die Science-Fiction-Gemeinde. Wie in Steven Spielbergs „Unheimliche Begegnung der dritten Art" schwebt ein Raumschiff heran und öffnet die Tür. Allerdings kommt nicht E.T. auf die Erde, wie in einem anderen Spielberg-Film. Zwar erreichte Fogerty musikalisch eine andere Qualität als bei Eye Of The Zombie, aber deutlich wird auch hier, wie sehr er sich den Zeitströmungen anbiedert. Das Raumschiff soll ein Kind und seine Mutter in eine bessere Welt tragen, wo sie „pain" (Schmerz) und „chains" (Ketten) hinter sich lassen. Die schwebende Stimmung des Songs ähnelt der von Flyin' Away aus dem Jahr 1975. Damals hatte er sich – gestresst von Rechtsstreitigkeiten – quasi verabschiedet und das Musikbusiness für fast zehn Jahre hinter sich gelassen. Jetzt, elf Jahre später, tat er dies analog mit Sail Away. Beide Lieder schienen Vorboten zu sein. Hatte Fogerty 1975 den treibenden Sound noch mit der Gitarre erzielt, so war es jetzt vor allem der Klang der Synthesizer, der den Song dominierte. Zwar trieb auch hier eine Gitarre neben dem Schlagzeug den Song voran, aber viel zentraler erklang in dieser sehr sauberen, digitalen und sphärisch wirkenden Produktion der Bass. In der Bundesrepublik erschien Sail Away mit Wilson Picketts I Found A Love als Rückeite 1987 auf einer Single. Für das Cover waren Bilder aus der Foto-Session für die „Rockin' All Over The World Tour" ausgesucht worden.

Als Ausklang der Platte war das Stück perfekt gewählt. Und auch als Ausklang seiner 80er-Jahre-Ambitionen. Tatsächlich verabschiedete sich Fogerty neuerlich für fast elf Jahre vom Produzieren eigener Platten. Der „Orlando Sentinel" war total begeistert von Sail Away: „Erst beim allerletzten Song des Albums lässt Fogerty seinen düsteren Ton hinter sich. Und dieser Song, ‚Sail Away', lässt das Herz stillstehen. Fogerty singt über die Klänge subtiler Synthesizer-Effekte und einen hüpfenden Reggae-Beat in einem so soulvollen Stil, wie wir ihn noch nie gehört haben. ‚Lassen wir all unseren Schmerz zurück', singt Fogerty ‚Wir werden davonsegeln.' Wenn in diesem Moment das Schlagzeug einsetzt und Bobby King und Willie Green Jr. tiefe, schöne Backing Vocals liefern, ist das alles nichts weniger als eine Offenbarung eines Veteranen unter den Künstlern, der immer noch neue Tiefen seines Talentes entdeckt."

John Fogerty trat in den folgenden Jahren eine turbulente Reise an. Die Tournee war kein großer Erfolg gewesen, und auch „Eye Of The Zombie" hatte sich nicht als würdiger Nachfolger von „Centerfield" erwiesen. Anders als 1976 hatte 1986 das Korrektiv eines Joe Smith oder Lenny Waronker gefehlt, auch wenn Fogerty mit dem Album für Best Male Rock Vocals bei den Grammys nominiert wurde, waren die Schwächen offensichtlich. In einem Interview im Songbook zu „Eye Of The Zombie" wurde er gefragt, ob er die Absicht habe, als Produzent für andere zu arbeiten. Seine Antwort: „Nicht wirklich. In den vergangenen zehn Jahren habe ich mich nicht kompetent genug gefühlt, und jetzt fehlt mir die Zeit." Wie die Aussage, nie wieder Creedence Clearwater Revival Songs spielen zu wollen oder die Einschätzung von „Eye Of The Zombie" als großartigen musikalischen Schritt, sollte sich Fogertys Perspektive verändern, geradezu umkehren. Dem „Rolling Stone" gestand er 1997: „‚Eye Of The Zombie' sehe ich jetzt als Fehlschlag an. Meine Gefühle standen einem guten Album im Weg. Ich war wütend über diesen ganzen Fantasy-Records-Saul-Zaentz-Mist. Und die Tatsache, dass ich durch ‚Centerfield' wieder im goldenen Licht der Sonne stand, setzte eine Menge Dämonen in mir frei!" Ironisch erklärte er im Rückblick: „I was a zombie!" Zunächst begegnete er Julie, seiner zweiten Frau, dann überredete ihn Bob Dylan, Proud Mary zu spielen und schließlich produzierte er ein Live-Album von Duke Tumatoe, einer lokalen Bluesgröße aus Chicago. Schließlich machte er sich im Delta auf die Suche nach seinen Wurzeln. An einem Anschlussalbum arbeitete er zunächst nicht, sondern stritt sich weiter mit Saul Zaentz um seine Songs und somit auch weiterhin um sein eigenes musikalisches Erbe, mit anderen Worten sein Seelenheil.

Dear Mark -

John is fine, living in the Los Angeles area. Hopefully he'll start recording again in 1991.

Doug Clifford lives in Nevada. Write to him c/o Fantasy Records.

Yours,

Bob Fogerty

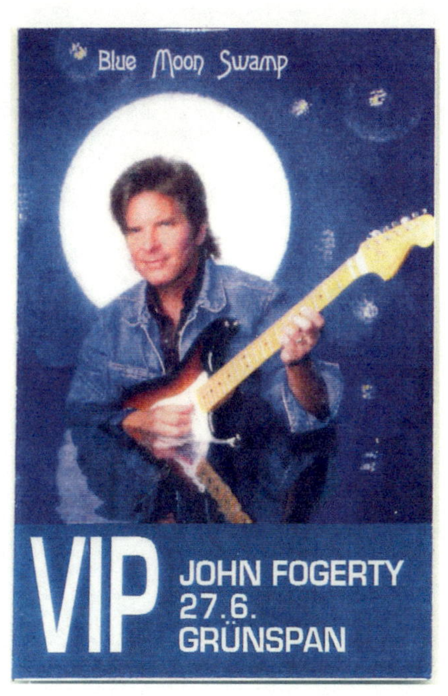
Blue Moon Swamp
VIP
JOHN FOGERTY
27.6.
GRÜNSPAN

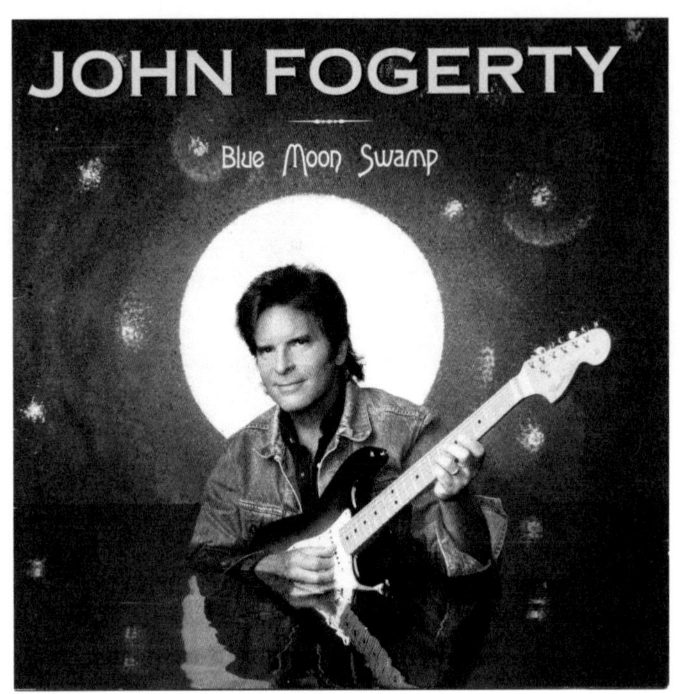
JOHN FOGERTY
Blue Moon Swamp

Blue Moon Swamp (Billboard Platz 37)

Aufgenommen im Warner Studio

1. Southern Streamline (John Fogerty) – 3:56

2. Hot Rod Heart (John Fogerty) – 3:26

3. Blueboy (John Fogerty) – 4:04

4. A Hundred And Ten In The Shade (John Fogerty) – 4:19

5. Rattlesnake Highway (John Fogerty) – 4:17

6. Bring It Down To Jelly Roll (John Fogerty) – 2:37

7. Walking In A Hurricane (John Fogerty) – 3:41

8. Swamp River Days (John Fogerty) – 3:37

9. Rambunctious Boy (John Fogerty) – 3:52

10. Joy Of My Life (John Fogerty) – 3:52

11. Blue Moon Nights (John Fogerty) – 2:33

12. Bad Bad Boy (John Fogerty) – 4:27

Seit 1989 gab es immer wieder Ankündigungen eines neuen Albums. Johns Bruder Bob beantwortete Fragen, wann denn die nächste Platte herauskomme. Einer der Briefe: „Dear Mark, John is fine, living in the Los Angeles area. Hopefully he'll start recording again in 1991." Doch Ergebnisse ließen auf sich warten. John trat hier und da mal bei Benefizkonzerten auf oder in Gerichtssälen. Am 4. Juli 1987 hatte er sein Gelübde gebrochen, nie wieder Songs von Creedence Clearwater Revival zu spielen, das noch im Jahr zuvor seine Tour belastet hatte. Beim großen „Welcome Home"-Konzert für Vietnam-Veteranen wurde er von Peter Fonda angesagt und spielte dann vor Tausenden von Veteranen seine alten Hits. Im September 1990 starb Tom Fogerty an Aids. Die letzten Worte, die er an seinen Bruder John richtete, waren, Saul Zaentz sei sein bester Freund.

Zwischen 1991 und 1992 reiste John immer wieder ins Mississippi-Delta, um die für ihn heiligen Stätten des Blues aufzusuchen. Er machte Station in Clarksdale, stiftete Grabsteine für Robert Johnson, Charlie Patton und andere und besann sich auf das wirklich Wesentliche in seiner Musik. Gleichzeitig arbeitete er unbeirrbar an seinem neuen Album, hatte die Songs schon fertig, aber war immer wieder mit einzelnen Parts unzufrieden. Eine große Verzögerung entstand dadurch, dass er für die Platte perfekt Dobro spielen lernen wollte. Eine weitere lag in seiner Wahl des richtigen Schlagzeugers. So hatte Jeff Porcaro vor seinem Drogentod 1992 bereits alle Spuren eingespielt, aber Fogerty sie dann unzufrieden wieder gelöscht. Es sah so aus, als wolle er einen neuen Rekord für die längste Produktionszeit eines Albums aufstellen.

1993 wurden Creedence Clearwater Revival in die Rock 'n' Roll Hall Of Fame aufgenommen, doch bei der Zeremonie kam es neuerlich zum Eklat: John weigerte sich, mit Doug und Stu zu spielen, trat vielmehr mit der Hausband auf, während seine überlebenden Ex-Kollegen samt ihrer Entourage mit Tom Fogertys Witwe den Saal verließen. Das war ein weiterer Schritt, der eine Reunion der einstigen Superband unmöglich machte. Aus Anlass der „Hall Of Fame"-Einführung sprach der „Rolling Stone" mit Fogerty über seine Vergangenheit und seine Pläne. Die unschöne Szene in der „Hall Of Fame" blieb unerwähnt, Fogerty erzählte vielmehr von seiner neuen Platte, als stünde die am kommenden Tag im Laden, und er war bereits 1993 voller Vorfreude. Auf die Frage, ob es denn eine echte Rock 'n' Roll-Platte werden würde, sagte er: „Ja! Sicher! Ich denke, sie ist so nah an meiner Mitte, wie sie nur sein kann, befreit von all den späteren Einflüssen und Dingen, die passiert sind. Diese Platte ist viel stärker als ‚Centerfield'. Wenn man sein Leben auf etwas verwetten müsste, wären das früher ‚Born On The Bayou' und ‚Proud Mary' gewesen. Heute ist es dies, worauf ich mein Leben verwetten würde." Danach wurde es wieder recht still um ihn. 1994 dann gewann er endlich sämtliche Prozesse gegen Zaentz und Fantasy Records.

Und 1995 begann bereits das nächste Drama in seinem Leben: Seine ehemaligen Bandkollegen Doug und Stu hatten sich eine fünfköpfige Band zusammengestellt mit einem Sänger, der John imitierte, und sie begannen, mit seinen Kompositionen um die Welt zu touren. Mit einstweiligen Verfügungen versuchte er, sie davon abzuhalten, den Namen Creedence Clearwater Revisited zu benutzen, doch alle Bemühungen halfen nichts. Schließlich konzentrierte er sich wieder auf die Arbeit am neuen Album, und im Mai 1997 war es dann soweit. Der inzwischen fast 52-Jährige veröffentlichte wenige Tage vor seinem Geburtstag sein zweites Comeback-Album: „Blue Moon Swamp". Der Titel stieß beim Kritiker Bill Wyman vom San Francisco Weekly auf völliges Unverständnis: „Blue Moon Swamp, schon vom angestrengten Titel her, ist ein enttäuschender Abstieg in Langeweile." Dem „Rolling Stone" war die Platte aber vier von fünf Sternen wert. Kritiker Grant Alden entdeckte darin „eine bemerkenswert dynamische Sammlung von Songs". Ein besonderes Plus: „Seine Stimme ist der Star dieses 12-Song-Sets. Er hat einen subtilen Blue-Tenor-Sound entwickelt."

Die Farbe Blau bestimmt das Konzept des Albums. Auch die Gestaltung der CD und des Labels spiegeln den Titel wider. Leider ist das nicht so subtil gelungen wie der von Alden gelobte Sound. Auf dem Booklet-Cover taucht John Fogerty – mit Blue-Jeans-Jacke bekleidet – aus einem Sumpf auf. In den Händen hält er seine „Fender"-Stratocaster. Um ihn herum ein großer, strahlender Vollmond und ein paar Sterne. Die Cover-Rückseite zeigt ein dilettantisch gemaltes Bayou inklusive Hütte, Boot und Alligator, um den herum Gitarren drapiert sind. Diese Szenerie verwendete er auch als Kulisse für seine Tourneen. Die überdeutliche Symbolik sollte allen Creedence-Fans klar machen: Der Bayou-Boy ist wieder da („The New Yorker"). Zugleich war das Motto der Platte auch Programm. John Fogerty berief sich auf seine Wurzeln – auf die Blue Moon Boys aus dem Sun-Studio und seinen Swamp-Sound.

Sah man sich die Liste der beteiligten Musiker an, war klar, dass er, wie schon bei „Eye Of The Zombie", nur die besten Studiokräfte für sein neues Projekt akzeptiert hatte. Für „Eye Of The Zombie" hatte er nun wenige Tage vor der Veröffentlichung von „Blue Moon Swamp" in einem Artikel der „USA Today" nur noch wenige Worte übrig: „'Eye Of The Zombie' hat ein wütender Typ geschrieben, da möchte ich nie wieder hinkommen." Elf Jahre waren seitdem vergangen, doch das Warten hatte sich gelohnt. Endlich bekam er auch die verdiente Anerkennung: 1998 wurde ihm der Grammy für das „Best Rock Album" verliehen, auch die Single Blueboy war nominiert gewesen – für „Best Male Rock Performance".

1. Southern Streamline (Billboard Country Platz 67)

Schon die ersten Töne des neuen Albums waren Creedence pur. Einen Moment lang konnte man meinen, Bad Moon Rising zu hören. Das Schlagzeug von Dwight Yoakams Drummer Jeff Donovan und der Bass von Michael Rhodes erzeugten ad hoc das Feeling der Zeiten von Doug Clifford und Stu Cook. Doch schnell wurde klar, dass Southern Streamline instrumentiert war wie im aktuellen „New Country"-Genre üblich: akustische Gitarren, Telecaster, Dobro und Pedal Steel unangestrengt im Zusammenspiel von Rockabilly, Rock 'n' Roll und Country, ganz so, als gehöre alles zusammen. Sämtliche Gitarren spielte John auf dem Album selbst. Schon mit dem Auftaktstück gab er eine Visitenkarte ab von all dem, was er in den vergangenen Jahren mit seinem Lieblingsinstrument gelernt hatte. Der „Rolling Stone" stellte fest: „Sein Gitarrenspiel ist sauber und klar, aber von sorgfältigem Understatement und nie aufdringlich." Besonders gefiel Grant Alden, dass John die akustische Gitarre nach vorn gemischt hatte. Gesanglich wurde Fogerty, dessen Stimme etwas weniger rau, aber nicht weniger voll als bei allen vorigen Platten klang, von einem Chor aus der Bluegrass Band The Lonesome River Band und drei weiteren Sängern unterstützt – ein grandioser Opener für ein Comeback. Und auch textlich war er wieder bei seinen Themen angekommen. Vordergründig handelt es sich um einen Railroad-Song. Aber anders als bei Cross-Tie Walker verlässt ihn die Geliebte hier nicht, sondern kommt mit dem Midnight Train zu ihm zurück. Alle Elemente des Train-Songs sind hier vorhanden: „Steel and thunder, big wheels rollin', hear that engine roar, smokestack sparkin' lightin' up a purple sky" – die ganze nostalgische Assoziationskette zur Dampflokomotiven-Ära wird im Text aufgerufen. Dazu gibt die Pedal-Steel-Gitarre den klagenden Sound der „train whistle" wieder.

Das Hank-Williams-Zitat vom purpurnen Himmel ist ein zentraler Glaubenssatz in der Musikwelt Fogertys. Und die Pedal-Steel-Gitarre zählt seiner Meinung nach zu den am meisten unterschätzten Instrumenten. Mit der Verbindung beider Elemente war er thematisch und musikalisch im Herzen der Country-Musik angelangt: Southern Streamline ist ein klares Bekenntnis zu seinem seit langem gehegten Faible für dieses Genre. Er selbst kommentierte das 1997 so: „Ich genieße es, wenn ich den Song spiele. Ich glaube, es ist wirklich ein Song für Picker, und ich fühle mich gut, wenn ich picke. ... Pedal Steel vermittelt mir den Sound eines Freight Trains auf den Gleisen, oder wie Hank Williams es einst nannte: ‚die Stille eines fallenden Sterns'." Der Musik-Clip, der extra zu Southern Streamline aufgenommen wurde, zielte direkt auf das Country-Publikum ab und zeigte Fogerty auf dem Perron eines alten Zugwaggons, mit einer Dampflok vorneweg. Zusätzlich veröffentlichte Warner den Titel auf einer Promo-CD und bemusterte gezielt Country-Sender im ganzen Land. Mit dem Video wurde auch bildhaft angesprochen, was bis heute Americana-Themen ausmacht: die Eisenbahn, die Weite der Natur und der Tanz am Wochenende. Die erste Zeile des Songs war sicher auch selbstreferenziell: „Mama, I'm on fire"! Fogerty stieg wieder in den Ring, und er war „heiß" auf Action.

2. Hot Rod Heart

„Ich sehe einen Typen nachts diesen langen, verlassenen und einsamen Highway durch die Wüste fahren. Und die Sterne stehen am Himmel, und da ist der kleine, versteckte Mond. Der Fahrer hat das Dach runtergelassen und er fährt ziellos durch die Gegend", so lautete Fogertys Visualisierung zu dem Song Hot Rod Heart, „ein Autofahrsong". Zum ersten Mal spielt hier Kenny Aronoff bei einer Aufnahme für ihn das Schlagzeug, jener Drummer, der Fogerty bis zum heutigen Tag live und im Studio begleitet. Bob Glaub, der bei John Lennon, Jackson Browne und auch Booker T. Jones als Bassist zum Einsatz kam und auch eine Weile fester Bestandteil von Fogertys Band wurde, lieferte das tiefe Fundament des Songs. Fürs gemütliche Cruisen unterm Nachthimmel war Hot Rod Heart vielleicht ein bisschen zu energiegeladen, aber der Song machte deutlich, dass John im Countryrock-Genre zu Hause war. Der „Rolling Stone" sah „nichts Besonderes" in Hot Rod Heart. Gesanglich hatte John nichts an Qualität eingebüßt, während sein Gitarrenspiel im Vergleich zu den alten Creedence-Aufnahmen noch erheblich dazugewonnen hatte.

3. Blueboy (Billboard Platz 32)

Durch alle Streitigkeiten und Prozesse hatte John Fogerty sich behauptet als „the artist formerly known as Creedence Clearwater Revival“. Und er hatte klargestellt: Seine Kreationen waren „Creedence-Songs“, eine Kategorie, die unverbrüchlich mit seiner Person verbunden war. Sicher einer der stärksten Creedence-Songs, der nicht mehr von der Band, sondern allein von ihrem Leader kam, ist Blueboy. Ein treibendes Riff als Intro, der wabernde Tremolo-Ton der „Les Paul Goldtop“-Gitarre, ein bisschen wie Born On The Bayou. Am Bass Donald „Duck“ Dunn, und das Schlagzeug spielte Chester Thompson, der Schlagzeuger von Frank Zappa und Genesis. Um den Eindruck einer kleinen Live-Party zu vermitteln, hatte Fogerty seine ganze neue Familie eingespannt, und die Percussion dazu lieferte Meister Luis Conté. Wer sich an sein Showtime-Special von 1985 erinnern konnte, erkannte hinter dem Song sicher auch die Idee von Hank Ballards Let’s Go Let’s Go Let’s Go wieder. Musikhistorisch ist der Blueboy ein entfernter Verwandter von Chuck Berrys Johnny B. Goode, ein Gitarrenvirtuose. Fogerty: „Dies ist ein weiterer Song, bei dem ich denke, dass der Text bereits die Geschichte erzählt, aber die Stimmung kommt vom Gitarrenriff, das dich wissen lässt, dass du auf dem Weg zu einer Spelunke bist, wo jeder hingeht, um seine Sorgen zu vergessen und ein bisschen Spaß zu haben.“

In einem Video zu Blueboy wurde genau diese Szene eines Tanzes auf dem Lande inszeniert, ganz so wie es auch bereits in den 40er Jahren bei Konzerten von Hank Williams ausgesehen haben mag. Blueboy erschien als zweite Single-Auskopplung von „Blue Moon Swamp“. Außerdem auf der CD-Single: Bad Bad Boy und bei manchen Ausgaben auch der Titel Searchlight von „Centerfield“ – so auch in der deutschen Ausgabe. Das Cover-Bild zeigte John am Mikrofon, das Label war hellblau gehalten. Radiostationen in den USA bugsierten den Titel in den Airplay Charts bis auf Platz 14. Mit Walking In A Hurricane und Swamp River Days kam Blueboy am häufigsten bei den Sendern zum Einsatz, während Southern Streamline enttäuschenderweise von den Country-Stationen kaum beachtet wurde.

4. A Hundred And Ten In The Shade

Dieser Song ist ein Meisterwerk! Er unterscheidet sich von allem, was Creedence und Fogerty bisher gemacht hatten. Er war aber auch einer der

Gründe, warum „Blue Moon Swamp“ mit einer fast fünfjährigen Verspätung erschienen ist. Nicht nur hatte Fogerty über 30 Schlagzeuger in sein Projekt involviert, sondern auch festgestellt, dass der Sound, den er für A Hundred And Ten In The Shade im Kopf hörte, im Studio nicht richtig klang: „Also, mir war klar, dass ich den Song nicht versauen wollte. Also fragte ich mich, welcher Sound es ist, den ich hörte. Ich dachte, es sei Bottleneck-Gitarre. Also begann ich Bottleneck zu üben, auf einer „National“-Gitarre. Zeitgleich versuchte ich, die anderen Songs aufzunehmen und mit der Band die Grundlage für diesen Song zu legen. Ich stand immer sehr früh auf, meistens um 4 Uhr, manchmal sogar früher. Das war mein Ablauf für ein Jahr. Ich übte Bottleneck-Gitarre, und als ich gut genug war, spielte ich sie zum Grundtrack, den wir für ‚A Hundred And Ten In the Shade’ hatten. Und: ‚Wow, das ist nicht der Sound, den ich in meinem Kopf hörte’. Es stellte sich heraus, es war Dobro. Also, musste ich von vorne beginnen. … Das dauerte drei Jahre.“

Und zu dem großartigen Sound von A Hundred And Ten In The Shade trugen vor allem die Sänger von The Fairfield Four bei. Diese Gospel-Gesangsgruppe gab es bereits seit 1921, doch Fogerty kannte sie bis zu den Aufnahmen von „Blue Moon Swamp“ nicht. Dem „Vintage Guitar“-Magazin erzählte er, wie er auf diesen Schatz aufmerksam geworden war: „Bei zwei Gelegenheiten sprach ich mit anderen Musikern über coole Gesangsgruppen; einmal war es Jerry Douglas, dann Bob Glaub, mein Bass-Spieler. Und beide erwähnten The Fairfield Four, also habe ich mir überlegt, sie unbedingt kennen lernen zu wollen.“ Die Fairfield Four wurden dann auch zur großen Attraktion seiner „Blue-Moon-Swamp“-Tour, eröffneten einige Shows und begleiteten ihn bei diesem Song und bei Midnight Special. Dadurch gelang den Fairfield Four nun endlich der große Durchbruch, bevor sie dann mit Elvis Costello Aufnahmen machten und im Film „O Brother, Where Are Thou“ auftraten. Grant Alden vom „Rolling Stone“ hörte in ihren Stimmen „außergewöhnliche Schönheit“. Und über A Hundred And Ten In The Shade schrieb er: Das „mag der beste Song sein, den Fogerty seit dem Ende von CCR rausgebracht hat“. Und Fogerty selber stimmte zu: „Dieser Song ist viel besser als ich es bin.“ Er ist die Quintessenz seiner Expeditionen ins Mississippi-Delta, wo die Temperaturen nicht selten 110 Grad Fahrenheit (43 Grad Celsius) im Schatten erreichen. Das Schicksal der Sklaven auf den Plantagen, das Elend von Strafgefangenen in Ketten

– das alles klingt in A Hundred And Ten In The Shade an. Zu der fröhlichen Melodie von Huddie Ledbetters Cotton Fields steht das Klagelied über die Fron auf den Baumwollfeldern in deutlichem Gegensatz.

5. Rattlesnake Highway

Ein echter Sixties-Rocker mit einem Rückkopplungs-Intro. Was folgt, ist ein hämmernder Beat von Kenny Aronoff im Zusammenspiel mit Bob Glaub am Bass. Fogerty setzte diverse Schichten Gitarren und Sitar übereinander, um eine Mixtur aus seinem Swamp-Voodoo-Sound zu erzeugen, ein bisschen Hendrix-Gitarre, alles zusammen mit einem Schuss Psychedelic. Das passt zum Text über einen Mann, dessen Leben durch seine Beziehung zu einer Frau – sie ist die Klapperschlange des Titels – ruiniert wurde. Insgesamt ist Rattlesnake Highway sicherlich der erste Füllsong von „Blue Moon Swamp", bei dem Fogerty auf seine alte Formel wie bei Old Man Down The Road zurückgegriffen hat. Der „old man" mit seinem Koffer aus Klapperschlangenleder symbolisierte eine unspezifische Gefahr, während hier die Schlangenfrau – eine moderne Eva – konkretes Elend verkörpert. Der Highway ist, wie so oft in amerikanischen Popsongs, eine Metapher für das Leben. Dieses Bild des Menschen auf der Verliererstraße hatte John schon einmal in Where The River Flows auf dem „Shep"-Album verwendet.

6. Bring It Down To Jelly Roll

„Dies ist ein Song, mit dem ich mich praktisch selber beauftragt habe. Ich wusste, dass ich einen Song mit einem bestimmten Gefühl für das Album brauchte …", erzählte Fogerty zur Entstehungsgeschichte, „so zwang ich mich, etwas über den Zeitraum von drei Tagen zu schreiben... Das Riff am Anfang des Songs hatte ich am Donnerstag, und am Samstag war alles mehr oder weniger beieinander." Eine ungewöhnliche Besonderheit dieses fröhlichen Party-Popsongs fiel dem „Vintage Guitar"-Magazin auf, nämlich, dass hier sowohl Farfisa-Orgel, als auch Dobro in einem Song zusammenkommen. Fogerty dazu: „Das bin ich, der das Ding spielt, und das ist auch so ziemlich alles, was ich auf dem Keyboard kann. Ich habe es alles rausgelassen. Seit zwei Jahren wusste ich, dass ich einen Song wie ‚Mendocino' oder ‚96 Tears' machen wollte. Aber es kann gut sein, dass das es das erste Mal ist, dass diese beiden Instrumente zusammen spielen."

Das Farfisa-Orgel-Riff klingt ein bisschen nach Springsteens Glory Days und Mickey Jupps Soon Enough For Me. Trotz dieses ungewöhnlichen Zusammenspiels sah der „Rolling Stone“ in dem Song etwas Formelhaftes, wie auch in ein paar anderen Songs des Albums. Der „Austin Chronicle“ hingegen war speziell von diesem Song begeistert: „‚Bring It Down to Jelly Roll‘ von Blue Moon Swamp ist ebenso eine Südstaatenhymne wie ‚Keep Your Hands To Yourself‘ von den Georgia Satellites', ‚Hard to Handle‘ von den Black Crowes (ja, ich weiß, Otis hat es zuerst gesungen) oder ‚Sweet Home Alabama‘.“ In jedem Fall war Bring It Down To Jelly Roll ein sehr fröhlicher, positiver und leichter Song. Die simple Aussage: Sex macht alles wieder gut! Verflogen schienen die dunklen Wolken an Fogertys Himmel. Sicher wäre der Titel eine gute Wahl für eine Single-Auskopplung gewesen, aber 1997 war die Zeit der Auskopplungen wie die der physischen Tonträger bereits weitestgehend vorbei.

7. Walking In A Hurricane (Billboard Platz 14)
Die erste Single-Auskopplung war nicht John Fogertys eigene Wahl. Er hätte stattdessen Blueboy gewählt. Walking In A Hurricane war aber mit seinem krachenden Intro und dem brachialen Rock ’n’ Roll-Backbeat, einem Zusammenspiel von Bob Glaub am Bass und Chad Smith, dem Schlagzeuger der Red Hot Chili Peppers, moderner und daher erste Wahl von Warner Records. Die in Australien erschienene CD-Single wurde mit Johns Cover-Version von Jody Reynolds’ Endless Sleep und dem Instrumental Just Pickin’ aus der Feder von Freddie King ergänzt. Das wieder in Blau gehaltene Cover zeigt John mit Gitarre vor einer Wellblechwand. Walking In A Hurricane hat zwar kaum dynamische Spannung, aber eben diesen treibenden Beat. Er beschreibt einen Getriebenen der Liebe, der immer wieder verlassen zurück bleibt, unglücklich verliebt nicht von einer Frau loskommt.

Fogerty hatte im Interview mit dem „Vintage Guitar“-Magazin einen recht vermessenen Vergleich zur Hand: „Nur lauter, fast böser’ Rock ’n’ Roll; etwas, das hoffentlich die Aufmerksamkeit erregt, gleich beim ersten Hören, wie es ‚Satisfaction’ getan hat. ‚Satisafction’ hat man inzwischen so oft gehört, dass es jetzt ein Klischee ist, aber als man es zum ersten Mal gehört hat, war es sehr beeindruckend.“ Der „Rolling Stone“ fand auch Walking In A Hurricane formelhaft. Einen wirklich vergleichbaren Song gab es aber weder in der Creedence-Historie noch auf Fogertys Solo-Alben. Am ehesten ist der Ansatz noch mit Headlines von „Eye Of The Zombie“ zu vergleichen. Und das Tempo des Songs stimmte mit Hot Rod Heart überein.

8. Swamp River Days

Hier hätte Saul Zaentz wohl neuerlich Grund gehabt, seinen ehemaligen Goldjungen zu verklagen, denn Fogerty zitiert mal direkt, mal indirekt aus seinem eigenen Repertoire des Swamp-Sounds, beziehungsweise seinen Creedence-Songs. Er beschrieb dieselben Kindheitserinnerungen wie in Green River und ließ auch das Intro-Riff anklingen. Kaum kaschiert spielt er auf seinen Hit von 1969 an: „Cody River playin’ on the radio“. Cody River nannte er auch in Anspielung auf seine Anfänge einen seiner Musikverlage. Und einen weiteren Hinweis auf die Vergangenheit mit Creedence fand das Magazin „Goldmine“: „Aber wenn Fogerty ‚Sweet Suzie, do you think about me/ that was good as it’s ever gonna be/ give me those swamp river days again‘ singt, denkt er offensichtlich an den Durchbruch von Creedence mit ihrer ersten Single, damals als Leute noch glaubten, Musik könne die Welt verändern. Fogerty gibt zu: ‚Das ist ein mythischer Geisteszustand.‘“ Erinnerungen an damals, als Suzie Q Creedence Clearwater Revival in die Charts brachte. Auch wenn Swamp River Days wie ein echter Creedence-Song klingt, hat Fogerty neuerlich darauf geachtet, die optimale moderne Besetzung für die Aufnahme zu finden, und so spielte Vinnie Colaiuta das Schlagzeug, Luis Conté bediente den Shaker und das Tamburin, und Bob Glaub lieferte die Bass-Spur.

Die Seele von Swamp River Days macht aber die lyrische Beschreibung der „old memories startin’ to fade“ aus: Die Bilder der Vergangenheit verblassen, eine „sentimental journey“ in das Paradies der Kindheit soll die Uhr zurückdrehen. Es gelingt John mit wenigen skizzenhaften Beschreibungen, die versunkene Welt wieder auferstehen zu lassen. Die Sommerhitze, die von der Straße aufsteigt, der Schatten der Pappeln, die Rohrkolben am Ufer, Insektenzirpen, Kinder im Fluss, die Spiele des Sommers – so wird es nie wieder sein. Im Rückblick wünscht sich der Erwachsene nichts anderes, als die „Swamp River“-Tage wieder erleben zu dürfen.

9. Rambunctious Boy

Wie schon bei Blueboy und Bring It Down To Jelly Roll lieferte Fogerty auch mit Rambunctious Boy einen weiteren fröhlichen Soundtrack für die Freizeitgesellschaft. Er besang das schlichte Vergnügen: „Ich habe keine Zeit für eine Kreuzfahrt in der Karibik, gib mir einfach ein Lied und ein Bier.“ Allerdings war die Instrumentierung weitaus weniger simpel, als es der Song zu verlangen scheint. Nicht nur spielte hier neben Bob Glaub noch Howie Epstein von Tom Pettys Heartbreakers einen zweiten Bass, sondern auch das Vocal-Ensemble The Lonsome River Band lieferte einen wunderbaren Chor, dessen Bluegrass-Charakter noch durch die Mandoline verstärkt wird. Und Fogerty selbst schien zu jedem Saiteninstrument gegriffen zu haben, das ihm in den Sinn kam. Da waren Mandoline, eine elektrische Sitar und diverse elektrische und akustische Gitarren zu hören. Bill Wyman befand in seinem Rundumverriss des Albums im „San Francisco Weekly“: „Andernorts wirkt seine Energie gezwungen, seine Entscheidungen als das Produkt einer Gute-Laune-Masche. Bei Liedern wie ‚Rambunctious Boy‘ macht er das, was eine Menge verkalkter Rocker machen: Er fügt am Ende jeder Zeile ein paar schräge melodische Wendungen ein, um dem Song einen Novelty-Charakter aufzuzwingen. Das funktioniert auch hier nicht.“ Rambunctious Boy war sicher weder der innovativste Song des Albums, noch sonst in irgendeiner Weise herausragend, aber die Beurteilung von Wyman schoss doch erheblich übers Ziel hinaus. Ein weniger gewollter Titel für das Stück wäre besser gewesen – neben Blueboy und Bad, Bad Boy ist der „wilde Junge“ ein Boy zuviel.

10. Joy Of My Life

John Fogerty nannte diesen Titel sein erstes Liebeslied. Durchforstet man das Oeuvre von Creedence, findet sich allerdings so mancher etwas subtilere Love-Song, auch wenn er immer seine Aversion gegen „silly love songs“, alberne Liebeslieder, geäußert hatte. Lyrisch hat er mit Joy Of My Life einen Tiefpunkt erreicht, so viele Klischees aneinandergereiht, dass es sich erübrigt, darauf einzugehen. Der „Rolling Stone“ übersah den Kitsch und fand den Song großartig: „Fast genauso überzeugend, aber tonal vollkommen anders ist ‚Joy Of My Life‘, ein sauberer und liebevoller Begleiter für Eric Claptons ‚Wonderful Tonight‘. Liebeslieder aus der Mitte des Lebens sind generell eigentlich Fachgebiet der Country-Musik, aber

Fogerty findet genau die Mitte zwischen abgedroschen und zärtlich." Und musikalisch ist dieser kleine Song auch wirklich großartig. Kenny Aronoff spielt sein Schlagzeug mit Rods. Bei der „Blue Moon Swamp"-Tournee ließ er sich für diesen Song immer extra ein kleineres Set auf die Bühne bringen. John Fogerty brilliert meisterhaft an Dobro, irischer Bouzouki und akustischer Gitarre, und Bob Glaub liefert einen zurückhaltenden Bass. Zusätzliche Percussion liefert Luis Conté.

Auf seiner Website hatte John sich noch explizit unter der Überschrift „Keine albernen Liebeslieder" geäußert: „Die ganze Schulzeit hindurch habe ich Liebeslieder gehört, die keine wirkliche Bedeutung hatten. Mit 18 traf ich die bewusste Entscheidung, mich davon zu entfernen. Unsere ersten Golliwogs-Songs, die, die Tom geschrieben hat, waren genau in diesem Stil, aneinander gereimte Worte. Was Liebeslieder betraf, so hörte man die im Radio, und vielleicht mochte man den Sound der Platte oder die Stimme des Sängers, aber die Lieder waren alle ziemlich dumm. Ich war so gehemmt, dass ich sogar ein Problem hatte, das Wort ‚Liebe' überhaupt in den Mund zu nehmen. Nicht mal mit meiner ersten Frau war ich sehr offen über meine Gefühle. Heute habe ich damit keine Probleme, aber damals war ich befangen, zu direkt zu sein oder Gefühle im Zwiegespräch zu äußern." So war Joy Of My Life wohl ein großer Befreiungsschlag für ihn, allerdings mit überaus zweifelhafter Wirkung. Denn von jetzt an gab es kein Halten mehr, was Gefühlsäußerungen in Bezug auf Julie in der Öffentlichkeit anging, kein Konzert, in dem er ihr nicht dankte, aber viel wichtiger, keine berufliche Entscheidung, die sie nicht beeinflusste oder bei der ihr keine tragende Rolle zukam. Insbesondere bei dem 2009er Album The Blue Ridge Rangers Rides Again, hatte das brutale Folgen.

11. Blue Moon Nights

Wie schon bei Big Train (From Memphis) kehrte John hier neuerlich in seine Traumwelt der 50er Jahre zurück, zu Sam Phillips in die Sun Studios. Er selbst beschrieb den Ursprung dieses Rockabilly-Songs so: „‚Blue Moon Nights' handelt von einer ganz besonderen Zeit im Rock 'n' Roll, als Sun Records auf ihrem Höhepunkt waren, Elvis großartige Platten machte, Carl großartige Platten machte und die anderen Leute bei Sun ihr Ding durchzogen. Und wenn damals, 1955, 1956 ein weiterer Typ durch die Tür gekommen wäre, mit seiner Aktentasche voller Songs und seiner alten geschundenen Gitarre, und Sam dann zu ihm gesagt hätte, spielt mir doch ein paar der Songs! Und er spielt fünf Titel, und einer davon wäre ‚Blue Moon Nights'. Dieser mythische Typ, Sam und ein paar weitere Typen, ein Drummer und ein Contrabassist, die hätten einen Sound entwickelt, der diesem Song sehr ähnlich gewesen wäre." Natürlich war John in seiner Fantasie selbst dieser junge Mann und auch Sam Phillips hätte sich den jungen John Fogerty als Talent bei Sun gewünscht, wie er einst bekundet hat. Und Fogerty verehrte Sam Phillips ebenfalls, wie er dem „Vintage Guitar"-Magazin erklärte: „Das Wort ‚Genie' wird im Musikbusiness inflationär benutzt, aber Sam Phillips hat sich sicherlich dafür qualifiziert."

Eine weitere Hommage an Phillips' Sun Studio lieferte der Titel des Albums ebenso wie dieser Song. Elvis Presleys Begleitmusiker Scotty Moore, Bill Black und D.J. Fontana nannten sich The Blue Moon Boys. Blue Moon Nights zählt in Fogertys Solokarriere wie Big Train From Memphis zu seinem musikalischen Glaubensbekenntnis. War es doch ein Jugendtraum von Johnny Corvette, mit den Rockabilly-Musikern aus Memphis auf der Bühne zu stehen. Das Stück ist auch mit Creedence' Cross-Tie Walker vergleichbar, ein schöner Song, aber sicher kein Hit.

12. Bad Bad Boy

Waren für „Blue Moon Swamp" zwölf Titel nötig? Bad Bad Boy war sicher eine Nummer, die das Album füllen sollte. Klanglich passte es hervorragend zu Hot Rod Heart, Walking In A Hurricane und Rambunctious Boy, ohne jedoch eine wirkliche Ergänzung zu sein. Die Musiker – am Schlagzeug Chester Thompson und am Bass Phil Chen – lieferten den perfekten lockeren Hintergrund mit der Percussion von Luis Conté für eine ausgedehnte Jam, bei der John Fogerty zum Abschluss der Platte in Santana-Manier seine exquisite Gitarrenfertigkeit demonstrieren konnte. Er sah einen bestimmten Nutzen in Bad Bad Boy: „Das ist ein Song, der in Konzerten gut rüberkommen wird."

Schon als „Blue Moon Swamp" am 20. Mai 1997 in die Plattenläden kam, war er wieder auf Tour, und die brachte ihm dann auch einen erheblichen Zuwachs an Aufmerksamkeit, denn endlich spielte er neben dem aktuellen

Album und wenigen Titeln aus seiner übrigen Solo-Karriere endlich wieder seine alten Creedence-Hits. „John Fogerty muss einen Pakt mit dem Teufel geschlossen haben“, schrieb Jim Farber nach einem New Yorker Konzert in der „Daily News“, „nichts anderes erklärt die übernatürliche Perfektion dieser Show.“ Und mit der aktuellen LP hatte Fogerty auch wieder ein Nummer-1-Album gelandet, wenn auch nur in Finnland. Der Erfolg von „Blue Moon Swamp“ war laut David Fricke vom „Rolling Stone“ der Musik zuzuschreiben, die die „erfrischende Stimmung einer mondbeschienenen Nacht“ vermittelt und dem „reifen, fokussierten Glanz“ von Fogertys Stimme. Er entdeckte zwar Rückgriffe auf Creedence Clearwater, aber nicht so viele, dass „der ernsthafte Geist des Albums und sein Geruch brackigen Wassers“ verdorben werden könnten. Bei genauer Analyse lässt sich aber nicht verheimlichen, dass Fogerty wieder wie bei „Centerfield“ mit von langer Hand geplantem Kalkül vorgegangen ist: Musikalisch sollte kein Zweifel aufkommen, dass er der einzige Autor des Creedence-(Bayou-, Swamp-)Sounds war. Inhaltlich hatte er sich auf die bewährten Muster besonnen. Das lässt das Album seltsam zeitlos wirken, es fehlt jeglicher Zeitbezug. Dass kein politischer Song in die Auswahl gekommen ist, mag daran liegen, dass der Präsident nicht mehr Bush sondern Clinton hieß. Aber auch ohne solch einen aktuellen Bezug auf Washington wäre die Reflexion gegenwärtiger Entwicklungen denkbar gewesen. Das holte er bei „Deja Vu“ nach.

Zum Erfolg trug sicherlich auch bei, dass Warner Bros. „Blue Moon Swamp“ mit dem Vertrieb vieler Promotion-Singles massiv unterstützte. Das sicherte Airplay bei den US-Radiostationen. Noch heute werden nicht nur Walkin’ In A Hurricane und Blueboy von amerikanischen Sendern gespielt. Fogerty scheint aber im Nachhinein mit dem Country-Einschlag nicht mehr zufrieden gewesen zu sein. Eine neu gemasterte Ausgabe, die von Geffen veröffentlicht wurde, verstärkte die Rock-Elemente und dämpft so die leiseren Klänge. 1997 kam er auch zum ersten Mal nach mehr als zwei Jahrzehnten nach Deutschland, diesmal um PR für „Blue Moon Swamp“ zu machen. Dazu gehörte ein Kurzauftritt bei Thomas Gottschalk im ZDF und ein Gig im Hamburger „Grünspan“. Drei Konzerttermine, die Marek Lieberberg gebucht hatte, hatte fielen jedoch aus. Es dauerte wieder lange, bis er zum regelmäßigen Gast in Deutschland wurde.

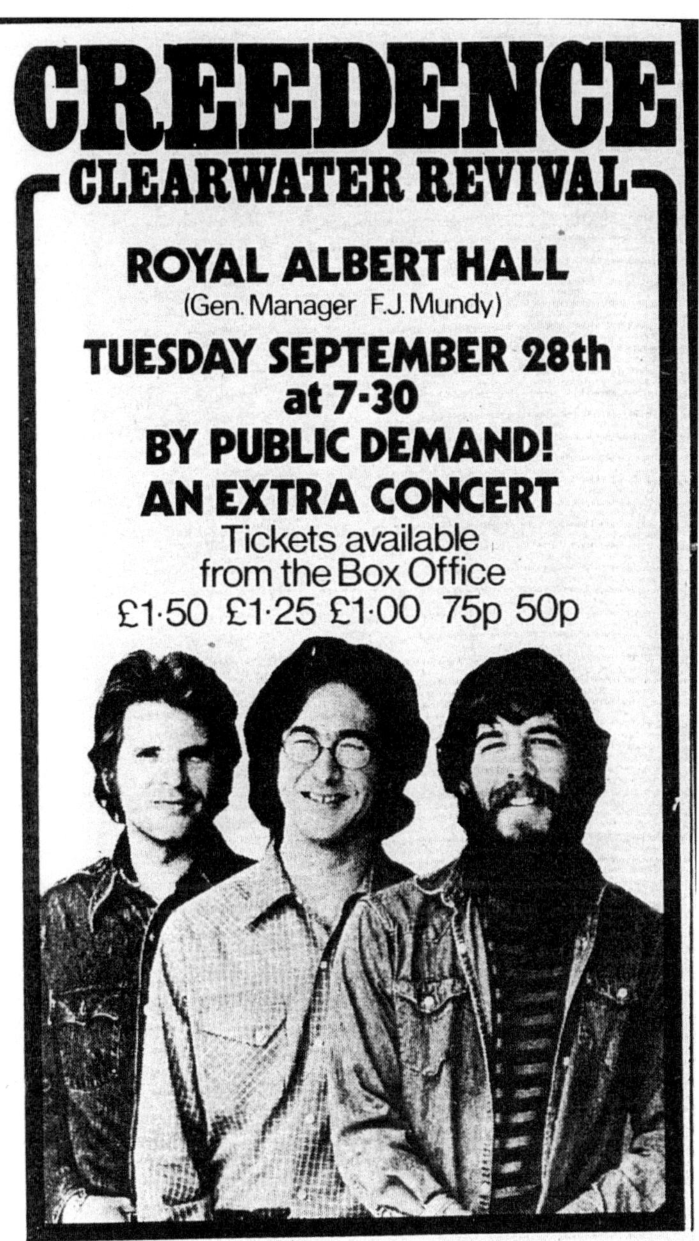
CREEDENCE
CLEARWATER REVIVAL
ROYAL ALBERT HALL
(Gen. Manager F.J. Mundy)
TUESDAY SEPTEMBER 28th
at 7-30
BY PUBLIC DEMAND!
AN EXTRA CONCERT
Tickets available
from the Box Office
£1·50 £1·25 £1·00 75p 50p

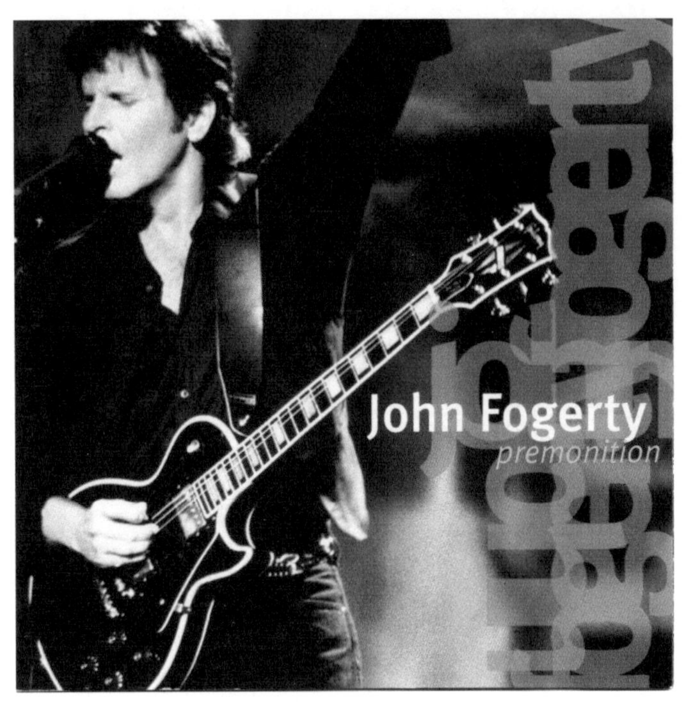
John Fogerty
premonition

Premonition (Billboard Platz 29) CD

Gefilmt und live aufgenommen vor Publikum am 12. Und 13. Dezember 1997 Im Warner Brothers Studio, Stage 15

1. Born On The Bayou 4:54 – (John Fogerty)

2. Green River 4:15 – (John Fogerty)

3. Susie Q 5:24 – (Eleanor Broadwater, Dale Hawkins, Stan Lewis)

4. I Put A Spell On You 5:02 – (Screamin' Jay Hawkins)

5. Who'll Stop The Rain 2:57 – (John Fogerty)

6. Premonition 3:18 – (John Fogerty)

7. Almost Saturday Night 2:26 – (John Fogerty)

8. Rockin' All Over The World 3:32 – (John Fogerty)

9. Joy Of My Life 3:55 – (John Fogerty)

10. Down On The Corner 2:57 – (John Fogerty)

11. Centerfield 3:54 – (John Fogerty)

12. Swamp River Days 4:25 – (John Fogerty)

13. Hot Rod Heart 3:41 – (John Fogerty)

14. The Old Man Down The Road 4:23 – (John Fogerty)

15. Bad Moon Rising 2:18 – (John Fogerty)

16. Fortunate Son 4:11 – (John Fogerty)

17. Proud Mary 4:01– (John Fogerty)

18. Travelin' Band 2:53 – (John Fogerty)

Premonition DVD

1. Born On The Bayou 4:54 – (John Fogerty)

2. Green River 4:15 – (John Fogerty)

3. Susie Q 5:24 – (Eleanor Broadwater, Dale Hawkins, Stan Lewis)

4. I Put A Spell On You 5:02 – (Screamin' Jay Hawkins)

5. Bring It Down To Jelly Roll 2:28 – (John Fogerty)

6. Who'll Stop the Rain 2:57 – (John Fogerty)

7. Premonition 3:18 – (John Fogerty)

8. A Hundred And Ten In The Shade 4:20 – (John Fogerty)

9. Almost Saturday Night 2:26 – (John Fogerty)

10. Rockin' All Over The World 3:32 – (John Fogerty)

11. Joy Of My Life 3:55 – (John Fogerty)

12. Down On The Corner 2:57 – (John Fogerty)

13. Centerfield 3:54 – (John Fogerty)

14. Swamp River Days 4:25 – (John Fogerty)

15. Hot Rod Heart 3:41 – (John Fogerty)

16. The Old Man Down The Road 4:23 – (John Fogerty)

17. Blueboy 4:37– (John Fogerty)

18. Walking In A Hurricane 3:28 – (John Fogerty)

19. Bad Moon Rising 2:18 – (John Fogerty)

20. Fortunate Son 4:11 – (John Fogerty)

21. Proud Mary 4:01– (John Fogerty)

22. Travelin' Band 2:53 – (John Fogerty)

Live-Alben von Creedence Clearwater Revival standen bisher unter einem unglücklichen Stern. Das lag vor allem an der Veröffentlichungspolitik von Fantasy. Das letze Live-Album mit dem Titel „The Concert" war 1980 mit einem Konzert von 1970 herausgekommen. Im Juni 1998 Juni kam es dann zu einer seltsamen Koinzidenz: Johns ehemalige Mitmusiker Doug Clifford und Stu Cook veröffentlichten mit ihrer Coverband Creedence Clearwater Revisited „Recollection", eine Doppel-Live-CD voller Fogerty-Kompositionen. Sie hatten 22 Titel bei diversen Konzerten zwischen 1995 und 1998 mitgeschnitten. Für denselben Monat hatte Reprise Records, eine Warner Bros. Tochter, Johns „Premonition" angekündigt. Zu diesem Album hatte Fogerty sich dem Warner-Vorstandsvorsitzenden gegenüber verpflichtet, der eine Live-LP von ihm haben wollte. Das bot John aber auch die Chance, die schwachen CCR-Live-LPs in den Schatten zu stellen. In seinen Worten: „Für mich war es eine gute Möglichkeit, mit einem Live-Album die Titel wieder für mich zurückzuerobern."

Die Gegebenheiten dazu waren ideal: Die Aufnahmen fanden im Dezember 1997 an zwei Tagen unter optimalen Bedingungen vor ausgewähltem Publikum im Burbank Studio von Warner Brothers statt. Für „Premonition" wurden als CD 18 und als DVD 22 Titel zusammengestellt, die Fogertys gesamte Karriere spiegelten, ergänzt um den neuen Titelsong Premonition. Als Begleitmusiker hatte Fogerty Teile seiner Band von „Blue Moon Swamp“ rekrutiert, also Bob Glaub am Bass und Kenny Aronoff am Schlagzeug. Dazu sangen auch die Waters bei einigen Titeln Background. Die Fairfield Four waren auf der DVD bei A Hundred And Ten In The Shade vertreten. Hinzu kamen die beiden Gitarristen Johnny Lee Schell und Michael „Pipes“ Canipe. Johnny Lee hatte sich vor allem durch seine Arbeit mit Bonnie Raitt einen Namen gemacht, und Michael Canipe aus Laguna Beach hatte seine eigene kleine Barband. Die Bühnengestaltung bei dem Konzert glich der Kulisse von der Tour zu „Blue Moon Swamp“. Auf dem Cover des Albums war Fogerty zu sehen, seine schwarze „Gibson Les Paul Custom“ um den Hals und den linken Arm in die Luft gereckt. Art Director des Albums war zum ersten Mal Julie Fogerty, eine Entwicklung, die noch Folgen haben sollte. Zwar hatte Doug Cliffords Frau die Gestaltung des ersten Creedence-Albums übernommen und auch die Plakate von Creedence gemalt, aber damals war Professionalität noch keine Selbstverständlichkeit, und Big Business hatte bei den Neulingen aus der San Francisco Bay noch nicht das Regiment angetreten.

Gab es bei der Veröffentlichung von „Blue Moon Swamp“ verschiedentlich Zweifel in der Presse, ob und wie Classic-Rocker sich im modernen Radio noch Gehör verschaffen könnten, oder mit neuen Songs neben ihrem alten Material bestehen würden, so war diese Frage mit der Veröffentlichung von „Premonition“ für Fogerty beantwortet. Der „Rolling Stone“ hatte diese Problematik in einer gemeinsamen Besprechung von Paul McCartneys Album „Flaming Pye“ und „Blue Moon Swamp“ angesprochen, ebenso wie die „New York Daily News“. Und auch der „Billboard“ griff das Thema in seiner Titelgeschichte über Fogerty auf und hob den Erfolg seiner Live-Auftritte hervor: „Trotz der Lobeshymnen in der Presse und der offensichtlich großen Wirkung, die die Tour auf Besucher hat, kämpft Fogerty immer noch mit der Zurückhaltung der Mainstream-Medien, Künstler zu spielen, die bereits zum Kulturerbe gehören.“ Das mit dem Kulturerbe war ihm kürzlich offiziell bestätigt worden: Die „National Association of Songwriters“ ehrte ihn 1997 mit dem „Lifetime Achievement Award“ und als Musiker bekam der den „Orville Gibson Lifetime Achievement Award“ verliehen.

Wo immer Fogerty auftrat, explodierten die Verkaufszahlen des Studio-Albums aus dem Vorjahr, und so lag es nah, mit einem Live-Album nachzulegen, das jedwede Zweifel bei Fans und Medien zerstreuen würde. Er sang brillant mit mehr Volumen in der Stimme und einem heiseren Timbre immer nur da, wo es nötig war. Sein Gitarrenspiel war ausgereift und routiniert. Die Klassiker von Creedence hatte man bis hierhin live nie so gut gehört, und die neueren Songs aus der Solokarriere lebten von der großen Spielfreude, die die Band auf die Bühne brachte. In der kurzen Besprechung der CD brachte Allmusic.com das klar zum Ausdruck: „Premonition ist im Wesentlichen etwas für ergebene Fogerty-Fans – es gibt nur einen neuen Song. Und den Unterschied der Live-Aufnahmen zu den Originalen werden nur die Hardcore-Fans finden – aber sie werden hocherfreut über die Qualität der Musik sein." Natürlich kann man bei einem Oeuvre wie dem John Fogertys immer unzufrieden mit der Auswahl der Songs sein, schließlich sind auf „Premonition" nur 18 Titel zu hören, aber wirklich erstaunlich war der Unterschied zwischen CD und DVD: Ausgerechnet die vier Stücke, die zusätzlich auf der DVD zu hören und sehen sind, stammten von „Blue Moon Swamp". Bring It Down To Jelly Roll lockerte nach hervorragenden Versionen von Born On The Bayou, Green River, Susie Q (neuerdings mit s) und I Put A Spell On You das Programm auf. Ein großer Moment dieses Konzertmitschnitts, der allerdings auf der CD fehlte, war der Auftritt der Fairfield Four bei A Hundred And Ten In The Shade, das direkt auf Premonition, den einzigen neuen Titel, folgte. Blueboy war live keinen Deut schlechter als auf „Blue Moon Swamp", unterschied sich aber vom Original auch nur in Nuancen. Walking In A Hurricane war sicher der geringste Verlust für die „Premonition"-CD, verlieh der DVD doch noch eine weitere Klangfarbe.

Einen Beigeschmack kann man aber auch bei „Premonition" empfinden: Sagte Fogerty nämlich auf der DVD noch im Anschluss an Green River an, dass die Zuschauer lächeln sollten, wenn er einen falschen Ton spiele, „dann gehe ich ins Studio und bringe das in Ordnung, wie es all die anderen schlauen Typen machen", so fehlte der Spruch bei der CD mit gutem Grund: Denn Fogerty hatte im Nachhinein längst einige Overdubs im Studio gemacht, wie er es sich vorab ausbedungen hatte. So waren die Waters im Video von der Single „Premonition" (Billboard Platz 19) zwar zu hören, aber nicht zu sehen. Und Fogerty lieferte selber noch Backing-

Vocals zu Who'll Stop The Rain, Rockin' All Over The World und Proud Mary im Studio nach. Von seiner Live-Version von Almost Saturday Night war er so überzeugt, dass er sie mit Who'll Stop The Rain als Single auf Vinyl veröffentlichen ließ. Das trug ihm wieder eine Grammy-Nominierung als „Best Male Rock Vocal Performance“ für Almost Saturday Night ein. Auch das Album wurde nominiert – als „Best Rock Album“.

Für die Single-Rückseite von Premonition war Born On The Bayou ausgewählt worden, ein Selbstgänger. Mit dem neuen Stück hatte sich John jedoch sehr schwer getan. Der Song Premonition hätte gut von Bob Dylan oder Tom Petty stammen können. Fogerty phrasierte seinen Gesang wie Dylan, und der breite Hintergrund aus akustischen und elektrischen Gitarren wäre auch einer Jeff-Lynn-Produktion würdig gewesen. Textlich bot Premonition wenig. Er elaboriert Allerweltsvorahnungen wie die, dass die Erde beben und der Wind stürmen würde, oder spekuliert über Veränderungen in der Beziehung. Fogerty erzählte dazu: „Eines Tages war ich draußen beim Joggen und hörte Radio, und dieser Typ begann von einem Thema zu erzählen, und ich sagte mir: ‚Darüber habe ich gerade nachgedacht!‘ Und dann versuchte ich mich an das Wort zu erinnern, das beschreibt, wenn einem so etwas passiert: ‚Déjà vu? Nein. Clairvoyant? Verdammt! Moment, ... es ist Premonition!‘“ Ihm war klar, dass von ihm ein neuer Song für das neue Album erwartet wurde. Wochenlang lag dann der Post-It-Sticker mit dem Wort Premonition auf dem Schreibtisch, und wenige Tage bevor Proben beginnen sollte, erinnerte sich Fogerty an diesen Zettel, hatte ein gutes Riff auf der Gitarre parat, und fertig war der Song. Interessant ist, dass ihm zu diesem Zeitpunkt der Begriff „déjà vu“ durch den Kopf ging – ein künftiger Album-Titel.

Nach dem Album „Premonition“ tourte Fogerty regelmäßig in der ganzen Welt und veröffentlichte auch noch weitere Live-Alben auf CD und DVD, die an dieser Stelle schon einmal vorab rezensiert werden sollen. Da war „The Long Road Home – in Concert“ (2006), ein Mitschnitt eines Konzertes vom 15. September 2005 im Wiltern Theatre in Los Angeles. Wieder hatte Fogerty eine Reihe brillanter Musiker in seiner Band, die mit dem Stücken des Studio-Albums „Deja Vu“ von 2004 durch die Theater der Welt tourte. 27 Songs, die Fogertys Karriere bis hierhin widerspiegelten, waren auf der Doppel-CD versammelt, und neuerlich klangen die

Songs musikalisch besser oder aber gleichwertig mit den Originalaufnahmen, die der inzwischen 60-Jährige zum Teil vor fast 40 Jahren aufgenommen hatte. Nur seine Stimme begann langsam, an Bandbreite und Volumen zu verlieren. Qualitativ ragten bei diesem Album besonders Bootleg und Tombstone Shadow heraus. Bei diesen Stücken zeigte er, dass er ein moderner Bluesmusiker der Extraklasse war. Als Executive Producer war hier erstmalig Julie Fogerty vermerkt, sie musste also offiziell auch an der Auswahl der Songs beteiligt gewesen sein. Der Titel des Albums bezog sich auf Johns Rückkehr zur einst so verhassten Plattenfirma Fantasy, die inzwischen einen neuerlichen Besitzerwechsel erfahren hatte. So konnte Fogerty beide Phasen seines Schaffens – Creedence Clearwater Revival und die Solo-Karriere – zusammenfügen. Unter demselben Titel ohne den Zusatz „In Concert“ war auch ein Best-Of-Album ohne neue Songs erschienen.

Das nächste lange angekündigte Live-Album sollte ein Mitschnitt eines Konzertes in der Londoner Royal Albert Hall vom 24. Juni 2008 werden. Hier hatte John zuletzt 1971 mit Creedence Clearwater Revival gespielt, und alle seine großen Vorbilder waren in dieser Halle aufgetreten. Für Fogerty hatte der Saal daher eine besondere Bedeutung, die auch aus seinen wenigen Sätzen im Klappentext der DVD sprach: „Heute Abend werden meine Musik und mein persönliches Revival gefeiert.“ Das großartige Konzert erschien schließlich leider nur auf DVD. Wieder und wieder griff sich Fogerty ans Ohr – hatte offensichtlich Probleme mit seinem In-Ear-Monitor, aber seine Performance an der Gitarre war wieder von besonderer Qualität, und erstmalig ließ er auch Leadgitarren-Parts von einem zweiten Gitarristen spielen, dem jungen wilden Hunter Perrin.

Die größte Überraschung des Abends war wohl für viele Fans der Eröffnungssong Comin’ Down The Road, Johns erste Solo-Single unter eigenem Namen nach der Auflösung von Creedence, aus dem Jahr 1973. Die Aufnahmequalität war natürlich im Vergleich zum Original viel besser, und so wirkte der Song aufgeräumter. Doch offenbarte sich auch gleich hier das große Manko des nunmehr 63-Jährigen: Seine Stimme hatte auch nach The Long Road Home weiter an Kraft eingebüßt. Fogertys Augen wirkten sehr müde. Im Laufe des Konzertes gewann er aber an Energie, und auch sein Gesang wurde stabiler, wenngleich gerade bei den bekannten Röhren wie Fortunate Son, Travelin' Band oder Rockin' All Over The World die Kraft einfach nicht mehr an die des 24-jährigen John Fogerty von 1969 heranreichte.

Das Konzert in der Royal Albert Hall war eines aus der Reihe, mit der er sein aktuelles Album „Revival“ promotete. So gab es hiervon eine schöne, aber dem Original fast hundertprozentig entsprechende Version von Don't You Wish It Was True. Gunslinger und Somebody Help Me entsprachen ebenfalls den Studioaufnahmen. Bei Broken Down Cowboy, das Fogerty wortreich seiner Frau Julie widmete, spielte er im Sitzen und trug einen weißen Stetson. Der Song wirkte im Konzert stärker als auf dem „Revival“-Album, weil Jason Mowery seine Geige sehr geschmackvoll und zurückgenommen zum Einsatz brachte. Weitere Besonderheiten des Abends waren eine Version von Rockin' Sydneys My Toot Toot, bei dem Matt Nolen Akkordeon spielte. Auf ein krachendes Keep On Chooglin' folgte Southern Streamline, eine das Original von 1997 weit überragende Version. Dabei ergänzte er das wunderbar sensible Fiddle-Spiel Mowerys mit virtuosem Picking. Und direkt im Anschluss setzten die beiden zu einem Fiddle-Gitarren-Duell an: Der Blue Ridge Mountain Blues von Fogertys „Blue Ridge Rangers“-Album aus dem Jahr 1973 diente als Grundlage. Jetzt waren alle in bester Spiellaune, und so folgte eine Version von Almost Saturday Night, die sowohl das 1975er Original als auch die „Premonition“-Aufnahme überragte. Die Stimmung in der wunderschönen Halle war euphorisch, und vor der Bühne tanzten treue Fans in der „Fogerty-Uniform“ mit blauen Flanellhemden.

Fogerty spielte alle Songs in der Royal Albert Hall etwas schneller, als man es von ihm kannte, was aber Commotion oder Ramble Tamble nicht schadete, sondern die Qualität seiner Band und insbesondere die von Kenny Aronoff beleuchtete. Bei manch anderem Stück wie Old Man Down The Road, Down On The Corner, Hey Tonight oder Up Around The Bend, bei dem auch die Söhne Shane und Tyler Fogerty einen Kurzauftritt hatten, wäre etwas weniger Tempo sicherlich nicht schädlich gewesen. Insgesamt war dieses Konzert eine großartige Demonstration der musikalischen Bandbreite seines Schaffens, und es ist bedauerlich, dass das angekündigte Album nicht erschienen ist.

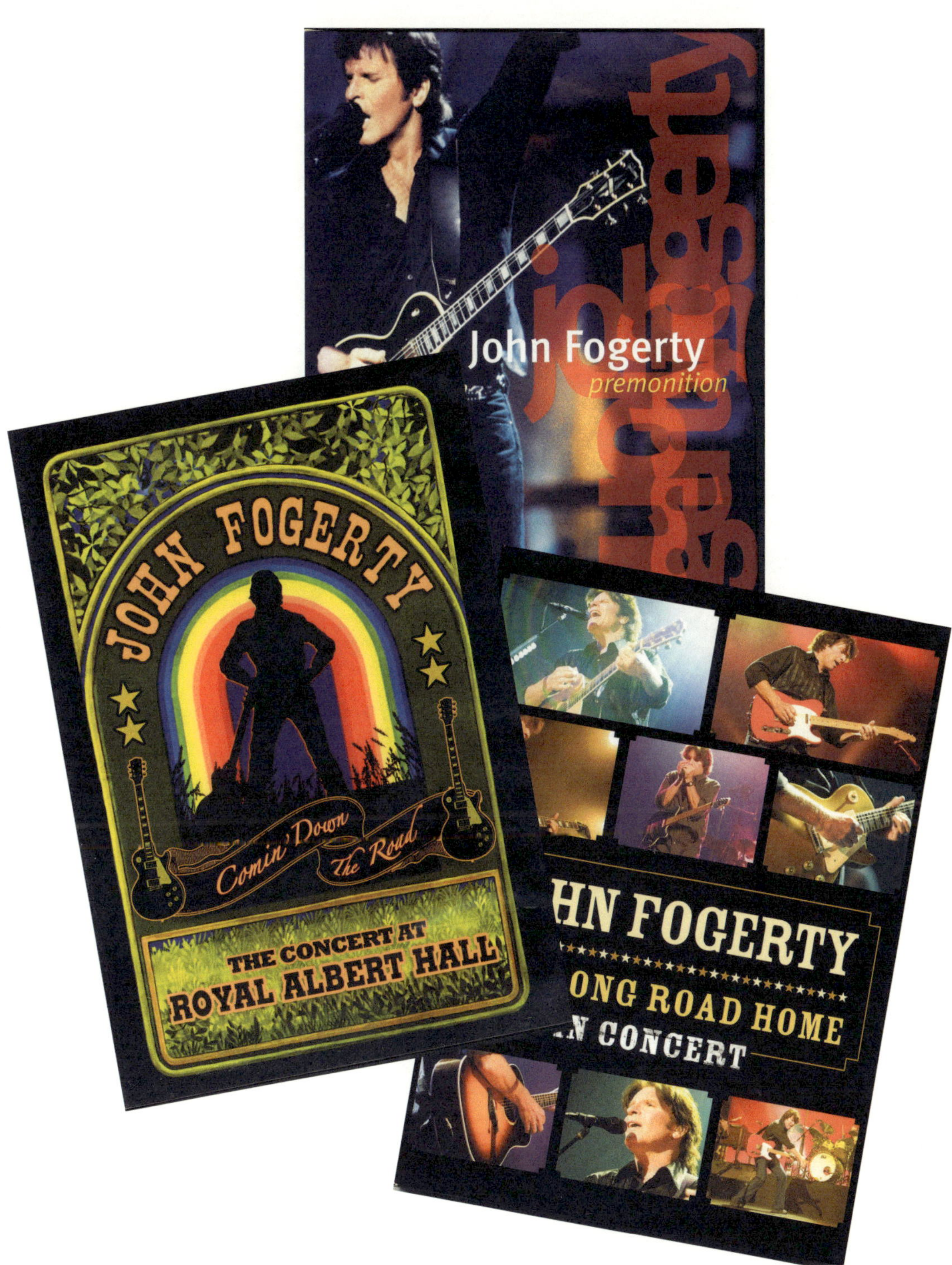
john fogerty
John Fogerty
premonition
JOHN FOGERTY
Comin' Down The Road
THE CONCERT AT
ROYAL ALBERT HALL
HN FOGERTY
ONG ROAD HOME
N CONCERT

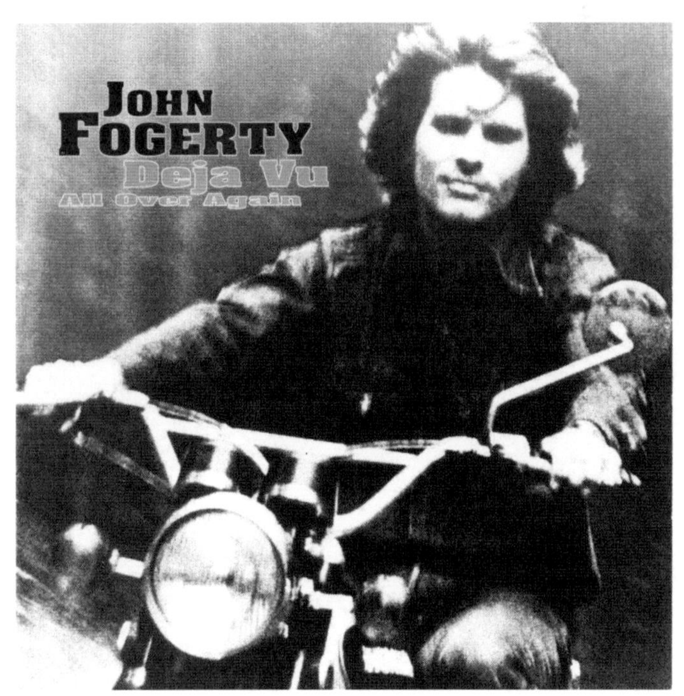
JOHN
FOGERTY
Deja Vu
All Over Again

Deja Vu All Over Again (Billboard Platz 23)

Aufgenommen im NRG Recording Studio in North Hollywood, Kalifornien

1. Deja Vu (All Over Again) 4:13 – (John Fogerty)

2. Sugar-Sugar (In My Life) 3:29 – (John Fogerty)

3. She's Got Baggage 2:35 – (John Fogerty)

4. Radar 3:07 – (John Fogerty)

5. Honey Do 2:51 – (John Fogerty)

6. Nobody's Here Anymore 4:02 – (John Fogerty)

7. I Will Walk With You 3:02 – (John Fogerty)

8. Rhubarb Pie 3:17 – (John Fogerty)

9. Wicked Old Witch 3:26 – (John Fogerty)

10. In The Garden 3:50 – (John Fogerty)

Sieben Jahre waren wieder vergangen seit „Blue Moon Swamp". Allerdings war es in diesen sieben Jahren mal nicht vollkommen still um John Fogerty geworden: Im Sommer 2000 eröffnete er in Europa die Shows von Tina Turners Abschiedstournee. Die Klatschpresse berichtete 2001 von der Geburt seiner Tochter Kelsey, und hin und wieder gab es auch Meldungen von Konzerten, etwa die eines Gigs gemeinsam mit Dr. John und Aaron Neville in New York.

Schon das Cover des neuen Albums aus dem Jahr 2004 verriet, dass Fogerty einen Rückblick auf sein eigenes Schaffen wagen würde. Zu sehen war ein Foto von Bob Fogerty, das aus einer Serie stammte, die bereits zu Creedence-Zeiten für die Single Hey Tonight Verwendung gefunden hatte: Der junge John in Schwarzweiß auf seinem Motorrad. Auf der Rückseite des Booklets hingegen fand sich ein aktuelles Foto, das Julie Fogerty von ihrem Mann mit seiner jungen Tochter Kelsey an der Hand gemacht hatte. Es zeigt Vater und Tochter beim Überqueren einer Brücke. Ein Sticker auf dem Jewel Case preist ihn als „American Songwriting Legend“ an.

Sieht man das Album „Deja Vu“ unter dem Aspekt der Innovation, so fällt auf, dass Fogerty – ähnlich wie bei „Eye Of The Zombie“ 1986 – einen Weg gesucht hat, die Bandbreite seines Stils zu erweitern. Das ist ihm besser, zumindest geschmackvoller, gelungen als damals. Aber wirklich innovativ war „Deja Vu All (Over Again)“ dennoch nicht. Neuerlich hatte er sich auf die Perfektionierung eines Instrumentes versteift und seine Energie voll dem Spiel der akustischen Gitarre gewidmet, wie sie bereits bei anderen wie James Taylor oder Bluegrass Formationen wie Western Union zu hören war. Darüber hinaus bediente er sich aus seiner persönlichen Wundertüte, schrieb dann seinen ersten Dire-Straits-, seinen ersten Punk- und seinen ersten Jimi-Hendrix-Titel, etwas formelhaft, sehr gekonnt, aber eben auch nicht über die Grenzen der Vorbilder hinausreichend.

1. Deja Vu (All Over Again)

Auch John-Fogerty-Fans ereilte beim Titelsong ein Déjà Vu. Hatte er sich beim Eröffnungsstück von Blue Moon Swamp noch an Bad Moon Rising orientiert, eröffnete er jetzt mit den Klängen von Who’ll Stop The Rain und Have You Ever Seen The Rain. Ersteres hatte er schon in den 80er Jahren für I Saw It On T.V. geplündert. Doch Deja Vu und I Saw It On T.V. ist gemeinsam, dass ihnen die metaphorische Kraft von Who’ll Stop The Rain fehlte – keine zu Assoziationen anregende Metaphern, sondern eine klare Bildsprache, Verweise auf Radio und Fernsehen, ein Bericht über das Erlebte und das was den Alltag des Krieges aus Sicht vieler US-Amerikaner bestimmte. Soldatenleichen, die nach Hause transportiert wurden, weinende Mütter und eine Opferstatistik bei jedem Fernsehsender. Fogerty war alt genug, um den Irak-Krieg, der auf Lügen der US-Regierung basierte, als Déjà Vu des Vietnam-Krieges zu erleben. Das aus dem Französischen stammende „déjà vu“, das die Empfindung beschreibt, Gegenwärtiges schon einmal erlebt zu haben, war ihm als Song-Titel bereits durch den Kopf gegangen, als er ein neues Stück für das Live-Album „Premonition“ suchte. Eigentlich hatte er diesen melancholischen Protestsong gar nicht für sein aktuelles Album schreiben wollen, wie er der „USA Today“ erzählte: „Eine Stimme flüsterte mir die erste Zeile in mein Ohr. Ich konnte die akustische Gitarre und die einfache Qualität des Songs hören. Meine erste Eingebung war es, das beiseite zu wischen.“

Das Stück war sicher nicht Fogertys beste Kampfansage gegen den Krieg: Fortunate Son, Who'll Stop The Rain und viele andere Protestsongs aus der Creedence-Ära hatten einen bleibenderen Eindruck hinterlassen. Jetzt hatte er aber eine andere Mission: Mit Deja Vu ging Fogerty gemeinsam mit Springsteen, REM und einigen anderen auf die „Vote for Change Tour“ in den USA, wenige Tage, nachdem sein Album erschienen war. Er wollte im Wahlkampf 2004 dazu beitragen, endlich den Lügner und „Fortunate Son“ George W. Bush aus dem Weißen Haus zu verjagen und durch John Kerry ersetzt wissen. Der Erfolg der Anstrengungen blieb ebenso aus wie der große Erfolg von Deja Vu (All Over Again) als Single. Ironie der Geschichte: Wie Dave Marsh in seinem Buch „Fortunate Son“ schrieb, geht die Kombination der Begriffe „Déjà Vu“ und „All Over Again“ als Formulierung ausgerechnet auf den republikanischen Präsidenten Ronald Reagan zurück, der einen verdeckten Krieg gegen Nicaragua geführt hatte und die Karibikinsel Grenada besetzt hatte.

2. Sugar-Sugar (In My Life)

„Ich muss zugeben, vor ein paar Tagen beim Rasieren dachte ich, dass da eine Menge Lieder über mein Leben zu Hause auf dieser Platte sind. Manchmal frage ich mich, ob es zu viele sind. Aber das ist es, was aus mir herauskam und worüber ich Bescheid weiß.“ John Fogerty erzählte das der „Chicago Tribune“ bereits 2004. Und Sugar-Sugar (In My Life) ist tatsächlich der Auftakt zu vier von zehn Songs, die sich um das häusliche Leben der Fogertys drehen. Bei einem anderen Musiker wäre das gar kein Problem, aber er hatte sich sonst mit lieblichen Liedchen zurückgehalten, seine Wut über den Gang der Welt in Worte und Metaphern gefasst, die jeder nachvollziehen konnte. Sugar-Sugar ist so süßlich, wie man es von ihm bisher nicht kannte. Nur Joy Of My Life hatte bis hierhin solch einen Beigeschmack. Der Sound besteht aus freundlichem und gekonntem, akustischem Folk-Picking mit einem ordentlichen Schuss Country. Seine Stimme ist ohne Schärfe, ohne heiseres Timbre. Was soll er auch seine private Verliebtheit rausbrüllen, wenn er sie schon mitteilen muss. War der Song von der Plattenfirma Geffen noch positiv angekündigt worden, „Sugar-Sugar (In My Life) ist eine gefühlvolle Jubelfeier voll von Liebe, die stark von Fogertys derzeitigem Leben als Ehemann und Vater beeinflusst scheint", fand der Titel in der Kritik keine Beachtung und wurde freundlicherweise auch nicht als Liedchen abgetan, – was es aber zumindest lyrisch ist.

3. She's Got Baggage

War es die persönliche Erfahrung mit einer Drama-Queen, die die Last der Welt auf ihren Schultern trägt, die John Fogerty hier besang? In Anbetracht des Süßholzgeraspels, mit dem er Julie seit „Blue Moon Swamp" bedachte, ist es unwahrscheinlich, dass seine Frau gemeint ist. Hatte er sich in den ersten beiden Songs des Albums als versierter Akustik-Picker präsentiert, öffnete er mit She's Got Baggage die Tür zu einem weiteren für ihn neuen, aber dennoch recht alten Genre. Der „Rolling Stone" fand: „Unterdessen erinnert ‚She's Got Baggage' ausgerechnet an den alten Ramones-Titel ‚Blitzkrieg Bop'." Und Stephen Thomas Erlewine von „Allmusic" urteilte: „… eine Handvoll Titel, die an die mit den Armen rudernde Hilflosigkeit von ‚Eye Of The Zombie' erinnern: der hohle Hard-Rocker ‚She's Got Baggage' …". Hard-Rock oder Punk – She's Got Baggage wirkt wie ein Fremdkörper auf dem Album.

4. Radar

Auch Radar landete bei „Allmusic" in einer musikhistorischen Schublade. Da heißt es: „… der merkwürdige Disco/New Wave Stil von ‚Radar'." Musikalisch griff Fogerty hier den Stil von Bring It Down To Jelly Roll auf, bedingt durch den Einsatz der Farfisa-Orgel. Textlich verband Radar das vorausgehende She's Got Baggage mit dem folgenden Titel Honey Do. Wieder handelt es sich um die Karikatur einer Frau: Diesmal ist sie ein Kontrollfreak, schränkt den Mann in seiner Selbstbestimmung ein. Der versucht sich unter ihrem Radar wegzuducken, möchte nicht arbeiten, wäre lieber in Las Vegas. Mehr Klischee geht kaum. Der Titel plätscherte fröhlich wippend, gleichsam belanglos durch den Äther und wäre mit dem letzten Ton ad hoc vergessen, käme der nicht von der Baby-Stimme der damals zweijährigen Kelsey Fogerty. Das gab's schon mal 1961 bei Buzz Cliffords Baby Sittin' Boogie. Es gab Zeiten, da berief sich Fogerty auf andere Vorbilder.

5. Honey Do

Und noch ein Hausdrachen. Es wirkt so, als habe sich John bei „Deja Vu" in ein Stammtisch-Thema verbissen. 1994 hatte bereits Mickey Jupp das häusliche Leben mit seinem Titel You Say Rock ähnlich humorvoll thematisiert, wie es Fogerty jetzt mit Honey Do tat. Der arme Gatte wird wohl unablässig an seine Haushaltspflichten erinnert. Honey Do hat Ankänge eines Country-Rockers im Stil von Carl Perkins. Und das dürfte kein Zufall sein. 1956 hatte Perkins einen Hit mit seinem Rockabilly-Titel Honey Don't. Der Textvergleich fällt nicht zugunsten Fogertys aus. Zwar schrieb Perkins nur wenige Zeilen, die aber Beziehungsprobleme sehr viel glaubhafter darstellen. Für den richtigen Sound sorgte Fogerty bei diesem Stück mit einer besonderen Besetzung: Dean Parks, der schon für Steely Dan, Michael Jackson und Aretha Franklin Gitarre gespielt hatte, lieferte gemeinsam mit Victor Krauss, dem Kontrabass spielenden Bruder von Alison Krauss, das Fundament. John spielte alle übrigen Gitarren. Honey Do stand musikalisch aber auch in einer Reihe mit anderen Fogerty-Titeln wie Cross-Tie Walker, Big Train (From Memphis) und Blue Moon Nights.

6. Nobody's Here Anymore

Fogerty goes Knopfler wäre wohl eine passende Überschrift zu diesem Titel. Oder: Fogerty schreibt den perfekten Dire-Straits-Song. Zum einen klingt Nobody's Here Anymore wie Sultans Of Swing vom ersten Album der Band um Mark Knopfler, und zum anderen ist da noch eine weitere Analogie: Mark Knopfler spielte auf diesem Song eine Leadgitarre ein. Die FAZ besprach 2004 auch folgerichtig die beiden Neuerscheinungen von Mark Knopfler („Shangri-La") und John Fogerty in einem Artikel und bemerkte, was nur dem aufmerksamen Leser der Liner Notes der CD auffallen kann: „Doch zum raffiniertesten Täuschungsmanöver des ganzen Albums gerät der Titel ‚Nobody's Here Anymore'. Mark Knopfler gießt uns als Gastgitarrist schon im Intro gleichsam Tonic Water ein, so perlt das, und die drahtigen Gitarrenläufe lassen unmittelbar die ‚Sultans Of Swing' wieder auferstehen. Doch man traut seinen Ohren nicht: Die jubilierende Lead-Gitarre im Stil der ‚Dire Straits' wird von Fogerty bedient. Knopfler hält sich im Hintergrund des Stücks und streut lediglich ein paar entspannte Licks und Akkordwechsel ein."

Lyrisch jedoch reichte Fogerty 2004 auch hier neuerlich nicht an seine Glanzzeiten heran. „Allmusic" beschreibt das Defizit so: „Bei ‚Nobody's Here Anymore' klingt Fogerty wie ein alter Opa, der über ein paar sozial inkompetente Computerfreaks verzweifelt, die mit einem ‚Stapel Twinkies' rumsitzen und über ein gelangweiltes Kind in einem Klassenzimmer, das ‚sich den Rockstar auf CD anhört', dabei wäre es doch viel wahrscheinlicher, dass das Kid Rap auf seinem iPod hört." Da ist etwas dran: Die gut gemeinte Kritik an einer Jugend, die sich ihre Kicks aus Geräten holt, an Erwachsenen, die ihr Glück in SUVs und mobilen Telefonen suchen, wurde schnell von der rasanten Entwicklung überrollt und wirkte daher überholt.

7. I Will Walk With You

2001 war der 56-jährige John Fogerty Vater einer Tochter geworden. Und I Will Walk With You ist eine Liebeserklärung eines Vaters, die fast einem Kinderreim entspricht, aber vor allem die Bedürfnisse eines Kindes aufzählt. Fogerty erzählte in einem Interview mit „Austin City Limits" begeistert: „Also, es gibt da ein echtes Highlight für mich: Ich habe einen Song für meine Tochter Kelsey geschrieben, die, als ich mit dem Song anfing, höchstens sechs Monate alt war; somit konnte sie natürlich noch nicht laufen, aber der Song heißt ‚I Will Walk With You' und handelt im Wesentlichen von der Liebe eines Vaters für seine Tochter – seine neu geborene Tochter." Damit das auch deutlich wird, ist das Thema auf dem Cover-Foto zu sehen, das die stolze Mutter gemacht hat. Arrangiert wurde I Will Walk With You wie ein klassischer Bluegrass-Song. Zum ersten Mal ist kein Schlagzeug auf einer Aufnahme von Fogerty zu hören. Er spielte hier ganz schlicht akustische Gitarre. Der wunderbare Wechselbass stammt von Victor Krauss, und Bob Applebaum und Michael DeTemple steuern Mandolinen bei. Und obwohl John Fogerty selbst inzwischen ein sehr guter Dobro-Spieler war, bat er seinen Freund, den phantastischen Dobro-Virtuosen Jerry Douglas, ins Studio. Ihn hatte Fogerty immer als Vorbild gesehen und nannte ihn „den besten Musiker der Welt“, wenn er mit ihm auf der Bühne stand. Und tatsächlich perfektionierte Douglas den Sound dieses Titels, der ansonsten als Ode an Kelsey auch eher bedeutungslos ist.

8. Rhubarb Pie

Dieser einfache Folksong über den Genuss von Rhabarberkuchen schloss mit seiner fröhlichen, unbeschwerten Stimmung nahtlos an I Will Walk With You an. So etwas kann man sich denn auch als Liedchen für die Front Porch vorstellen, wo die Familie am Abend versammelt ist – eine Situation ähnlich der in Looking Out My Back Door beschriebenen. Aber das drängt den Vergleich beider Songs auf, der dramatisch verdeutlicht, wie gut Fogerty einmal war, als er noch nicht über Rhabarberkuchen nachdachte. Kenny Aronoff war jetzt wieder an sein Drumkit zurückgekehrt und wurde bei der Percussion-Arbeit zusätzlich von Aaron Plunkett unterstützt, der hier Löffel spielte. Statt der Dobro von Jerry Douglas, war jetzt eine sehr geschmackvolle akustische Slide-Gitarre von Dean Parks zu hören. Eindruck bei den Kritikern machte Rhubarb Pie nicht.

9. Wicked Old Witch

Eine Prise Green River, ein Quentchen Born On The Bayou und ein bisschen Run Through The Jungle. Die Rückkehr Fogertys zu alten Creedence-Rezepten lässt den süßsauren Geschmack von Rhubarb Pie vergessen. Wicked Old Witch erinnert zudem inhaltlich an The Old Man Down The Road! Lyrisch beschwört der Song, ein klassischer Swamp-Boogie à la Fogerty, jedoch nicht mehr als eine düstere, bedrohliche Atmosphäre der Angst, in der jeder vom Sünder, über den Spieler bis zum Revolverhelden auf der Flucht vor der bösen alten Hexe ist. Swamp, snakes, tombstone – man kennt das aus dem Creedence-Kanon. Und so bemerkte der „Rolling Stone“: „Und unvermeidlich verfolgen Fogerty seine eigenen Lieder, wenn er sich in seine Komfortzone zurückzieht; so hört man ‚Green River‘ hinter ‚Wicked Old Witch’ lauern.“

10. In The Garden
Mühelos erkämpfte sich Fogerty die längst verlassene Bühne der Blumenkinder, der Hippies, von deren Musik er sich zu Zeiten seiner Band Creedence Clearwater Revival distanzerte. Auf der einen Seite standen damals Jimi Hendrix mit seinen gewaltigen Gitarrenorgien, die Grateful Dead mit ihren sphärischen Klängen und ihren Drogenphantasien, auf der anderen Seite John Fogerty und seine Barband mit vollkommen geradem unmissverständlichen Rock 'n' Roll. Bei In The Garden beschwor Fogerty jetzt den Sound von Jimi herauf, von Cream und all den anderen Halbgöttern von damals. Und auch der Text könnte problemlos von den bekifften Blumenkindern stammen, die sich auf ihre Sinnsuche begeben haben, „aus der Zukunft kommend, nach dem Zugang zur Vergangenheit suchend“. Der Song beweist, dass auch John Fogerty sehr laut und effektvoll Gitarre spielen kann, sich mühelos in einen Hippie verwandelt, aber auch hier wurde nicht klar, warum er diesen Beweis antrat. Hatte er es für sich selbst gebraucht? Die Antwort auf diese Frage blieb der Künstler schuldig, und auch in den Kritiken gab es keine Erklärung. Anerkannt wurde lediglich, dass es Fogerty gelungen war, auch in diesem Metier zumindest handwerklich problemlos zu bestehen, wie bei allen zehn Songs auf diesem Album.

Das ist auch das Fazit von „Deja Vu“ – alles schon mal dagewesen, alles so oder ähnlich schon mal gehört, alles nach der Formel F(ogerty) entstanden. Die Chance, bei einem neuen Label, etwas Bedeutendes abzuliefern, hatte er mit seinen privaten Bekenntnissen zum Familienleben verspielt. Das fällt auch dadurch ins Gewicht, als er hier unter dem Geffen-Logo auf den Markt kam. Zur Erinnerung: David Geffen war der Manager, der ihn aus dem Vertrag mit Fantasy geholt hatte, damit er sich wieder frei entfalten konnte. Damals entstand das „Shep“-Album. Daran kommt „Deja Vu“ in keiner Weise heran. Besonders deutlich wird das durch den Sticker „An American Songwriting Legend“, denn gerade die kreative Kraft früherer Zeiten hatte ihn jetzt – fast 30 Jahre nach Almost Saturday Night – verlassen. Das hatte sich schon bei dem Song Premonition abgezeichnet. Die Aussichten für kommende Alben waren nicht gerade vielversprechend.

Direkt im Anschluss an die Produktion des „Deja Vu“-Albums fügten sich lauter Puzzleteile in John Fogertys musikalischem Leben wieder zusammen, und er konnte einen weiteren Schritt unternehmen, seine einzelnen

Ansätze zu einem großen Ganzen zusammen zu fügen: Saul Zaentz, der Erzfeind hatte Fantasy Records und die dazugehörigen Label an die Concord-Music-Group verkauft. Und jetzt wurde der ehemalige Creedence-Leader von den neuen Besitzern umworben, zurück zum alten Label zu kommen. Tantiemen, die Fantasy seit den 70er Jahren zurückgehalten hatte, wurden ausbezahlt, und als Wiedergutmachung erschien 2005 eine Zusammenstellung alter CCR-Titel und neuerer Fogerty-Songs als „The Long Road Home" bei Fantasy Records. Der Name sagte alles. Zusätzlich kam ein Live-Album plus DVD unter demselben Titel mit dem Zusatz „live" (mehr dazu siehe „Premonition") heraus. Es zeigte einen brillanten Fogerty, der endlich das böse Kapitel beenden, das Buch zuschlagen und ins Regal stellen konnte.

Ein weiterer Schritt in Richtung Country-Musik war 2005 das „Crossroads"-Fernseh-Special mit dem Neuseeländer Keith Urban, der in Nashville Karriere gemacht hatte. Neben Bad Moon Rising, Centerfield und – unplugged – Rambunctious Boy hatten beide auch Urbans Somebody Like You, laut „Billboard" der Nummer-1-Country-Song des ersten Jahrzehnts dieses Jahrhunderts, und Walkin' In The Country ausgewählt. Urban war John zuvor schon begegnet, als dieser in Nashville im „Ryman Auditorium", der ehemaligen „Grand Ole Opry", aufgetreten war. Beide entdeckten Ähnlichkeiten im Songschreiben und harmonierten nicht nur im Gesang. Außerdem wirkte John an einem Album eines seiner großen Vorbilder mit. Wie er selbst hatte sich Jerry Lee Lewis einst von seinem Frühwerk verabschiedet, sich auf Country- und Gospelmusik konzentriert und war jetzt 71-jährig noch einmal zu alter Stärke aufgelaufen: Der „Killer" war 2006 der „Last Man Standing". Und mit geballter Starpower, von B. B. King über Bruce Springsteen, George Jones, Little Richard, Mick Jagger, Jimmy Page bis zu Toby Keith, war es ihm gelungen mit diesem Album auf Platz 1 der Billboard-Charts zu landen. Fogertys Beitrag: Travelin' Band.

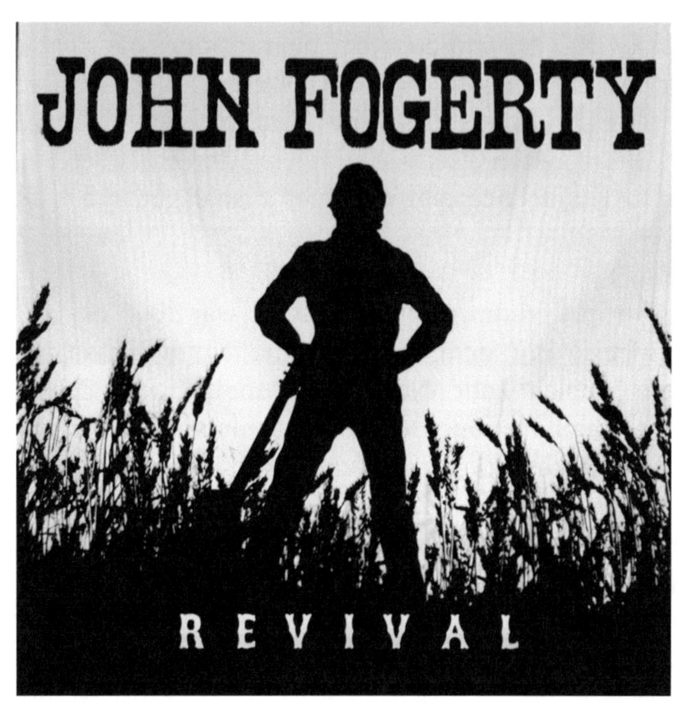
JOHN FOGERTY
REVIVAL

Revival (Billboard Platz 14)

Aufgenommen in den NRG Studios, North Hollywood ab April 2007

1. Don't You Wish It Was True 4:10 – (John Fogerty)

2. Gunslinger 3:31 – (John Fogerty)

3. Creedence Song 3:49 – (John Fogerty)

4. Broken Down Cowboy 3:52 – (John Fogerty)

5. River Is Waiting 3:23 – (John Fogerty)

6. Long Dark Night 3:08 – (John Fogerty)

7. Summer Of Love 3:20 – (John Fogerty)

8. Natural Thing 4:01 – (John Fogerty)

9. It Ain't Right 1:50 – (John Fogerty)

10. I Can't Take It No More 1:39 – (John Fogerty)

11. Somebody Help Me 4:28 – (John Fogerty)

12. Longshot 3:36 – (John Fogerty)

Der Titel der LP „Deja Vu (All Over Again)" war vielsagend gewesen: Man konnte ihn auch im Nachhinein als Aussage über das ewige Auf und Ab in den Solo-Produktionen Fogertys interpretieren. Wieder einmal hatte er nach einem hervorragenden Studio-Album einen Ausflug in ungewohnte musikalische Gefilde gemacht – mit zweifelhaftem Ergebnis, déjà vu! Auch seine Reaktion war wie gehabt: Er besann sich wieder auf seine Erfolgsformel, um die Scharte auszuwetzen. Diesmal zog er alle Register, damit klar wurde: Ich bin wieder da, ich bin noch der alte Rock 'n' Roller, den ihr von Creedence Clearwater Revival kennt. Schon der Album-Titel war höchst symbolisch gewählt. Nicht nur, dass in „Revival" der frühere Bandname anklingt, für Amerikaner hat das Wort auch die religiöse Bedeutung der Erweckung. So, als sei der alte Geist wieder über ihn gekommen, wollte er seine ursprüngliche Musik wiederauferstehen lassen. Also lieferte er Fantasy die Wiederauflage seines Frühwerks. Dabei übersah er, dass es eine künstlerische Rückkehr nicht wirklich geben konnte.

Edna Gundersen, die für „USA Today" Fogertys Solokarriere immer wohlwollend begleitet hatte, war begeistert von „the rock veteran's homecoming". Sie entdeckte die „Wiedergeburt" des „choogling signature sound of Creedence Clearwater Revival" und feierte „the return of the swamp thing". Beschränkt man sich auf die Instrumentierung kann man das natürlich so sehen: Rock 'n' Roll erster Güte! Und der Titel, die Machart, das Entstehen und das Cover von Revival waren mehr als nur ein Versprechen. Mit seiner „Music Man Axis"-Gitarre stand Fogertys Silhouette in einem Kornfeld, der Himmel leuchtete strahlend orange. Mit blauem Hintergrund hatte er sich ähnlich als „Blue Ridge Rangers" präsentiert Das Foto hatte jetzt wieder Bob Fogerty gemacht, und Julie das Cover entworfen. Weitere Fotos im Booklet der CD stammten von der deutschen Fotografin Nela König und von Julie Fogerty. Doch viel mehr als das äußere Erscheinungsbild des Albums beeindruckte die Musik und die Art, wie er sie arrangierte und aufnahm, nämlich genau wie 40 Jahre zuvor mit Creedence Clearwater Revival: live mit einer vollen Band im Studio.

In nur zwölf Tagen wurden die Grundspuren in den NRG Studios in North Hollywood fertiggestellt. Ein paar Overdubs entstanden dann sogar unterwegs im Soundstudio in Frankfurt. Hunter Perrin, ein junger studierter Gitarrist aus Texas, spielte die Rhythmusgitarre, David Santos, ebenfalls studierter Musiker, lieferte den Bass und Kenny Aronoff, schon lange eine feste Größe in Johns Band, trommelte mit aller Power. Als Gastmusiker war Benmont Tench bei drei Songs sowohl an der Hammond B3 Orgel als auch am Wurlitzer-E-Piano zu hören. Er war bereits seit 1976 festes Mitglied bei Tom Pettys Heartbreakers. Auch beim Songschreiben lief diesmal alles sehr viel schneller als noch bei „Blue Moon Swamp". „„Blue Moon

Swamp' war Folter“, gestand Fogerty Edna Gundersen, „damals hatte ich Ideen, aber die Fertigstellung mancher Stücke dauerte Jahre. Diesmal hatte ich schnell umsetzbare Ideen.“ Vielleicht wollte er zu schnell sein „Revival“ erleben. Selbst wenn man ein Lied Creedence Song nennt, kann man nicht die Uhr zurückdrehen. Vor allem verbieten die gesellschaftlichen Veränderungen, dass man sich mit der Gegenwart mit den Mustern der Vergangenheit auseinandersetzt. Seine Texte lassen obendrein Metaphern und Wendungen vermissen, wie er sie als Frontman von Creedence Clearwater Revival scheinbar mühelos gefunden hatte, um den Zeitgeist zu treffen. „Revival“ ist eher ein Album geworden, das Fogerty bei Fantasy in den 70er Jahren hätte abliefern können, wäre es damals nicht zum Bruch mit Zaentz gekommen. Bei der Supermarktkette „Wallmart“ brachte Fantasy jetzt eine Special Edition des Albums mit einer „Making-of“-DVD heraus.

1. Don't You Wish It Was True

Plötzlich war er wieder da, dieser rollende Sound von Proud Mary und Lodi, 38 Jahre nachdem Creedence Clearwater Revival mit diesem Sound die Welt erobert hatten! Edna Gundersen sah in der „uplifting first single“ einen „stilistischen Cousin von Proud Mary“. Auch wenn der Klang des Songs an den ersten Welt-Hit von CCR erinnerte, inhaltlich gab es keine Parallele. Der „Rolling Stone“ beschrieb das so: „‚Don't You Wish It Was True‘ rollt daher wie ‚Proud Mary‘ mit einem Unterton der Frustration.“ Die Frustration Fogertys über die Wirklichkeit ließ ihn ein Bild vom Himmel auf Erden entwerfen, das wie eine Mischung aus John Lennons Imagine und Brian Wilsons Wouldn't It Be Nice wirkt: „There'll be no more armies, no more hate... and all the little children will live happily.“ In der „USA Today“, der größten US-amerikanischen Tageszeitung, erklärte er am 2. Oktober 2007, dem Erscheinungsdatum des Albums, seinen Song so: „Mir gefiel der Gedanke vom Himmel als ein wunderschöner Ort, aber der Rock 'n' Roller in mir wusste, dass die Leute das ziemlich weichlich finden würden. So wurde daraus ein Traum. Ich weiß,“ spielte Fogerty auf einen Grammatikfehler an „dass es ‚wish it were true' heißen müsste, aber ich spreche so nicht.“ Ein Video zu der Single nährte die Befürchtung, er könne ein weiteres Album nutzen, um seine heile häusliche Welt zu zelebrieren. Im Film war Fogerty umgeben von seinen Kindern, deren Freunden und seiner Frau zu sehen, wie sie den Song an einem Lagerfeuer sangen, nachdem sie den Tag auf einer Farm in einem Bullerbü-Ambiente verbracht hatten. Doch beim nächsten Song war er zurück in der harten Realität.

2. Gunslinger

Gunslinger war wie ein Western aufgebaut mit einem Revolverhelden als Titelfigur, der mit Missständen aufräumen sollte, ganz im Stil eines John Wayne oder Robert Mitchum. John Fogerty machte sich Sorgen um die amerikanische Gesellschaft und „all the things, that made us great". Um die Waffenbesessenheit der Amerikaner, die er in Run Through The Jungle als bedrohlich beschrieben hatte, sorgte er sich nicht. Ungewöhnlich auch, dass er seine Stimme für Law & Order erhob. Aber von der Bildwelt passte Gunslinger hervorragend in sein Nostalgie-Schema. Der Song schwebte musikalisch wie ein schneller New-Country-Titel daher, bot aber sonst recht wenig Faszinierendes. Das US-amerikanische „IGN"-Magazin schrieb: „Musikalisch und lyrisch ist ‚Gunslinger' der zahmste des Bündels. Hier wirft Fogerty einen scharfen und kritischen Blick auf den Zustand der Menschen in diesem Land." Während das Album „Revival" es beim „Rolling Stone" auf Platz 11 der besten Alben des Jahres 2007 schaffte, wurde der Titel als Nummer 12 der bestens Songs des Jahres gewählt.

3. Creedence Song

Es gab einmal eine Zeit, da „habe ich sofort den Ausknopf gedrückt, wenn ich einen Creedence Song im Radio gehört habe", erzählte John im Interview mit Edna Gundersen. Jetzt also die Kehrtwende. Pünktlich zum Revival liefert er einen Creedence Song. Das Stück war sicher neben dem Titel des Albums und der Plattenfirma, bei der es erschien, das klarste Indiz dafür, dass Fogerty seinen Frieden mit der verworrenen und zum Teil dramatischen Vergangenheit gemacht hatte. Ein Song voller Erinnerungen und kleiner musikalischer Zitate aus Fogertys eigenem Katalog, vom Green River bis zu Born On The Bayou. Und mit einem Augenzwinkern erzählte Fogerty im Text des Songs von Erlebnissen, wenn irgendwo Creedence Musik gefordert wurde, – ob von der kleinen Barband in einer Bar, an der Jukebox in einem Diner, von der Geliebten allabendlich oder zur Hochzeit. Das hat allerdings mehr den Charakter eines Comics vom amerikanischen

Durchschnittsleben: „Cruisin' on down the Interstate, stopped into a Diner to get him some Chilli and Fries". Dem „Pitchfork"-Magazin gegenüber sagte er: „Was dieser Song sozusagen signalisiert, ist, dass ich ein sehr glücklicher Mann bin, ein fröhlicher Typ, der sich sehr glücklich schätzt, das zu tun, was er tut und dass es dafür noch ein Publikum gibt und somit auch einen Grund für mich, Musik zu machen." Stephen Thomas Erlewine erkannte in „Allmusic": „...‚Creedence Song', der weit von jeder Selbstüberhöhung entfernt ist, ist voll lustiger Ironie und knisternder musikalischer Anspielungen auf CCR-Lieder, von denen einige so subtil sind, dass man sie kaum bemerkt."

4. Broken Down Cowboy

Die „L. A.-Times" schrieb einen Tag vor Erscheinen von „Revival": „Während er Anfang des Jahres die Songs für das neue Album verfasste, war ‚Broken Down Cowboy' ein Wendepunkt, eine melancholische und zugleich hoffnungsvolle Ballade, von der er bald merkte, wie sehr sie ein total persönlicher Song über seinen Zustand war, als er zwei Jahrzehnte zuvor seine Frau kennenlernte, während er durch Indianapolis tourte." Broken Down Cowboy ist sicherlich Fogertys persönlichster, privatester Song von „Revival". In dieser ruhigen Nummer mit Country-Flair reflektiert er, wie Julie ihn vor dem endgültigen Untergang rettete. Protagonist ist ein heruntergekommener Cowboy, der auch beim Kartenspiel kein Glück mehr hat. Der „USA Today" erzählte er, wie es zu diesem ersten Stück von „Revival" kam und was es für ihn bedeutete: „Ich klampfte so auf dieser halbakustischen Gitarre vor mich hin und sang dazu sinnlose Töne, wie ich es meistens tue, und dabei kommt diese traurige Phrase aus mir raus ‚broken down cowboy like me'. Das hat meine Aufmerksamkeit erregt ... Es ließ mich weinen, es machte mich glücklich, und es machte mich dankbar. Ich kannte diesen armen Kerl, aber ich bin das nicht mehr. Ich schwelge nicht in Selbstzerstörung und Selbstmitleid. Sehr schnell hatte ich einige Zeilen, einen Vers und den Refrain zusammen. Es kam aus dem Nichts. Es war ein guter Rock 'n' Roll-Moment." Der Song schwankt allerdings zwischen einer wehmütigen Stimmung und wehleidigen Momenten, die für Rock 'n' Roll untypisch sind. Interessanterweise findet sich dasselbe Thema in einem Johnny-Cash-Song von 1975: All Around Cowboy. Sogar die Formulierung „broken down cowboy" kommt darin schon vor.

5. River Is Waiting

Es überrascht nicht, auf einem Album mit dem Titel „Revival“ einen Gospelsong aus der Feder John Fogertys zu finden. River Is Waiting handelt vom Aufbruch in eine bessere Welt, kann aber auch als Reise zu neuen Ufern verstanden werden. Gospels hatte er zwar schon als „Blue Ridge Rangers“ gesungen, als Eigenkomposition war das jedoch ein neues musikalisches Feld. Doch anders als die Experimente bei „Deja Vu“ fügte sich der Song nahtlos in Fogertys und damit auch ins Werk von Creedence ein. Zur Gospel-Atmosphäre tragen die Waters bei, die schon bei „Premonition“ den Background geliefert hatten. Deutliche Anklänge an Sail Away von „Eye Of The Zombie“ sind nicht zu überhören. Jetzt aber artikuliert er eine positive Sicht auf sein neues Leben, die Hoffnung auf eine unbelastete Zukunft. Interessant war, dass der Titel nur ein Jahr später von der New-Orleans-Soul-Queen Irma Thomas mit einem noch deutlich gospelhafteren Background mit Klavier auf ihrem Album „Simply Grand“ veröffentlicht wurde.

6. Long Dark Night

Mit Long Dark Night nimmt „Revival“ eine neue Wendung. Plötzlich ist sie da, die Power, die Kraft, die Wut: Long Dark Night eröffnet eine Reihe von Songs auf dem Album, in denen Fogerty über die Abgründe der Bush-Regierung singt. Wie in einem Kinderreim reiht er die Übeltäter und Lügner aus George W. Bushs Team auf und benennt seine Fehler und sein Versagen: Ob es das Ignorieren der Sturmkatastrophe ist, die New Orleans verwüstet hat, der Irakkrieg oder die Ölkatastrophe im Golf von Mexiko. George wird zu Georgie, Donald Rumsfeld zu Rummie und Dick Cheney zu Dickie. Daran, dass sie sich bereicherten und Politik wie auch Krieg für ein Spiel hielten, ließ Fogerty keinen Zweifel. Wie bei Mr. President von Randy Newman vermittelte er in diesem Song zugleich, wie hilflos die Bürger waren und wie ihr Mitspracherecht ausgehebelt war. Ihnen blieb nichts anderes übrig, als sich in dieser langen dunklen Nacht in Sicherheit zu bringen.

Musikalisch hämmerte er dazu in bester Creedence-Manier auf seiner einen Ganzton heruntergestimmten Gibson „Les Paul Custom“ Powerakkorde und kurze Leadgitarrenattacken heraus, und sein kurzes Gitarrensolo beschloss er mit ein paar eindringlichen Tönen auf der Mundharmonika im klassischen Blues-Stil. „Allmusic“ urteilte: „Manchmal fehlt es Fogertys

Botschaften ein bisschen an Eleganz – leidenschaftlich zwar, aber das Nennen der Namen ist in ‚Long Dark Night' unbeholfen, – doch da ist echtes Feuer in seiner Schreibe, die ‚Revival' in eine ebenso direkte, effektive und bezeichnende Botschaft verwandelt wie Neil Youngs ‚Living with War'." Sicherlich war Fogerty weniger subtil als in seinen frühen Stücken wie Fortunate Son oder Run Through The Jungle, aber der aktuelle Sound, die Gitarren, das Schlagzeug, und seine Stimme waren noch besser, kräftiger und brutaler, seine Haltung zynischer.

7. Summer Of Love

Creedence Clearwater Revival war der Headliner des Woodstock-Festivals gewesen; El Cerrito, Fogertys Heimatort liegt in der San Francisco Bay Area; Jambands wie The Grateful Dead, Jefferson Airplane oder Santana, waren seine Zeitgenossen, als der Summer Of Love 1967 die Welt veränderte. Als „Blumenkinder", Hippies und die obligatorischen Drogen zum guten Ton gehörten. Die alten Gitarrenhelden Scotty Moore, James Burton und Carl Perkins waren damals nicht mehr hip, dafür veränderten Eric Clapton mit Cream und Jimi Hendrix den Sound der späten 1960er Jahre und für die Zukunft. Zum zweiten Mal nach In The Garden von „Deja Vu" griff Fogerty diesen gewaltigen Gitarrensound auf: nostalgisch, ja klar, gekonnt, natürlich. Er hatte sich nie dieser Szene angeschlossen, aber seine Bewunderung klingt jetzt ehrlich: „Habe niemals eine so kraftvolle Zeit erlebt." Aber zugleich ist er auch amüsiert: „Strecke deine Arme aus, berühre den Mond, berühre den Himmel, das Gesicht im Wind, um frei zu sein." Fogerty hatte damals wie heute immer eine gewisse Distanz zu dieser Gesellschaft, nahm keine Drogen und gehörte als Hitschreiber nicht zu den Idolen dieser Jahre, und doch verneigte er sich mit Summer Of Love vor der Kreativität der Hippies, vor ihren Zielen und ihrer Hoffnung. Er selbst war immer viel zu realistisch, zu geerdet, um solchen Weltfriedensfantasien nachzuhängen.

Jetzt rund 40 Jahre später reihte er sich nahtlos mit mächtiger Fuzzgitarre ein und wirkte nicht weniger glaubwürdig als Hendrix und seinesgleichen, und doch bleibt das Gitarrensolo immer eindeutig Fogerty. Nur mit seinen Versionen von Suzie Q und I Put A Spell On You war er seinen Zeitgenossen einen kurzen Moment nahe gekommen, und jetzt 2007 lieferte er den Song, der 1969 ganz bewusst bei Creedence Clearwater Revival gefehlt hatte.

Summer Of Love war der Hippiebruder zu Don't You Wish It Was True. In der Presse fand der Song kaum Resonanz, vielleicht auch, weil er so untypisch für Fogerty war und somit auch nicht einfach in eine Schublade einzusortieren. Lediglich „Allmusic" wählte einige wahre Worte: „Vielleicht war es aufgrund seines Alterns unvermeidlich, dass er seine eigene Vergangenheit romantisieren würde, und doch ist es merkwürdig zu hören, wie er den ‚Summer Of Love' umarmt, war er doch selber nie Teil dieser Szene in San Francisco; mit diesem Wissen offenbart sich die Künstlichkeit hinter seiner Kreation. Aber Künstlichkeit kann auch ein wichtiger Bestandteil der Kunst sein. Und Fogerty ist ein unheimlich guter Musiker in der Art, wie er die Vergangenheit so modellieren kann, dass sie in seine Welt passt, – was er mit ‚Summer Of Love' macht, indem er es in einen fuzztönenden Choogle verwandelt und schlau ‚Sunshine Of Your Love' paraphrasiert."

8. Natural Thing

Solch einfache Wahrheiten wie in Natural Thing hatte man schon mal in Jewel Akens' The Birds And The Bees gehört. Akens war Sänger bei den Medallions, und Fogerty hatte bereits für sein „Showtime Special" 1985 den Song My Pretty Baby von Johnny Twovoice And The Medallions gecovert. Wenn Fogerty singt: „Well the flower was made for beauty and the bee was made to sting", bezieht er sich wie Akens auf die amerikanische Umschreibung, mit der man Kindern Sex erklärt. Analog dazu verkündet er, dass jeder Tarzan eine Jane brauche. So ist Natural Thing eine Ansammlung einfacher Wahrheiten, nicht mehr. Textlich hat das Lied auch Ähnlichkeiten mit Bootleg von Bayou Country. Wenn man das Konzept der Fogerty-Solo-Alben betrachtet, steht es sicherlich in der Tradition von Jelly Roll, I Can't Help Myself und Almost Saturday Night mit seiner fröhlichen Simplizität.

9. It Ain't Right

„Fogerty spießt in einem Song, den er vor diesem Sommer mit den vielen High-Profile-Skandalen geschrieben hat, Prominente auf, die sich wieder und wieder in den Entzug begeben", bescheibt „USA Today" seine Auseinandersetzung mit reichen Erbinnen, deren infantile Eskapaden die Yellow Press füllten. Er selber erklärte: „Bis zu diesem Sommer schien es eine schlechte Idee zu sein, blödes Zeug stammelnd in einem Hotel in Palm Springs wegen des Besitzes von Kokain verhaftet zu werden. Jetzt scheint es eine Möglichkeit, sein nächstes Projekt zu fördern.“ Mit erhobenem Zeigefinger richtete er seinen Zorn auf verwöhnte Gören, deren Beitrag zum Ruhm aus Skandalen bestand, seien es Lindsay, Paris oder Brittney.

Musikalisch verband er das mit seinem Lieblingssound aus der Vergangenheit. In einem krachenden Rockabilly von weniger als zwei Minuten entlarvte er die ganze Armseligkeit dieser Figuren und der Klatschpresse, die über diese Skandale berichtet. Der Song endet mit einer Doppeldeutigkeit: „There goes your big black limousine“ kann sowohl eine Anspielung auf die Stretchlimos sein, in denen sich diese Popsternchen zu gerne sehen ließen, als auch auf den Leichenwagen, mit dem sie ihre letzte Fahrt erleben würden. Fogertys Beschäftigung mit dieser Szene geschah im Jahr, als Amy Winehouse ihren großen Durchbruch, zugleich aber auch den Anfang ihres Endes durch Drogen und Alkohol erlebte. Die Prophezeiung bewahrheitete sich 2011 in schrecklichster Weise, als Winehouse im Alter von 27 Jahren starb. Da kam dann die „big black limousine“ zur letzten Fahrt!

10. I Can' Take It No More

Hatten eben noch bei It Ain't Right die talentfreien Party-Pop-Sternchen ihr Fett weg bekommen, setzte es jetzt die zweite ordentliche Tracht Prügel für George W. Bush, wütend und punkig. In nur einer Minute und 39 Sekunden machte Fogerty sehr deutlich, was er von den Lügen hielt, die zum Irak-Krieg geführt hatten, ob es um die vermeintlichen Massenvernichtungswaffen ging oder die Gefangenenlager im Irak. Und einmal mehr zitiert Fogerty sich selbst, als er Bush einen Fortunate Son nennt.

Das „IGN“-Magazin schrieb zu dem Titel: „Am meisten lässt Fogerty es bei , I Can't Take It No More‘ krachen, das das rasendste und feurigste Anti-Bush Stück ist. Der Chorus, ‚Ich hab' die Schnauze voll von deinem dreckigen kleinen Krieg, ich halte das nicht mehr aus‘ ist geradezu eine Aufforderung an einen Politiker der Demokraten, es sich zur Wahlkampfhymne zu machen, aber niemand wird den Mut dazu aufbringen. Fogerty fordert den Präsidenten im Creedence-Stil heraus, ‚Ich wette, du hast nie den alten Schulhof gesehen, ich wette du warst nie bei der National

Guard. Dein Vater hat einen Scheck ausgestellt, und das war's – ein weiterer Fortunate Son'. Das Ganze auf einem zweiminütigen Gitarren-zentrierten Sturm."

Fogerty hatte kraftvoll zu seiner Rolle als politischer Künstler zurückgefunden. Im Gegensatz zu Deja Vu war alle Melancholie, das Gefühl der Ohnmacht, wie weggeblasen. Mit dieser wütenden Anklage ging er zur Attacke über. Klarer konnte er seine Botschaft nicht vermitteln. Er spielte It Ain't Right und I Can't Take It No More in sämtlichen amerikanischen Late-Night-Shows, die Rang und Namen hatten, manchmal ergänzt durch Long Dark Night. Nachdem er mit Deja Vu an seinem Ziel, der Abwahl vom Kriegstreiber George W. Bush, gescheitert war, ging es ihm jetzt nur noch um Aufklärung. Denn Bush hatte 2007 – gegen allen Rat – beschlossen, weitere 21 000 Soldaten in den Irak zu schicken.

11. Somebody Help Me

Der Hilferuf von Somebody Help Me ist ein typisches Klischee der Popmusik: Der verlassene Liebhaber sucht seine Geliebte auf der ganzen Welt. In diesem Fall von der chinesischen Mauer bis Pocatello, Idaho. Möglicherweise entsprang er Fogertys Fantasie, in Erinnerung an die Zeit, als er sich von seiner Frau trennte und auf der Suche nach seiner großen Liebe, nach Julie, war. Thematisch entspricht der Song damit Searchlight, nur ist Somebody Help Me kein Slow-Blues mit Tremolo-Gitarre wie etwa Born On The Bayou, sondern ein Vehikel für seine solistischen Gitarrenfertigkeiten. Während Hunter Perrin ein rockiges Gerüst aus vier Tönen als Rhythmus hinlegte, spielte Fogerty mit einer schwer verzerrten Gitarre ähnlich wie bei Summer Of Love. Somebody Help Me war perfekt in der Urgewalt, wie man sie von Traveling Band und anderen Creedence-Rockern kannte.

12. Longshot

Mit Longshot rundete Fogerty eines seiner musikalisch stärksten Solo-Alben stilistisch wie auch thematisch ab. Diese donnernde Rock 'n' Roll-Nummer, in der er sich selbst als bescheidenen durchschnittlichen Typen präsentiert, passt zu seiner üblichen Selbstdarstellung. In vielen Interviews machte er sich klein und lobte andere über den grünen Klee. Hier fragt er sich, was diese großartige gebildete Frau wohl von ihm wollen kann. Longshot ist gemessen an Fogertys Maßstab kein bedeutender Song, aber ein guter Abschluss für ein Album, das sich in seiner Spielfreude, Intensität und Energie auf hohem Niveau bewegt und sich sogar noch stetig zu steigern weiß.

„Revival" brachte ihm wieder eine Grammy-Nominierung ein. „Meine eigentliche Stärke ist intensiver Rock 'n' Roll", betonte John gegenüber „USA Today", „bei ‚Deja Vu' war ich zu sehr fasziniert von akustischer Fingerstyle-Gitarre. Ich war da manchmal zu sehr Country!" Sprach's und veröffentlichte im nächsten Jahr eine reine Country-Platte. Der Titel legte nahe, dass es eine Fortsetzung seiner „Blue Ridge Rangers" von 1973 sein sollte.

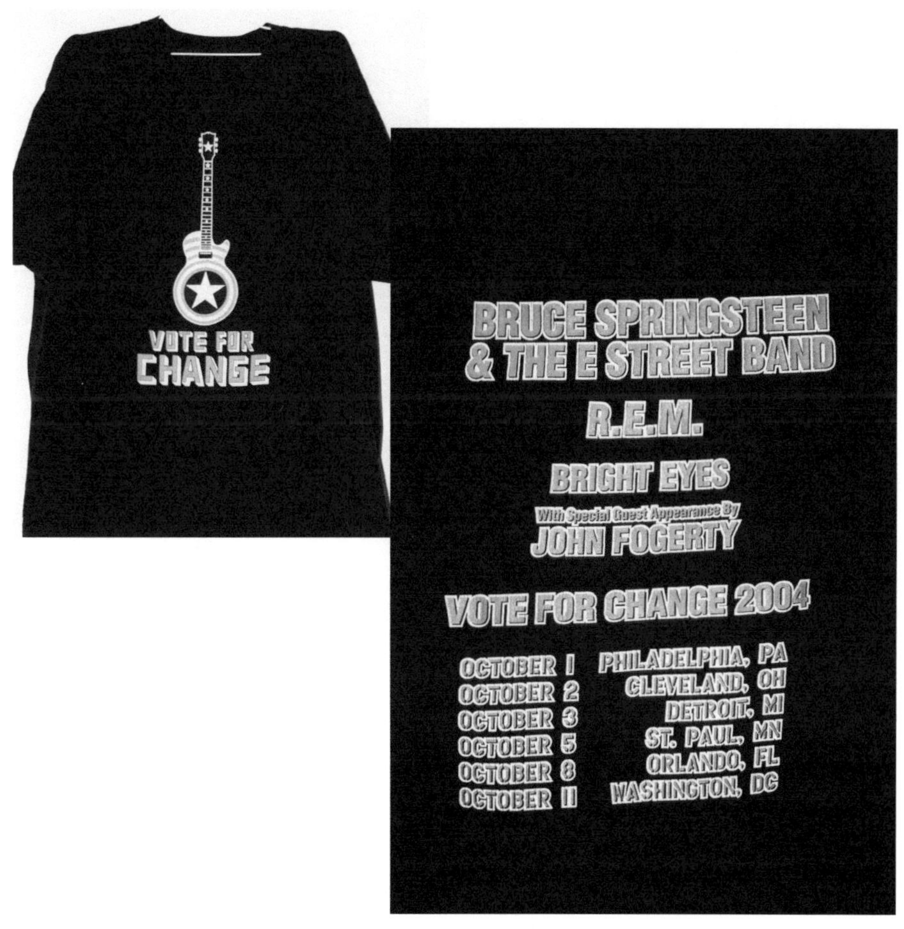

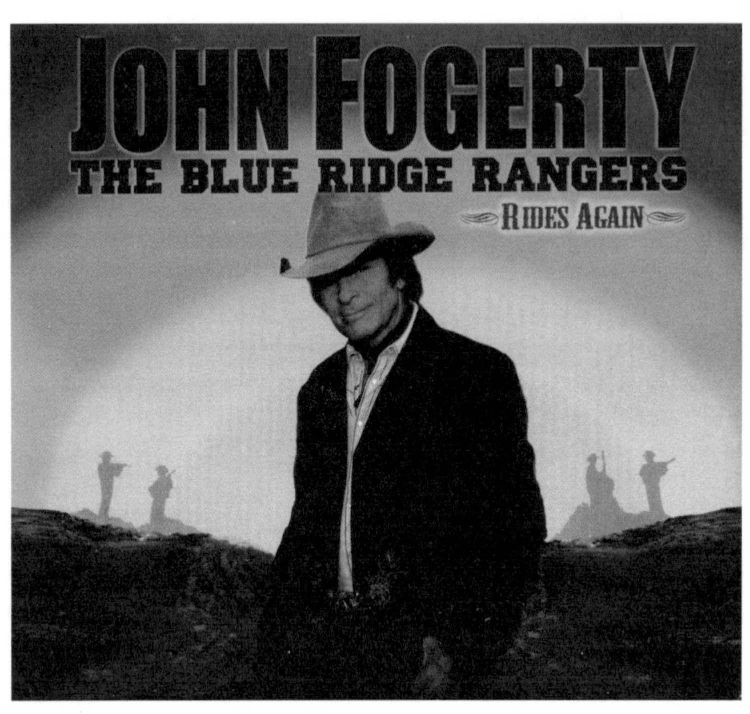
JOHN FOGERTY
THE BLUE RIDGE RANGERS
RIDES AGAIN

The Blue Ridge Rangers Rides Again (Billboard Platz 24)

Aufgenommen im Studio Village Recorders und Berkeley Street Studios in Santa Monica im Oktober 2008 (Label: Verve Forecast/Universal)

1. Paradise 3:50 – (John Prine)

2. Never Ending Song Of Love 3:02 (Bonnie Bramlett/Delaney Bramlett)

3. Garden Party 3:51 (Rick Nelson)

4. I Don't Care (Just As Long As You Love Me) 2:27 (Buck Owens)

5. Back Home Again 4:27 (John Denver)

6. I'll Be There 2:57 (Ray Price/Rusty Gabbard)

7. Change In The Weather 4:03 (John Fogerty)

8. Moody River 3:10 (Gary Bruce)

9. Heaven's Just A Sin Away 2:33 (Jerrry Gillespie)

10. Fallin' Fallin' Fallin' 2:30 (D. Deckleman/J. Guillot/J. D. Miller)

11. Haunted House 4:36 (Robert L. Geddins)

12. When Will I Be Loved 2:37 (Phil Everly)

Der Album-Titel löst nicht nur bei Englischlehrern Verwunderung aus. Der Plural von Blue Ridge Rangers erfordert beim Verb in grammatischer Kongruenz zwingend „ride" statt „rides". Das wusste natürlich auch John Fogerty, als er diese verunglückte Formulierung wählte. Vielmehr wollte er auf den Umstand hinweisen, dass seine erste Country-LP von 1973, ein Solo-Werk, nicht von einer Band eingespielt worden war. Jetzt also die Kehrtwende: Ein neues Country-Album, für das er tatsächlich Musiker engagiert hatte, mit einem Titel, der in der Verbwahl einen Solo-Artisten vortäuscht. Wenn das ein PR-Gag sein sollte, ging es gründlich daneben. Dabei war dieses „rides again“ fester Bestandteil der amerikanischen Western-Folklore. So hatte schon 1963 Reprise Records ein Country-Album „Dean Martin Rides Again“ herausgebracht. Auch hatte Fantasy die Formulierung – grammatisch korrekt – 1973 in der Werbung für Johns Single Jambalaya verwendet: „J. C. Rides Again“. Jetzt, 35 Jahre nach den „Blue Ridge Rangers“, war diese neue Sammlung von Country-Songs, weit davon entfernt, die damals angekündigte Fortsetzung des Projekts zu sein. Auch wenn er wieder das für die ersten „Rangers“ entwickelte Logo mit Banjo und Fiddle im Design des Albums benutzte, haben beide Platten im Grunde nicht wirklich etwas miteinander zu tun.

Schon 1973 hegte John Pläne, mit Country- und Rock-Instrumentalisten den großen Wurf zu landen, der ihm mit seinem ersten „Blue Ridge Rangers“-Album seiner Meinung nach nicht gelungen war, nicht zuletzt weil er jedes Instrument selbst gespielt hatte. Damals schwebte ihm vor, mit Klassikern wie Rolling In My Sweet Baby’s Arms direkt an das Konzept des ersten Albums anzuknüpfen. Typischerweise hatte er damit ein Stück im Sinn, das weit zurückreichte: Flatt & Scruggs hatten das Traditional 1951 aufgenommen, Buck Owens hatte 1971 ein Remake herausgebracht, Leon Russell (Hank Wilson) folgte 1973, was John möglicherweise animiert hatte, es selber auch einzuspielen. Noch im November 1987 hatte er bei einem Spontan-Auftritt in Troy, Oregon, seine Nähe zu klassischen Country-Stücken bewiesen. Beispiele: T For Texas (Jimmie Rogers), Your Cheatin’ Heart (Hank Williams), Sing Me Back Home (Merle Haggard). Die Idee, solche „Root Songs“ wiederzubeleben, war bei der Konzeption von „The Blue Ridge Rangers Rides Again“ allerdings verloren gegangen. Wichtiger noch: John war nicht mehr wie in all den Jahren zuvor (Ausnahme: „Premonition“) der alleinige Produzent. Ursprünglich wollte er mit Grammy- und Oscar-Gewinner T. Bone Burnett zusammenarbeiten. Dann holte er sich zur Unterstützung stattdessen Lenny Waronker, der ihm einst bei „Centerfield“ sein Selbstvertrauen zurückgegeben hatte. Gravierend aber war die Entscheidung, Julie Fogerty als Executive Producer einzusetzen.

Es kann nicht unerwähnt bleiben, dass sich Johns Zuneigung zu seiner zweiten Frau auch auf seine Musik auswirkte. Was auf dem Album „Blue Moon Swamp“ mit dem Liebeslied Joy Of My Life noch wie ein einmaliger Schwächeanfall wirkte, wurde bei ihm zur Manie: Julie ist angeblich das Beste, was ihm im Leben passiert ist, seine wunderschöne Frau Julie ist seine Muse, Julie hat ihm die Wiederbelebung seiner Karriere ermöglicht und und und. Statt zu merken, wie problematisch solch öffentlich gemachte Bekenntnisse wirken, räumte er ihr auch mehr und mehr Einfluss auf seine Rolle als Musiker ein: Julie hatte die Idee für das zweite Rangers-Album, Julie schlug vor, mit Bruce Springsteen zu singen, Julie hat Lieder ausgesucht. John Fogerty, der sich früher von niemand hereinreden ließ, der – wie seine Band-Mitglieder es empfanden – diktatorisch Entscheidungen fällte, erlaubte seiner Frau, die noch nie von Creedence gehört hatte, als er sie kennenlernte, seine kreativen Prozesse zu lenken. In Interviews erweckt er den Eindruck, als habe er das alles allein gar nicht gekonnt. Das wäre halb so wild, wenn man bei „The Blue Ridge Rangers Rides Again“ nicht feststellen müsste, dass er sich selbst untreu geworden ist.

Auf der DVD zu „The Blue Ridge Rangers Rides Again“ erzählt John, er habe in den vergangenen 40 Jahren mindestens einmal im Monat über eine Fortsetzung der Platte von 1973 nachgedacht, „ein Konzept, das mir sehr am Herzen liegt“. Und als er Don Henley anrief, um ihn für die Mitarbeit zu gewinnen, sprach er vom selben Konzept, von „rootsy Country Songs“. Der Titel des Albums kann aber nicht darüber hinwegtäuschen, dass er hier seine anfängliche Idee aus den Augen verloren hat. Anders als die Nitty Gritty Dirt Band, die ihr ursprüngliches Country-Konzept des Albums „Will The Circle Be Unbroken“ auch bei den beiden Folgealben beibehielt, hat John bei „The Blue Ridge Rangers Rides Again“ keinen Titel aufgenommen, der mit Stücken wie California Blues, Jambalaya oder Blue Ridge Mountain Blues der ersten Country-Platte vergleichbar wäre. Die ältesten Songs waren I’ll Be There (1954), Fallin’ Fallin’ Fallin’ (1956) und Haunted House (1958), also wieder seine Jugenderinnerungen. So hat er 2008 ein Album aufgenommen, das genauso gut „When Will I Be Loved“ oder „Never Ending Song Of Love“ hätte heißen können. Das musste allerdings nichts Negatives bedeuten.

Die Kritik blieb jedoch nicht aus: Als er eine Mischung aus Creedence-, Fogerty- und Blue-Ridge-Rangers-Songs am 3. September 2009 live in New York auf dem South Seaport Festival vorstellte, hatte er sich den Cowboy-Hut aufgesetzt. Nicht alle waren von der neuen Country-Platte des Ex-CCR-Chefs begeistert. Ein Ray postete auf seinem Blog „Dylan etc.“: Diese Mischung „hätte Lob verdient, wäre das neue Material nicht so banal“. Ray war sicherlich kein Country-Fan. Als Fogerty I Don’t Care (Just As Long As You Love Me) ankündigte mit den Worten: „Wenn ihr mich richtig kennt, wisst ihr, dass ich Buck Owens liiiebe!“, war sein Kommentar: „Es wurde ziemlich schnell klar, dass wir wünschten, ihn nicht so genau zu kennen.“ Für den Blogger präsentierte Fogerty „Schmaltz mit einem großen S“, allein Jambalaya fand seine Anerkennung – und das war vom ersten „Blue Ridge Rangers“-Album. Leider war sein Verriss nicht ganz unbegründet. Doch erfreulicherweise gab es auch Highlights auf dem zweiten „Rangers“-Album.

1. Paradise

Der Auftakt hätte nicht besser gewählt werden können. John Prines Paradise von 1971 ist ein starkes Statement, dass Country-Musik trotz aller gegenteiligen Behauptungen nicht die Domäne der Rednecks sein muss. Er beklagte die Umweltzerstörung, die durch das „Strip Mining“ verursacht wird, bei dem zur Kohleförderung ganze Landstriche verwüstet werden. Was für John Fogerty sicherlich zur Attrativität des Songs beigetragen haben wird, ist die Form der Erzählung als Jugenderinnerung an die Jahre, als die Natur und die Welt noch heil war. Das war schließlich sein natürlichster Zugang zur Welt der Musik. „Irgendwie hatte ich Paradise schon immer in meiner DNS“, kommentierte er die Aufnahme. John Prine, der aus der Chicagoer Folkszene stammt, hat als Autor wie auch John Fogerty den „Americana Lifetime Achievment Award for Songwriting“ erhalten und gilt im US-Musikbusiness als Außenseiter. Paradise ist sein am häufigsten gecoverter Song – von den Everly Brothers bis zu Jackie DeShannon.

John Fogerty hatte Paradise zum ersten Mal auf einem John-Denver-Album gehört. Es entsprach seiner Vorstellung vom idealen Country-Song, die er für seine Musiker im Studio mit einer Vision verdeutlichte: Unter einem purpurnen Himmel, der von einer Sternschnuppe erhellt wird, fährt ein Zug durch eine Wüstenlandschaft. Wenn man Musik visualisieren kann, dann ist dieses Bild sicherlich viel näher an Country als die üblichen Cowboy-Darstellungen auf Platten-Covers. Das CD-Cover und die CD „The Blue Ridge Rangers Rides Again" selbst geben diese Interpretation des Begriffs Country mit purpurnem Himmel grafisch wieder. Als optisches Zitat sind neben Fogerty die Blue-Ridge-Ranger-Figuren der ersten Country-LP abgebildet. Auch die Metapher selbst ist ein Zitat – aus Hank Williams' I'm So Lonesome I Could Cry: „The silence of a falling star lights up a purple sky...". Umso erstaunlicher, dass John in der Song-Auswahl nicht zu Hank Williams zurückgekehrt ist, den er ja immer wieder als Beleg für seine Country-Nähe anführt: „Hank Williams ist so sehr Rock 'n' Roll, wie man nur sein kann – das ist meine Sicht."

Unverbrüchlich verbunden mit seiner Vorstellung von Country-Musik ist der Klang der Lap-Steel-Guitar, wie sie auf Hank Williams' Platten zu hören ist. John Fogerty: „Es gab eine Reihe großartiger Songs damals. Das ist der Sound, den ich liebe, – vierzig, fünfzig Jahre persönlicher Erfahrung, mein Alter Ego. Sie stehen für eine gewisse Zeit." Die Zeit seiner Jugend! Neben Blues und Rock 'n' Roll, so erzählte er 2009 dem „Wall Street Journal", „hörte ich in Wahrheit auch eine Menge Country. Ich wuchs in der verschlafenen kleinen Stadt El Cerrito in Kalifornien auf. Im Süden lag Berkeley mit seinen Folk-Festivals, aber im Norden lag Richmond, das typisch Arbeiterklasse war. Während des Zweiten Weltkriegs gab es dort eine riesige Zuwanderung wegen der Arbeitspätze auf den Werften. Das waren Schwarze aus dem Süden, die ihre Musik mitbrachten, und auch damals noch so genannte 'Hillbillies', die ihre Musik im Gepäck hatten". In Greg Leisz fand Fogerty den idealen Virtuosen der Lap-Steel-Guitar, um ihm das Gefühl der verlorenen Zeit wiederzugeben. Kongeniale Ergänzung: Jason Mowery, der mit Dobro, Mandoline und Fiddle das perfekte Bluegrass-Feeling vermittelte, und Country-Gitarrist Buddy Miller. Als Gegengewicht wirkt der schwere Beat von Jay Belleroses Drums.

2. Never Ending Song Of Love

Noch einmal das Jahr 1971, allerdings diesmal ein reiner Pop-Song, den das Ehepaar Delaney und Bonnie Bramlett geschrieben und gesungen hat. Ihr Never Ending Song Of Love, ein Nachklang der Flower-Power-Zeit, brachte ihnen immerhin einen Top-20-Hit ein. Wie man solch einem Sing-Along-Stück den richtigen Drive einhaucht, zeigte ein Jahr später Ray Charles mit seiner Aufnahme. Fogertys Version ist sicher ganz nett, kommt aber an Früheres nicht heran. Der Country-Bezug wird allein durch die Instrumentierung mit Steel Guitar, Mandoline und Fiddle gegeben, mit etwas Phantasie kann man sich dazu auch ein Lagerfeuer vorstellen. Für den Ex-CCR-Frontmann war das keine Glanzleistung. Es steht zu befürchten, dass er mit diesem Liebesbekenntnis seiner Julie einen Gefallen tun wollte. Sich selber hat er das sicher nicht getan.

3. Garden Party
Hört man den Song nur nebenbei oder ist abgelenkt, könnte man meinen, Rick Nelson singe. Wie schon bei Hello Mary Lou blieb Fogerty dicht am Original. Immer wieder betonte er: „Ricky is one of my favorites!" Seiner Bewunderung verlieh er hier dadurch Ausdruck, dass „ich nichts anders gemacht habe als Ricky, nur meine Stimme, nur kleine Abweichungen". So wurde diese Aufnahme der perfekteste Song auf dem Album. Garden Party hatte einen Tiefpunkt in Rick Nelsons Laufbahn beschrieben: Am 15. Oktober 1971 trat er in New Yorks Madison Square Garden bei einer Rock 'n' Roll Revival Show auf, spielte seine alten Hits und präsentierte dann neues Material. Das kam beim Publikum überhaupt nicht an, Rick wurde ausgebuht. Dieses Erlebnis reflektierte er im Text von Garden Party: „Wenn ich nur noch meine Erinnerungen singen sollte, wäre ich lieber Lastwagenfahrer!"

Der Satz traf bei John Fogerty voll ins Schwarze, er hatte ihn all die Jahre bewegt, als er sich weigerte Creedence-Songs zu singen. Aber nicht nur bei ihm. Als er Don Henley anrief, um ihn zu fragen, ob er und Timothy B. Schmit bei dem Stück Harmonie singen könnten, sprach der Eagles-Drummer genau diese Aussage an: „Dieser Song ist ein wichtiges Statement." Man war sich schnell einig, und John hörte begeistert, dass Henley die ersten „Blue Ridge Rangers" in seiner Plattensammlung besaß. Die „Washington Post" befand, dass „Don Henley und Timothy B. Schmit von den Eagles großartige Harmonien" dem Song beigefügt haben, der „eine originaltreue Version von 'Garden Party'" war. Schon Rick Nelson hatte dabei eine Pedal-Steel-Gitarre eingesetzt, eine Reminiszenz an die 60er Jahre, als er mehrere Country-Alben aufnahm. Es gab schon immer Berührungspunkte zwischen Nelson und Fogerty. „Ich habe eine Menge darüber gelernt, wie man Platten aufnimmt, indem ich Rickys Platten anhörte", bekannte John, „sie klingen einfach wunderbar." Auch Nelson verfolgte, was Fogerty tat und ging mit dessen Almost Saturday Night ins Studio.

4. I Don't Care (Just As Long As You Love Me)
„Eine berauschende Version des Buck-Owens-Songs" entdeckte Chris Parton von „Country Music TV" auf dem Album. I Don't Care war für John eine leichte Übung. Es war nur eine Variation der vielen Hits des Barden aus Bakersfield, die laut Fogerty „außerhalb des Country-Mainstreams" waren, „so wie später Waylon und Willie, weil die Gitarren und Drums so laut waren. Ich war ein riesiger Fan!" Und Buck Owens zählte zu den Musikern, die auf Kaliforniens Country-Stationen ständig liefen.

5. Back Home Again
Bei aller Euphorie, mit der er über seine Country-Nähe spricht, verwundert es, wie lange es gedauert hat, bis Fogerty wieder als Blue Ridge Ranger ins Studio ging. So wie er Buck Owens oder Merle Haggard verehrt, liebte er auch John Denver, seine Country Roads und Back Home Again. Geradezu rührend seine Fan-Begeisterung, mit der er von einem „Farm-Aid"-Konzert in Illinois erzählt: Er wurde gerade interviewt, als er von der Bühne John Denvers Stimme hörte. Er ließ den Interviewer stehen und rannte hin, um Denver mit seiner „wunderschönen engelsgleichen Stimme" Back Home singen zu hören. Trotz seiner sehr persönlichen sentimentalen Vorliebe („misty eyed moments") für Back Home Again ist er doch Rock-Musiker genug, um zu erkennen, dass Denver nicht so relevant war wie andere: „Aber seine Musik hatte trotzdem Gültigkeit." Der „Washington Post" war die zwiespältige Bewertung Denvers unter Puristen vertraut: „Hipsters mögen vor der mit Dobro-Klängen versüßten Aufnahme von John Denvers 'Back Home Again'... zurückscheuen, aber das ist deren Verlust. Fogertys Darbietung ist so ehrlich und unbefangen wie alles andere auf dem Album."

Der Kitschfaktor ist bei John Denver immer bedrohlich hoch: Die von ihm beschriebene Welt ist meist zu schön, um wahr zu sein. So auch bei der herzergreifenden Ballade von den Freuden, wieder nach Hause zurückzukehren. Das klingt auch in der Bewertung des „Rolling Stone“ an: „Fogerty geht zu sehr auf Nummer sicher bei schläfrigen Songs wie John Denvers 'Back Home Again' von 1974.“ Dabei war er total verunsichert, ob er dem Lied überhaupt gerecht werden könne. Im „Billboard“ offenbarte er sich: „Ich hatte große Bedenken, mich an dem Song zu versuchen. John Denver ist so ein wunderbarer Sänger und zu wissen, dass er so großartig ist und ich nicht wie John Denver klinge, hemmte mich. Das Schlimmste, was man im Leben tun kann, ist, etwas so sehr zu lieben und es dann zu vermasseln.“ Er wäre sicherlich gut beraten gewesen, es nicht zu versuchen. Aber da war ja Julie, die den Song wollte. Das Ergebnis ist qualitativ weit hinter Garden Party zurückgeblieben.

6. I'll Be There

1953, in Hank Williams' Todesjahr, nahm Ray Price sein selbstgeschriebenes I'll Be There in Nashville auf. Dort hatte er sich zeitweise mit Williams die Wohnung geteilt. Nach Williams' Tod managte er dessen Band, die Drifting Cowboys, mit denen er bei Live-Auftritten auch seinen Hit I'll Be There im Stil des großen Vorbilds Williams sang. Bei der Auswahl dieses Titels hat sich Fogerty also weit in die Musikgeschichte zurückbewegt und sich auf sein ursprüngliches Konzept besonnen. Country-Veteran Price zählte zu den wesentlichen Vorfahren und Erneuerern des Genres. Entsprechend authentisch inszenierte John das Stück mit Jason Mowerys Fiddle und Greg Leisz' Pedal-Steel-Gitarre. Chris Parton von „Country Music TV“ spekulierte sogar, dass diese Version das Original an Beliebtheit ablösen könne. Und Randy Lewis vermutete in der „Los Angeles Times“, dass Fogerty hiermit auch Country-Puristen begeistern werde.

7. Change In The Weather

Ein echter Fogerty und ein moderener Creedence-Sound, aber Country? Buddy Miller (E-Gitarre), Greg Leisz (Lap Steel), Jason Mowery (Fiddle), Dennis Crouch (Bass), Jay Bellerose (Drums) und Kenny Aranoff (Percussion) demonstrieren eindrucksvoll, dass sie auf allen Gebieten perfekt sind.

Insofern wählte Fogerty eine ideale Besetzung für sein Remake des Songs, den er zum ersten Mal auf „Eye Of The Zombie“ veröffentlicht hatte. Auch hierbei hatte ihn umgetrieben, dass er glaubte, den ersten Versuch („one of my good songs“) nicht hundertprozentig hingekriegt zu haben. Aber „The Blue Ridge Rangers Rides Again“ war nicht das ideale Album für den zweiten Anlauf. Vielleicht sollte Change In The Weather aber auch nur die Rock-Fans unter seinen Anhängern besänftigen.

8. Moody River

Eine weitere Überraschung des Albums ist Pat Boones letzter Nr.-1-Hit von 1961. Für diese Auswahl mag es zwei nostalgische Gründe geben: Als 16-Jähriger wurde John von dem Song emotional angesprochen („'Moody River' is a great song, and Pat sang his butt off on that one"), der außerdem als Teenager-Selbstmord-Ballade ein typisches Thema jener Zeit behandelte. Der „L. A. Times“ gegenüber machte er jedoch klar, dass er nicht gerade ein Boone-Fan war: „Wenn ich in den 50ern zwischen Elvis und Pat Boone hätte wählen müssen, glaube ich, wüssten Sie, auf wessen Seite ich war!“ Aber hier orientierte er sich genau an Pats Aufnahme, sogar Wort für Wort: Die Formulierung „Moody River more deadly than the vainest knife“ hat schon viele Kritiker rätseln lassen, wieso ein Messer „eitel“ oder „vergeblich“ sein kann. Wie dem auch sei. John hatte Recht, dass Pat Boone Moody River phantastisch gut gesungen hat, leider gelang es ihm selbst nicht, an das Original heranzukommen.

9. Heaven’s Just A Sin Away

Wenn es Vorbehalte gegen Country-Musik gibt, dann beziehen sie sich auf kitschige Texte und simple Sing-Along-Melodien. Beides kann man auch gegen diesen Hit der Kendalls aus dem Jahr 1977 anführen. Vater und Tochter Kendall reihten sich damit in die Gilde der Country-Sänger ein, die auf die Tradition der „Cheating Songs“ setzten. Der religiös definierte Begriff der Sünde hatte in den bibeltreuen Regionen der Südstaaten nicht nur in Gospels Bedeutung. Schon in den 40er Jahren konnte Eddy Arnold mit dem Titel It’s A Sin an die Spitze der Country-Charts aufsteigen. Untreue und Versuchung zum Seitensprung haben seither als Thema einen festen Platz im Country-Katalog (Beispiele: Unfaithful von Hank Snow und Please Help Me I'm Falling von Hank Locklin). Besonders originell ist bei Heaven's Just A Sin Away die Kombination von Himmel und Sünde: Um in den Himmel (der Liebe) zu kommen, müsste eine Sünde begangen werden. Natürlich steckt der Teufel hinter der Versuchung. So wie das von den Kendalls – und auch von Fogerty – vorgetragen wurde, gibt es keinen Zweifel, dass es zur Sünde kommen wird. Diese trällernde Melodie ist ein deutlicher Tiefpunkt des Albums und lässt die Frage aufkommen, wer den Song ausgesucht hat – die Produzentin oder der Künstler? Noch nicht einmal an seine schwache Aufnahme von Please Help Me I'm Falling des ersten „Blue Ridge Rangers"-Albums kommt Heaven's Just A Sin Away heran. Und mit dem ursprünglichen Konzept von „Root Songs" lässt sich dieser Crossover-Hit der 70er Jahre keinesfalls vereinbaren.

10. Fallin' Fallin' Fallin'

Dieses späte Beispiel des Honky-Tonk-Stils von Ray Price aus dem Jahr 1956 weckte offensichtlich die Spielfreude im Studio. Jason Mowery demonstrierte mit einem Nashville Shuffle, dass er keinen Vergleich mit den Fiddle-Cracks früherer Jahre zu fürchten brauchte. Und John Fogerty förderte subtil die rockigen Elemente des Stücks zu Tage. Die Verbindung einer fröhlichen Melodie mit einem traurigen Text („many tears are fallin' just for you", „I'm so blue") erinnert an manch einen Creedence-Song. Bill Friskics-Warren von der „Washington Post" freute sich, wie „frisch" Fallin' Fallin' Fallin', I'll Be There und I Don't Care klingen.

11. Haunted House

Zum Ausklang des Albums zeigte sich die Studio-Band in ihrem Element. Nicht von ungefähr bezeichnete die „Washington Post" sie als „rollicking roots rockers". Buddy Millers Gitarre, Greg Leisz' Steel Guitar und Jason Mowerys Fiddle feuerten sich geradezu gegenseitig an, um diesen „rockabilly barnburner" (Mark Kemp vom „Rolling Stone") zum Rocken zu bringen. Haunted House ist pures Fogerty-Material: 1958 hatte Johnny Fuller, ein kalifornischer Rhythm-And-Blues-Sänger, einen lokalen Erfolg mit dem von Bob Geddins aus Oakland, Kalifornien, geschriebenen Song. Veröffentlicht wurde die Single von Specialty in Los Angeles. 1964 coverte Jumpin' Gene Simmons aus Tupelo, Mississippi, Fullers Hit. Simmons hatte 1958 bei Sun Records erste Aufnahmen gemacht, war mit Elvis Presley aufgetreten, und landete schließlich bei Hi Records in Memphis. Seine Version schaffte es auf Platz 11 der Billboard-Charts. Auch Roy Buchanan rockte sich 1972 durch das Gespensterhaus. Die definitive Interpretation lieferte aber 1973 Jerry Lee Lewis auf seinem Album „Southern Roots“ ab. Fogerty orientierte sich erkennbar an Johnny Fuller. Die Geschichte eines Außerirdischen, der im Haus spukt, wird ihn auch inhaltlich angesprochen haben. Hatte er sich doch schon zu Creedence-Zeiten in It Came Out Of The Sky humoristisch mit dem Thema Besuch aus dem Weltall beschäftigt. Leider war ihm später bei Eye Of The Zombie der Humor vergangen.

12. When Will I Be Loved

„Als ich When Will I Be Loved zum ersten Mal hörte, fuhr ich mit meinem Bruder Tom im Auto“, erinnerte sich John, „wir sahen uns beide an und dachten: Das ist unheimlich gut! Das ist einer dieser Songs, bei dem man ’Wo warst du, als du ihn zum ersten Mal hörtest?’ später genau beantworten kann.“ Für Teenager war das im Jahr 1960 eine Offenbarung – die countrygefärbten Harmoniegesänge der Everly Brothers mit einer rockigen Klage, in die jeder, der Liebeskummer hatte, einstimmen konnte: „I’ve been cheated, been mistreated, when will I be loved?“. Die „Roots Music Publication Engine 145“, ein Online-Magazin, würdigte sowohl das Original als auch die aus „The Blue Ridge Rangers Rides Again“ ausgekoppelte Single auf einfühlsame Weise: „Dieser Song, der unter anderem auch schon von Linda Ronstadt gecovert wurde, ist so meisterhaft geschrieben und so kunstvoll arrangiert, dass es fast unmöglich ist, ihn zu versauen. Fügt man noch gefühlvolle Mengen an Fiddle und Pedal Steel hinzu, wie Fogerty es hier tut, hat man einen Hit. Begleitet wird Fogerty vom Rocker-Kumpel Bruce Springsteen mit ähnlich ikonischer Stimme. Die beiden verfügen zwar nicht über die reinen Klänge und brüderlichen Harmonien der Everlys, aber ihre vergleichsweise ungeschliffenen Stimmen unterstreichen den Text: Fogerty und Springsteen klingen so, als wären sie ihr Leben lang betrogen und gemein behandelt worden. Das lässt die Frage ’Wann werde ich geliebt werden?’ etwas dringender werden, als wenn sie von den jüngeren Phil, Don oder Linda mit ihren unverdorbenen Stimmen gesungen wird.“

Zwischen den Zeilen steht hier das Wagnis beschrieben, auf das sich Fogerty eingelassen hatte: Wer könnte ihn bei dem vermessenen Versuch begleiten, die unnachahmlichen Harmoniegesänge der Everly Brothers Don und Phil zu erreichen? Auf der DVD zu „Blue Ridge Rangers Rides Again" erzählt er, dass es Julie war, die ihm Bruce Springsteen als Gesangspartner vorschlug. Im „Wall Street Journal" beschrieb er das Verhältnis zu dem Rocker aus New Jersey: „Wir haben schon lange zueinander rübergeguckt und uns gefragt: 'Wann werden wir einmal offiziell etwas zusammen machen?' Es hat sich großartig entwickelt! Bruce klingt wie Bruce – und das gibt dem Ganzen einen rauen Charme." Den Solopart, den Don Everly bestritten hatte, übernahm Bruce im Wechsel mit John. Doch war John klar, dass die hohen Harmonie-Töne für Springsteen problematisch waren. Seine eigene Stimme hatte er schon vorab aufgenommen und das Band nach New Jersey mitgebracht. Die technischen Voraussetzungen waren alle in Springsteens Haus gegeben. In der DVD zum Album wird die entspannte Situation während der Aufnahme gezeigt. Fogerty: „Am Ende wurde es Rock 'n' Roll!"

Die Kritik nahm das Duett positiv auf. „Sounds Country": „Bei dieser Kombination amerikanischer Rock-Legenden konnte nichts schief gehen, doch haben sie es irgendwie geschafft, die Erwartungen zu übertreffen – sogar mit dem etwas unbeholfenen Ad-lib in der Mitte." When Will I Be Loved ist das mit Abständen kommerziellste Stück des Albums. Dem Liebeskummer-Lied fehlt jeder Anflug von Melancholie, die bei dem Original mit der Instrumentierung durch das Nashville-A-Team unter der Leitung von Chet Atkins noch unterstrichen wurde. Bei John Fogertys Version sorgen wieder Fiddle, Steel Guitar und Kenny Aronoffs Drums für die Frische, die die „Washington Post" schon bei anderen Stücken empfunden hatte. Das fiel auch „Engine 145" auf: „Der Text des Songs ist ziemlich deprimierend, aber Fogerty und Springsteen scheinen einen Riesenspaß zu haben, ein Eindruck, der noch von dem ausgelassenen Country-Rock-Arrangement unterstrichen wird. Sicherlich brechen die Ladys einem das Herz, aber das beste Rezept dagegen könnte es sein, die Verstärker (oder den Plattenspieler, oder das Autoradio) bis zum Anschlag aufzudrehen und loszurocken."

Auch John Fogerty wird nach Fertigstellung des Albums klar geworden sein, dass nicht jeder Song so gelungen war wie das Auftaktstück Paradise, Garden Party und When Will I Be Loved. Entscheidend war die Grundstimmung. Im Gespräch mit Joshua Miller von OnMilwaukee.com zog er Bilanz: „Das neue 'Blue Ridge Rangers'-Album ist so voller Lebensfreude, und das ist wahrscheinlich wichtiger, als es die einzelnen Songs sind: dass man ein Gefühl der Fröhlichkeit und der Freude empfindet, wenn man die Platte hört."

Nach neuerlichem Labelwechsel tourte Fogerty weiterhin fleißig und begann 2010 ein neues Projekt. Angeblich hatte es ihm wieder seine Muse Julie geflüstert: „Warum nimmst du nicht ein Album mit all den Musikern auf, die du magst?" Die Idee gefiel ihm, und er begann, geballte Starpower zu sammeln, um seine alten Hits im neuen Gewand zu präsentieren. Der erste Stargast war Keith Urban, ein enger Freund, mit dem er ja bereits das Fernseh-Special aufgenommen hatte. Jeder Künstler sollte ein Werk aus Fogertys Katalog wählen und frisch arrangieren. Die Songs sollten keine Remakes der alten Aufnahmen werden, sondern durch Neues überzeugen. War das ein Mangel an neuem Material? War Fogertys kreative Quelle versiegt? Immer wieder hatte er mit dem Writer's Block zu kämpfen, weil die externen Probleme so übermächtig gewesen waren. Und das Rezept für seine Hitproduktionen hatte er inzwischen deutlich ausgereizt: Nostalgie, Mystik, jede Menge Bilder aus dem Katalog der sogenannten Americana, und das Berufen auf Vorbilder wie Hank Williams. Der hatte allerdings nicht lange genug gelebt, um sich selbst zu überleben und sich selbst zu zitieren. Bei Fogerty war das immer wieder der Fall, zum Beispiel bei der Aufbereitung von Who'll Stop The Rain in I Saw It On T.V. oder Deja Vu, beim Zitat von Green River in Old Man Down The Road oder Creedence Song, bei Anklängen von Born On The Bayou in Searchlight, beim Verweis auf Fortunate Son in I Can't Take It No More, bei Nachklängen von Lodi und Proud Mary in Don't You Wish It Was True.

Zwar hatte er sich als Musiker immer weiter entwickelt, speziell an der Gitarre, aber seine Stimme war langsam dünner und älter geworden. Er war sich jetzt seiner damaligen Wirkung und Bedeutung bewusst und suchte nach Wegen, an diese Zeit anzuknüpfen, als Sänger und auch als Songwriter. Doch statt sich neu zu definieren und sich von den Gedanken über seine Außenwirkung zu befreien, wirkte er immer unsicherer. Mal bemühte er sich. „schön" zu singen wie beim „Deja Vu"-Album, mal suchte er die alte Kraft in seiner Stimme. Mit dem Album „Blue Moon Swamp" war ihm

1997 noch einmal ein relevantes Album gelungen, auf dem sich auch eine Reihe guter Kompositionen befunden hatten. Alles, was folgte wirkte entweder wie ein Abklatsch alles Vorherigen oder wie ein Stochern im Nebel. Die starke Momentaufnahme „Revival“ bestätigte das nur. Man sucht darauf vergeblich nach Songs mit Wert für die Ewigkeit, wie sie Fogerty einst mit Proud Mary, Bad Moon Rising, Fortunate Son, Lookin’ Out My Backdoor oder Lodi geschaffen hatte. Zuletzt war ihm dies mit dem Titel Centerfield gelungen, indem er eine Metapher für sein Comeback gefunden hatte, die von der Baseball-Gemeinde wörtlich verstanden wurde und heute zu deren Hymne erhoben wurde. Doch das war 1985. Ein Jahr später hatte er verkündet, kein Oldies-Act sein zu wollen. Anlässlich von „Blue Ridge Rangers Rides Again“ wählte er Rick Nelsons Garden Party als Statement, um eben das zu betonen: Ich will nicht zur Jukebox meiner alten Hits werden. Bei „The Long Road Home“ war aber genau das der Fall. Und jetzt legte er – mit zwei Ausnahmen – wieder seine alten Hits auf.

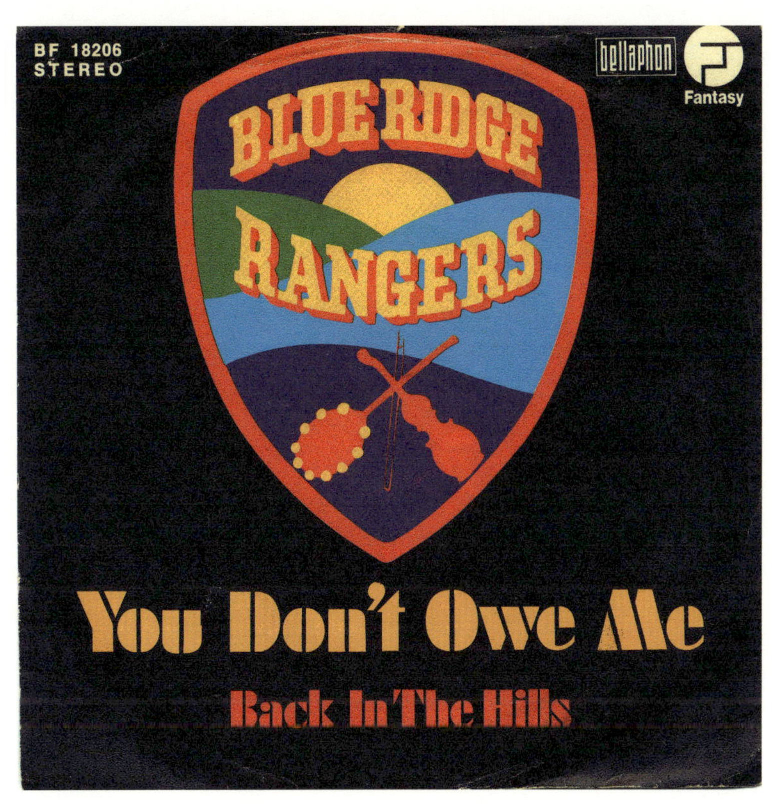
BF 18206
STEREO
bellaphon
Fantasy
BLUE RIDGE
RANGERS
You Don't Owe Me
Back In The Hills

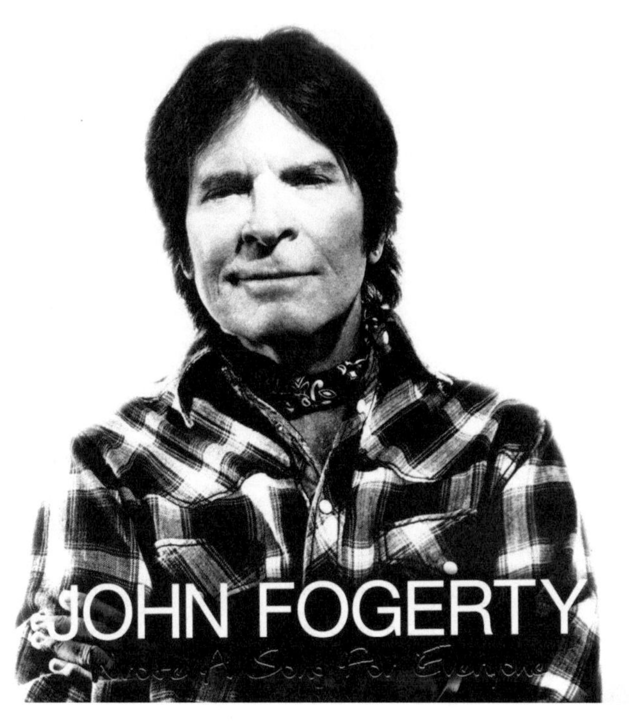
JOHN FOGERTY

Wrote A Song For Everyone (Billboard Platz 3)

Aufgenommen 2011 – 2013 in verschiedenen Studios

1. Fortunate Son 3:30 – (John Fogerty)
(mit den Foo Fighters)

2. Almost Saturday Night 3:17 – (John Fogerty)
(mit Keith Urban)

3. Lodi 4:19 – (John Fogerty)
(mit Shane & Tyler Fogerty)

4. Mystic Highway 4:05 – (John Fogerty)

5. Wrote A Song For Everyone 4:01 – (John Fogerty)
(mit Miranda Lambert und Tom Morello)

6. Bad Moon Rising 2:54 – (John Fogerty)
(mit der Zac Brown Band)

7. Long As I Can See The Light 4:49 – (John Fogerty)
(mit My Morning Jacket)

8. Born On The Bayou 4:46 – (John Fogerty)
(mit Kid Rock)

9. Train Of Fools 4:41 – (John Fogerty)

10. Someday Never Comes 5:16 – (John Fogerty)
(mit Dawes)

11. Who'll Stop The Rain 3:12 – (John Fogerty)
(mit Bob Seger)

12. Hot Rod Heart 4:59 – (John Fogerty)
(mit Brad Paisley)

13. Have You Ever Seen The Rain 3:17 – (John Fogerty)
(mit Alan Jackson)

14. Proud Mary 4:25 – (John Fogerty)
(mit Jennifer Hudson, Allen Toussaint und der Rebirth Brass Band)

(Vanguard/Columbia – Sony)

Mit dem neuen Album „Wrote A Song For Everyone" überschritt Fogerty die Schwelle zum Oldies-Act unwiderruflich. Seit Jahrzehnten war er Elder Statesman des Rock 'n' Roll. Er hatte die Hände von Präsidenten geschüttelt, sein Genie wurde von Kollegen geehrt, und fraglos gehörte er zu den größten Songwritern des 20. Jahrhunderts. Doch die Jugend konnte er nicht zurückzaubern, weder mithilfe seiner Söhne, die jetzt Teil seiner Band waren, noch durch Kollegen wie die Foo Fighters, My Morning Jacket, Dawes, Keith Urban, Kid Rock oder Jennifer Hudson. Musikalisch war „Wrote A Song For Everyone" perfekter gemacht als irgendeine Aufnahme von Creedence, aber vom Gefühl und der Kraft konnte keine Aufnahme eine Gegenüberstellung mit dem jeweiligen Original bestehen. Da half auch nicht die Gestaltung des Albums in den Farben seines traditionellen karierten, blauen Flanellhemdes.

Fortunate Son mit den Foo Fighters hatte zwar Power wie einst das Original, aber das ziellose Brüllen von Dave Grohl wie auch die bretternde Grunge-Gitarre hatten wenig Soul, nur viel Garagensound. Merkwürdig war schon beim ersten Titel, dass Fogerty seine eigene Stimme ein Quäntchen leiser gemischt hatte als die seines Gastes. Aber auch sein Gesang war von seiner inzwischen weitaus kraftloseren Stimme geprägt. Einzige Veränderung zum Original im Arrangement war ein chromatischer Auf- und Abgang im Solo, das so eine deutliche Verlängerung erfuhr.

Keith Urbans Interpretation von Almost Saturday Night, die dritte veröffentlichte Version des 1975er Titels, hatte das Zeug, auch neue Hörerschichten bei New-Country-Sendern zu erreichen, denen Fogerty oder Creedence zu rockig waren. Aber gesanglich fehlte es Urban an Power, und auch der 65-jährige Fogerty war nicht mehr in der Lage, mit dem 30-jährigen Fogerty mitzuhalten. Das Arrangement wurde mit Banjo und Country-Elementen aufgeweicht. Diesen Sound, der den Song jetzt eindeutig beim Country-Kanon einordnete, steuerten Keith Urban und Greg Leisz bei. Neben Leisz hatte John für dieses Album wieder Jason Mowery und Herb Petersen von den „Blue Ridge Rangers Rides Again"-Sessions engagiert.

Die markante Melodieführung des Originals von Lodi fiel hier der Spielfreude von Fogerty und seinen Söhnen zum Opfer. So wurde aus der Ballade ein gerader Rock mit Boogie-Einschlag. Das ist sicherlich eine Option, Lodi zu interpretieren, aber keinesfalls hitverdächtig oder auch nur geeignet, sich ins Gedächtnis einzubrennen. Interessantes Detail: Diese Aufnahme hatte die Familie Fogerty in London in den Abbey Road Studios eingespielt, wo einst die Beatles ihre großen Erfolge planten und umsetzten.

Der erste echte Lichtblick des Albums war eine von zwei neuen Fogerty-Kompositionen, die aber in der Masse dieser Best-Of-Kollektion kaum auffallen konnte: Mystic Highway. Der Titel klingt wie eine weitere formelhafte Synthese aus Fogertys Songwriter-Katalog, zumindest stimmen die Zutaten. In einem Video zu Mystic Highway (Regie: Bill Fishman), das an Fogertys 68. Geburtstag Erstaufführung erlebte, am selben Tag, als auch das Album in den USA erschienen ist, blickt er auf sein Leben zurück. Als roter Faden des Videos dient eine Fahrt Fogertys in einem alten Pickup-Truck auf dem Highway – gespickt mit einer Reihe von Stopps. Es werden Sequenzen aus altem Filmmaterial von Creedence- und Fogerty-Konzerten eingeblendet, aber auch Szenen aus seinem Leben symbolisch nachgestellt. Am bezeichnendsten wohl ist die eines alten weißhaarigen bärtigen Mannes am Straßenrand, der einen Koffer voller alter CDs verkauft und aussieht wie Saul Zaentz. Auf einem Pappschild steht geschrieben: „Gebrauchte (gestohlene) Musik zu kaufen". Noch nicht einmal jetzt konnte er auf diesen Seitenhieb gegen seinen „größten Feind" verzichten.

Das Video endet mit dem Schwarzweißbild aus dem Klappcover von „Pendulum", auf dem man Fogerty im Oakland Colosseum 1970 den Creedence-Fans zuwinken sieht. Mit Mystic Highway fand er auch lyrisch noch einmal zu alter Stärke zurück, indem er das Universum, die Sterne und den Highway als Metaphern für sein Leben verwendete. In einer kurzen gospelartigen Sequenz in der Mitte des sonst eher countrylastigen Songs besingt er mit den Spitzensängern Chavonne Stewart, Aletha Mills und David Morgan die unbeschwerten Freuden des Samstagabends bei der Party unten am Fluss. Im Video wie im Song bediente sich Fogerty wieder der Bildsprache Mark Twains, benutzte den Highway als Leitfaden, wie Mark Twain den Mississippi oder Fogerty selbst 1985 das Gitarrenkabel bei The Old Man Down The Road.

Mystic Highway ist ein hervorragendes Stück Americana und rundet auch Fogertys Karriere ab. Er selbst erkannte die besondere Qualität des Songs im Gespräch mit dem „Rolling Stone“ an: „Andere Lieder, die ich im Laufe der Jahre geschrieben habe, erreichen zum Teil dieses hohe Level (das der CCR Songs, der Autor) nicht, während ich glaube, dass die beiden neuen Songs auf diesem Album es erreichen.“

Der Titelsong Wrote A Song For Everyone mit Miranda Lambert und einem Gitarrensolo von Tom Morello bringt auch keine gravierenden Verbesserungen im Arrangement. Die 20-jährige Miranda Lambert, die nach einem Casting Contest in Nashville zum Star wurde, klingt wie eine junge Frau aus einer Generation, für die die Worte bedeutungslos sind, etwas was man Fogertys Gesang im Original von 1969 nicht nachsagen kann. Seine Stimme ist nur unwesentlich schwächer als bei Creedence, während das eingeschobene Gitarrensolo von Tom Morello wie ein moderner Fremdkörper wirkt. Seine Art zu spielen hatte John Platania bereits in den 1970er Jahren bei Van Morrisons „Wavelength“ als Novität präsentiert und auch bei Joe Cocker immer wieder originell eingebracht. Tom Morello beherrscht diesen Stil, ist aber eben doch nur ein Abklatsch.

Bad Moon Rising mit der Zack Brown Band hat die Qualität eines fröhlichen Remakes des Klassikers mit weitaus umfangreicherer Instrumentierung als beim Original: Slide-Gitarre, Fiddle und Orgel bereichern den Titel, aber weder Zack Browns Gesang noch Mundharmonika-Phrasen von Clint Black sind ein Grund, diese Version dem Original vorzuziehen, bei dem Fogerty einst seine ganze Sangeskraft eingesetzt hatte.

Die Interpretation von Long As I Can See The Light ist indiskutabel. My Morning Jacket-Sänger Jim James hat keinen Soul in der Stimme. Ein Saxophon verschwindet im Hintergrund hinter einem scheinbar orientierungslosen Gitarrensolo, und Fogerty selbst singt, als bliebe ihm die Luft weg. War das Original eine der stärksten Soulnummern von Creedence Clearwater Revival und ein grandioser Abschluss von „Cosmo's Factory", sollte man diese Version mit dem Mantel der Nächstenliebe zudecken.

„USA Today" wählte die Vorabveröffentlichung von Born On The Bayou mit Kid Rock im Februar 2013 zum „Song Of The Week", Motto: „Crescent City meets Motor City". New Orleans und Detroit können eine gute Mischung ergeben, wie John mit Bob Seger bewies, aber man muss Kid Rock mögen, um das zu ertragen. Seine Stimme erinnert an die von Axl Rose, als Guns 'n' Roses ihren Durchbruch erlebten. Die Phrasierung des Textes bietet keinerlei Neuerungen. Den Sangeswettstreit gewinnt selbst der alte Fogerty um Längen, und die musikalische Ebene mit Kenny Aronoff am Schlagzeug ist erstklassig, wie man es von Fogerty seit Jahren auch live gewohnt war.

Train Of Fools, der zweite neue Song des Albums, beginnt rhythmisch mit akustischer Gitarre. Musikalisch bezieht er seine Spannung dann aus den verschiedenen schweren elektrischen Gitarren, zunächst einer verzerrten Sologitarre und zum Ende des Songs mit einer clean klingenden zweiten Leadgitarre, die ein wenig an Pink Floyd erinnert. Lyrisch erzählt Train Of Fools von einer Mixtur von Reisenden, die zugleich verschiedene Facetten der Gesellschaft widerspiegeln: die eitle Frau, deren Schönheit langsam verschwindet, der Gierige, der sein Leben mit der Suche nach wirtschaftlichem Reichtum verschwendet, der Drogensüchtige und so weiter. Sie alle sitzen gemeinsam am jüngsten Tag im Zug und streben dem Ende entgegen. Das Thema des Narrenschiffs (Ship of Fools) taucht bereits seit der Antike als Moralsatire immer wieder auf und hatte insbesondere zur Zeit der Reformation in Deutschland Hochkonjunktur. Fogerty überträgt hier lediglich die Passagiere des Schiffes auf einen Zug. Ein „Nanana"-Refrain bildet die Hookline. Sicher nicht der schlechteste Song, den Fogerty geschrieben und aufgenommen hat, scheint Train Of Fools doch ein Sammelsurium verschiedenster musikalischer und lyrischer Elemente, die zusammen nicht mehr als einen belanglosen Brei ergeben.

Someday Never Comes bildet auf „Wrote A Song For Everyone“ eine löbliche Ausnahme: Die hier dargebrachte Version mit den Dawes wirkt nicht weniger authentisch als das Original von Mardi Gras, ist musikalisch besser umgesetzt, und weil Fogerty beim Original auch eher schwach geklungen hat, ist hier sogar der Gesang besser – zumindest der von Fogerty. Taylor Goldsmith von den Dawes zeichnet sich stimmlich nicht durch irgendein Charakteristikum aus. Man kann ihm zugute halten, dass er die Töne trifft. Das Arrangement ähnelt auch hier der Creedence-Aufnahme.

Who'll Stop The Rain kann als ein weiterer Höhepunkt des Albums gelten, weil der gleichaltrige Bob Seger auch eine prägnante Stimme hat und auch tatsächlich eine der prägenden Stimmen Amerikas wurde, nachdem die Zeit von Creedence vorüber war. Das Arrangement weicht zwar nicht gravierend vom Original ab, hat aber ganz klar eher den Sound von Segers Against The Wind mit dem prägnanten Klavier, den großen akustischen Gitarren und dem Chor, der fast kirchlich klingt. Man merkt, dass Seger ebenso wie Bruce Springsteen einer der großen Nachfolger von Creedence war, einer, der Fogerty-Titel wie Fortunate Son immer im Repertoire hatte und sich entsprechend auch nicht weit musikalisch von Fogerty entfernt hat. Gemeinsam aber machen die beiden Musiker des Jahrgangs 1945 gerade bei diesem Song einen sehr glaubwürdigen und nicht gekünstelten Eindruck. Hier wird auch deutlich, dass Fogerty sicher nicht schlecht beraten gewesen wäre, mehr seiner Zeitgenossen zum Tanz gebeten zu haben, statt jüngerer Musiker, die Creedence nicht aus eigener Erfahrung kennen konnten.

Brad Paisley ist ein großartiger Countrypicker auf seiner Telecaster und sicher auch für ein Gitarrenduell mit James Burton ein würdiger Partner. Gemeinasam spielten sie Cluster Pluck, nur fehlt hier James Burton. Stattdessen hat Paisley mit Hot Rod Heart einen Titel von Fogertys zweitem Comeback-Album „Blue Moon Swamp“ von 1997 gewählt. Die Aufnahmen von „Blue Moon Swamp“ gehören musikalisch aber bereits zum Besten, was er je gemacht hat. Weder Fogertys noch Paisleys Gesang erreicht das Niveau der ersten Aufnahme. Das Gitarrenduell ist sicherlich toll, aber das Arrangement des Titels unterscheidet sich nicht vom Original, und der Song an sich gehört ohnehin nicht zu Fogertys stärksten Kompositionen.

Have You Ever Seen The Rain: Wer ist dieser Alan Jackson? Die Antwort ist leicht: Nashvilles erfolgreichster Stetsonträger. Wen imitiert der noch gleich? George Jones? Der war einen Monat vor Veröffentlichung des Albums gestorben, nur wäre es verständlich gewesen, wenn Fogerty solch eine Ikone gefragt um Mitwirkung hätte. Mit Alan Jackson hat er aber aus einem der großen Klassiker seines Katalogs eine flache Countrypop-Nummer gemacht, die nur ob ihres unrühmlichen Daseins erwähnt sein muss.

Proud Mary ist so sehr zum Allgemeingut geworden, dass eine weitere Interpretation sicher nicht schadet, aber wem nützt sie? Fogerty, die junge Jennifer Hudson und Allen Toussaint haben sich hier sehr deutlich an der bekanntesten Cover-Version des Titels orientiert, jener von Ike & Tina Turner. Dazu haben sie mit der Rebirth Brass Band einen ordentlichen Schuss New Orleans in die Gumbo gegeben. Zum ersten Mal weicht ein Arrangement auf „Wrote A Song For Everyone" komplett vom Original ab. Ein Vergleich mit Fogertys genialer erster Interpretation ist müßig, aber sicherlich ist diese Version auch mit dem New-Orleans-Flair und für die Tina-Turner-Fans eine gute Party-Alternative, aber eben nicht mehr!

Insgesamt wurde bei „Wrote A Song For Everyone" nie wirklich deutlich, welches Ziel Fogerty mit dem Album verfolgte, es sei denn, sich vielleicht auch in die Herzen der Fans seiner Duettpartner zu singen und somit den Radius und den Markt für sich selber neuerlich zu erweitern. In der Kritik wurde das Album sehr unterschiedlich aufgefasst. Das Urteil reichte von vollkommen überflüssig bis dahin, dass Fogerty beim „Rolling Stone" zum ersten Mal in seiner gesamten Karriere 5 von 5 Sternen bekam.
Am Rande: Während der Aufnahmen für dieses Album hatte Fogerty noch einen weiteren Song komponiert: Swamp Water war die Titelmelodie für die US-Krimiserie „The Finder", in deren erster Folge er sich selbst spielte: Ihm war angeblich seine „Gibson Les Paul Custom" entwendet worden, und eine kleine Detektei in den Sümpfen Floridas beschaffte sie ihm wieder. Die Serie von 2012 wurde nach einer Staffel mit 13 Folgen wieder eingestellt. Fogertys einminütiger Song, der die Atmosphäre und den Klang von Born On The Bayou spiegelte, blieb jenseits der Serie unveröffentlicht. Da es sich aber um ein Instrumental handelte, gab es auch nichts zu der lyrischen Qualität zu sagen.

Kurz vor der Veröffentlichung von „Wrote A Song vor Everyone“ am 8. Mai 2013 spielte Fogerty bei einem Konzert der Rolling Stones in San Jose als Gast bei dem Titel Because I Used To Love Her mit. Bei Mumford & Sons war er Gast bei einem Konzert und auch bei den Foo Fighters und den Dawes. Nach dem großen Erfolg des Albums konzentrierte er sich auf seine Aktivitäten als Live-Musiker, ganz so, als wolle er noch immer all die verlorenen Jahre aufholen. Die Liste seiner Kollaborationen reichte von Alan Jackson bis zu Z Z Top. Bei einer Tournee mit dem Titel „1969“ durch Kanada konzentrierte er sich auf das erfolgreichste Creedence-Jahr und plante, die Tour auch in den USA fortzusetzen. Die Veröffentlichung seiner Autobiographie „Fortunate Son“ ist für den Oktober 2015 angekündigt. Ob Fogerty noch einmal als Songwriter mit einem neuen Album in Erscheinung tritt? Bis zum April 2015 hat er nichts Neues angekündigt.

Bibliographie

Mark und Rüdiger Bloemeke: „John Fogerty und das Drama Creedence Clearwater Revival“, Voodoo, Hamburg 1999/2004

Hank Bordowitz: „Bad Moon Rising“, Schirmer, New York, 1998

Charlie Gillett: „The Sound Of The City“, Pantheon, New York, 1983

John Hallowell: „Inside Creedence“, Bantam, New York, 1971

Peter Handke: „Die drei Versuche“, Bibliothek Suhrkamp, Frankfurt. 1998

Thomas M. Kitts (Herausgeber): „Finding Fogerty. Interdisciplinary Readings of John Fogerty and Creedence Clearwater Revival“, Lexington, Lanham, 2013

Peter Koers: „Rocking All Over The World“, Sonnentanz, Augsburg, 1994

Dave Marsh: „Fortunate Son“, Random House, New York, 1985

Dave Marsh: „The Heart Of Rock & Soul“, Plume, New York, 1989

Craig Werner: „Up Around The Bend. The oral history of Creedence Clearwater Revival“, Avon, New York, 1999

Ellen Willis in Rolling Stone: „Bildgeschichte der Rockmusik“ Teil 2, Rowohlt Taschenbuch, Reinbek, 1979

Danksagung

Kathrin Bösch
Bernd Matheja
Jürgen Rothmeier
Christian Ulrichs

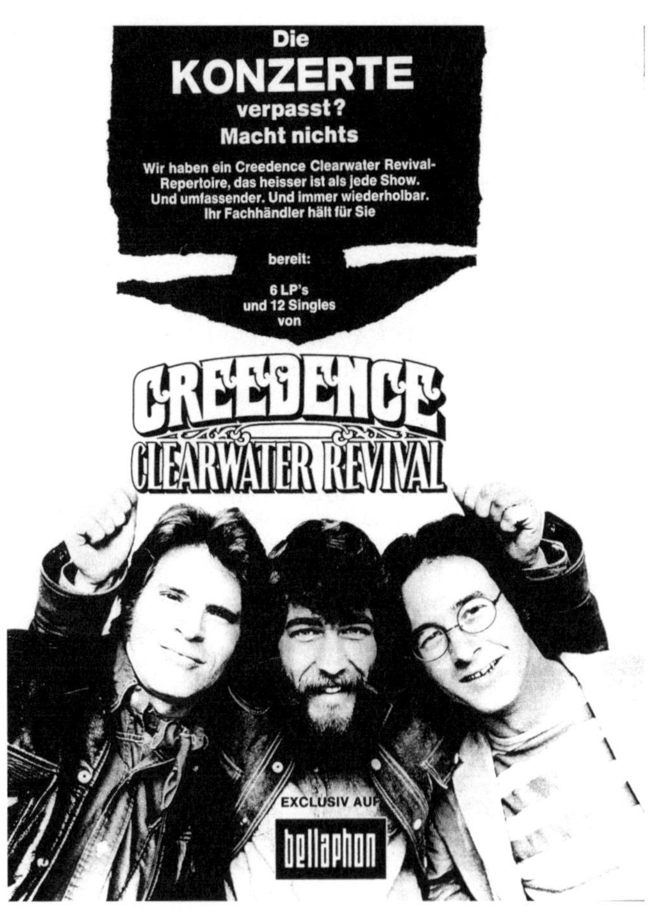

Vom selben Autor erschien im Voodoo Verlag:

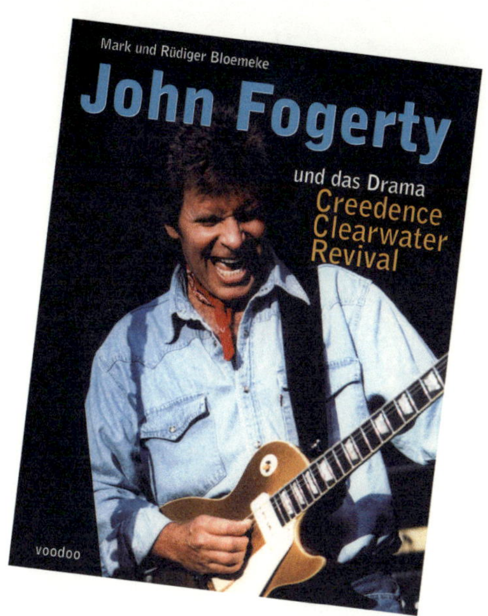

Mark und Rüdiger Bloemeke
„John Fogerty und das Drama Creedence Clearwater Revival"
308 Seiten plus viele Schwarzweiß-Abbildungen, Hamburg, 1999, 2004

Die Biographie des Mannes, der CCR war

Er wollte Elvis Presley sein. Was er wirklich wurde, war nicht schlechter: Mit Creedence Clearwater Revival schaffte John Fogerty es, die Beatles vom Thron zu stoßen. Auf der Höhe des Erfolgs brachen CCR auseinander. Aus zwei Brüdern und zwei besten Freunden wurden Feinde. Dieses aktuelle Buch schildert, wie John Fogerty gegen das Musikbusiness kämpfte, bis er sein Comeback schaffte: als Songschreiber, als Gitarrist, als Sänger, als politischer Aktivist.

ISBN 978-3-00-003885-3

www.voodoo-verlag.com